석법안 스님과 함께하는

불 교 교 리

석법안 스님과 함께하는

불교교리

책머리에

불교는 석가모니 부처님께서 중생에게 가르치신 것을 말하기도 하고, 중생이 부처님 되는 방법에 대한 가르침이기도 합니다. 특별히 어려워야할 이유는 없지만 우리 중생들의 인생이 복잡다단하여 응병여약, 병에 따라 처방을 주시다 보니 팔만사천의 법문이 설해졌고, 어렵게 느껴지는 것도 사실입니다.

일찍이 1970년대 초반 고등학교 1학년 때 불교를 만나서 대학시절에 매일 밤을 「석가의 생애와 사상」을 읽으면서 부치님에 대한 믿음을 낸 것이 이제 40년이 되어갑니다. 숱한 밤을 석가세존에 대하여 읽고 감격의 눈물을 흘리면서 말입니다. 길지도 그렇다고 짧지도 않은 세월을 부처님 말씀을 공부하면서 나 자신과 세상에서 고뇌하는 중생들에게 어떻게 하면 효과적으로 부처님 말씀을 전할 수 있을까에 대해서도 같은 고민을 하였다고 생각합니다. 그동안 많은 선배제현들의 저술을 열람하고 공부하면서 얼마간은 부처님 말씀에 대하여 가름을 하고, 어떻게 가르쳐야겠다는 생각도 조금은 정리하였습니다.

인생의 길에서 기쁨도 많고 슬픔도 많았으며, 즐거움도 괴로움도 많이 겪으면서 우리는 살아갑니다. 그러나 부처님의 가르침을 현실에서 행복과 성취하는 방법이라는 개념과 원리로 정립하고 보니 불교가 쉬워졌습니다. 모든 이들의 평안과 복락을 이루기 위하여 우리 스스로 믿음과 이해와 실천을 통하여 증득하는 과정-즉 신해행증(信解行證)의 길이 보였고, 이 길을 가는 방법이 바로 듣고, 깊이 새기고, 실천하는-문사수(聞思修) 삼혜(三慧)였습니다. 이러한 학습법으로 접근한다면 보다 쉽게 부처님의 가르침을 이해하고 현실생활에서 응용할 수 있을 거라고 확신합니다.

많은 좋은 서적들을 참고하여 불자들이나 초보자들이 접근하기 쉽게 엮어 보았습니다. 부처님 말씀을 통하여 인생을 행복과 성취의 길에서 '나와 모두'가 천상락과 극락을 누리기를 축원합니다. 험난한 인생길의 반려로 부처님의 가르침이 늘 함께 하시기를 축원합니다.

병신년 초춘에 지관당(智觀堂)에서 석법안 합장

제2장

부처님의 가르침과 진리

제3장
깨달음과 실천

제1장

불교와 부처님

제1절 불교의 이해
제2절 불자가 되는 길

“

미래 종교는 우주적인 종교가 될 것입니다.
그것은 인간적인 하나님을 초월하고,
교리나 신학을 넘어선 것이어야 합니다.
그것은 자연의 세계와 정신적인 세계를 모두 포함하면서,
자연과 정신 모두의 경험에서 나오는
종교적인 감각에 기초를 둔 것이어야 합니다.
불교가 이런 요구를 만족시키는 해답입니다.
현대과학의 요구에 부합하는 종교가 있다면
그것은 곧 불교가 될 것입니다.

-아인슈타인(Albert Einstein, 1879~1955) 1939년 프린스턴대학 연설

”

불교의 이해

종교는 인간을 정화하고 이상적인 사회를 건설하며, 현실의 고통을 해소하고 죽음의 공포로부터 벗어나 영원한 행복을 추구하는 공통적인 목적을 가지고 있다. 불교는 현실의 삶 속에서 고통의 원인을 통찰하고 행복을 위해 노력하도록 하는 고도의 철학성을 가지고 있다. 그러므로 불교는 깨달음의 종교, 실천의 종교, 지혜의 종교, 자비의 종교, 평등의 종교, 평화의 종교라 할 수 있다.

깨달음의 종교

불교는 스스로 깨달음, 즉 자각(自覺)의 종교다. 신에 의지하는 것이 아니라 스스로 깨달아 부처가 되는 종교다.

실천의 종교

불교는 형이상학적, 현학적, 관념적 종교가 아니라, 바로 이 자리에서 해결을 지향하는 실천과 행동의 종교다.

중국 당나라 대 시인 백낙천이 도림선사를 찾아가 "불교의 대의가 무엇이냐"고 물었다. 선사는 "제악막작 중선봉행(諸惡莫作 衆善奉行: 모든 악을 짓지 말고 모든 선을 받들어 행하라)" 이라고 하니, 백낙천은 "그런 것은 어린애도 다 아는 것 아니냐"고 반문하자, 선사는 "비록 세 살 어린애도 다 알지만, 여든 먹은 노인도 행하기는 어렵다"라고 답했다.

지혜의 종교

'지혜'란 우주의 진리, 존재의 실상을 여실히 꿰뚫어 보는 것을 말한다. 불교에서는 '진리에 대한 무지(無知)' 즉 존재의 참모습을 보지 못하는 어리석음을 윤회와 고통의 근원으로 여긴다.

자비의 종교

자비(慈悲)의 원 뜻은 발고여락(拔苦與樂)이다. 즉 상대에게 즐거움을 주고, 괴로움을 없애주는 것이다. 불교의 자비는 모든 것을 용납하고 수용하는 섭수(攝受)와 악에 대해서 분노하고 굴복시키는 절복(折伏)과 파사현정(破邪顯正)의 뜻도 가지고 있다.

평등의 종교

타 종교는 신과 인간이 주종(主從)의 관계이지만, 불교는 부처와 중생이 본질적으로 차이가 없다. 이는 중생은 누구나 부처가 될 수 있기 때문이다.

평화의 종교

불교는 종교라는 이름으로 전쟁을 일으킨 적이 없다. 인류는 역사상 종교라는 미명(美名)하에 수없는 전쟁을 하며 무고한 생명을 죽음으로 몰아넣었다. 이는 종교의 본질을 올바로 수행하지 못한 결과에서 초래된 비극이다.

불교는 깨달음의 종교로 깨달음을 가르친 분이 부처님인데 우리가 알 수 있는 역사적 부처님은 석가모니 부처님이다. 석가모니 부처님은 진리를 보고 진리를 이룩하였으며 모든 사람이 진리를 깨달아 진리의 주인공이 된다는 것을 밝게 보았다. 부처님은 사람이 미혹하여 무지한 생활을 하고 고통과 분쟁을 벗어나지 못하고 있는 것을 불쌍히 여기고 모든 사람들이 깨우쳐 진리를 회복하고 진리 본연의 국토를 이룰 것을 가르쳤는데 이것이 바로 불교이다. 여기에서 '미혹하다', '무지하다'는 것은 상식과 학식 내지는 교양이 없다는 의미가 아니다. 자기 본분 생명이 무엇인가를 잘 모르고 진실을 망각한다는 것이다. 아무리 학식이 높아도 참생명의 의미를 모르고 자만하면 미혹하고 무지한 것이다. 우리가 깨달아야 하는 진리는 배워서 얻는 진리가 아니고, 이미 존재하는 진리이다. 우리에게는 지혜와 능력이 이미 주어져 있기 때문에 깨달음에 의해서 이것을 회복해야 한다.

불교의 목표는 첫째로 개인적으로 미혹에서 벗어나 진리인 본성을 회복함으로써 인간이 신성한 인격을 완성하는 것이고, 둘째는 사회 또는 국가가 진리를 구현하고 진리를 펴 나아가는 이상사회를 이루게 되는 것이다. 이것을 불교에서는 중생 성숙, 국토 건설이라 한다.

Ⅰ. 불교의 역사

불교의 발상지인 인도에서 중국과 한국, 일본, 월남으로 전래된 대승불교를 북방불교라 하고 경전은 한문 계통에 속한다. 티베트, 몽고와 시베리아 등의 지역으로 전래된 경우는 북방불교의 티베트 불교로, 속칭 라마교라 하며 경전은 티베트어 계통에 속한다. 스리랑카, 미얀마, 태국, 라오스 등의 지역에는 상좌부 불교 위주로 형성되어 남방불교라 하며 경전은 파리어문에 속한다.

불교는 중생의 정신세계를 정화하여 풍부케 하고 인류의 나아갈 길을 명확히 제시하여 주는 것 외에도 그 전래된 지역의 사상, 문화를 화려하게 꽃피우고 살찌게 하였다. 고대 인도의 천문, 음률, 음악, 의술, 역법(曆法) 등이 불교를 통하여 전래되고, 불교 특유의 조각, 그림, 건축 등이 세계 각 처에 미친 영향은 심대하다.

불교는 부처님의 가르침이라는 뜻이고, 불법은 부처님께서 가르친 법이라는 말이니 부처님이 이 세상의 인류를 교화하고 구원하고자 설한 법과 교의를 가리켜서 불교 또는 불법이라고 한다.

Ⅱ. 석가모니 부처님

부처님은 깨친 사람, 또는 깨달은 분으로 한문으로 각자(覺者)라고 한다. 그렇다면 불교는 깨달은 사람의 가르침이라는 뜻이니 이미 깨달은 사람으로서 아직 깨달음을 얻지 못한 사람들에게 깨닫도록 가르치는 종교이다. 이 세상의 모든 사람이 바른 깨달음으로 바르고 지혜로운 삶을 살 수 있도록 인도하는 것이다. 부처님은 역사상으로 불교를 개창한 교주로 석가모니를 말한다.

1. 거룩한 탄생

부처님은 히말라야 산기슭의 작은 부족국가인 카필라바스투에서 B.C.5~6세기경에 태어났다. 오늘날의 네팔 타라이 지방이다. 아버지는 샤카 족의 왕인 숫도다나(淨飯王)이고, 어머니는 왕비인 마야(摩耶)부인이다. 석가모니(釋迦牟尼)란 석가족(Sakya) 출신의 성자(聖者,muni)라는 말이며, 세상에서 가장 존귀한 성중성인(聖衆聖人)이라는 뜻으로 석가세존이라 하는데 약칭해서 석존(釋尊)이라고 한다. 성도 후 사람들은 붇다(Buddha,佛陀) 라고 부르게 되었는데, 이는 우주 인생의 진리를 올바르게 깨달아 증득한 사람이라는 뜻이며, 우리말로는 부처님이라 한다.

마야부인은 어느 날 하늘에서 하얀 코끼리를 타고 보살이 내려오는 꿈을 꾼 후 태기가 있었다. 산월이 되어 당시의 풍습에 따라 친정으로 가던 중 룸비니 동산에서 아기를 낳았다. 아기는 광명에 싸인 채 태어났으며 여러 가지 신비한 일이 일어났다.

갓 태어난 아기 태자는 일곱 걸음을 걷고는 사방을 둘러보고 "천상천하유아독존 삼계개고아당안지(天上天下唯我獨尊 三界皆苦我當安之)"라고 외쳤다. 그리고 그 발자국마다 연꽃이 피어나고 아홉 마리 용이 나타나 아기를 목욕시켰다.

아시타 선인은 어느 날 부처님이 세상에 출현했다고 기뻐하는 신들의 소리를 듣고 왕궁으로 들어가 아기 왕자를 유심히 보고 "마침내 위없이 존귀하신 분, 우주의 아버지가 탄생하셨도다. 앞으로 왕위에 오르시면 무력을 쓰지 않고 온 세상을 다스리는 전륜성왕이 될 것이고, 출가하여 수행하면 반드시 부처님이 되어 모든 중생을 구제하실 것이다."고 예언하였다. 그러나 태자가 태어난 지 7일 만에 마야부인이 세상을 떠났다. 어머니를 잃은 태자는 이모인 마하파자파티를 새어머니로 하여 자라게 되었다.

2. 싯다르타 태자의 고뇌와 출가

어린 태자는 일찍이 생모를 여의었지만 새어머니의 보살핌을 받으며 아무런 불편 없이 자랐다. 태자는 부왕이 지어준 세 곳의 궁전을 철마다 옮겨 다니면서 호화로운 나날을 보냈다.

태자는 일곱 살 되던 해의 봄, 부왕을 따라 농경제에 참석하여 농부가 밭 가는 것을 보고 있었다. 그런데 보습 끝에 일구어지는 흙덩이 속에서 꿈틀거리는 벌레를 어딘가에서 새 한 마리가 쏜살같이 날아와서 쪼아 먹었다.

그러한 광경을 보고 태자는 깊은 생각에 잠겼다. '농부는 낡은 옷을 입고 따가운 햇볕에 땀을 흘리며 일을 하고, 소는 농부의 채찍을 맞아 가며 힘들게 밭갈이를 한다. 흙 속에서 땅 밖으로 내동댕이쳐진 벌레는 날아온 새에게 먹히고 만다. 왜 그래야만 하는가? 왜 그렇게 고되게 살아야만 하는가? 왜 먹고 먹히고 해야 하는가?'

이후 태자는 깊은 사색에 잠기는 경우가 많았다. 어느 날 태자는 동쪽 성문 밖으로 산책을 나갔다가 백발에 허리가 굽은 노인이 지팡이에 매달려 헐떡이며 다가오는 것을 보았다. 궁궐 안에서는 노인이 호화로운 비단과 안락에 싸여 늙음이 추해보이지 않았는데, 동문 밖의 노인은 가난과 고통에 찌들어 더러운 모습이었다. 남쪽 문에서는 병들어 신음하는 병자를 보고 충격을 받았다. '왜 아파야 하며 왜 치료를 빨리 받지 못하는가?' 서쪽 문에서는 장사 지내러 가는 상여행렬을 보고 죽음이라는 것을 고민하게 되었고, 정글 속에 마구 버려진 시체와 귀족들의 성대한 장사행렬의 차이에서 인간의 불평등을 통절하게 느꼈다.

인간은 태어났다가 결국은 늙고 병들어 죽고 마는 것! 어머님은 이미 세상을

떠나셨고 아버님도, 나도 언젠가는 죽는다. 이 세상에 태어난 자는 늙고, 병들고, 죽는 괴로움을 피할 수 없다. 인생은 허무하고 괴로운 것이다. 아무리 몸부림쳐도 벗어날 수 없는 죽음의 수렁이 우리의 앞을 막아서고 있다.

그러나 북문 밖에서는 한 가닥의 희망을 가지게 되었다. 옷차림은 남루하였으나 얼굴에는 미소와 숭고한 기품이 감돌고 눈은 밝게 빛나는 출가 수행자를 발견하였기 때문이다. 모든 형식적인 속박에서 벗어난 자유인으로 보이는 그 수행자는 해탈의 길을 찾아 출가하였다고 했다. 늙고 병들고 죽는 괴로움의 속박에서 벗어날 수 있다는 기쁜 소식을 들은 것이었다. 태자는 궁전으로 돌아와 생로병사의 괴로움에서 벗어나 해탈의 환희를 얻는 문제를 생각하였다.

결국 태자는 출가하여 수도할 것을 결심했다. 태자로부터 직접 출가하겠다는 말을 듣게 된 부왕은 태자를 타이르기도 하고 꾸짖기도 하였으나 한 번 굳힌 그의 결심은 추호도 변동이 없었다. 부왕은 태자에게 왕통을 이을 왕손을 얻기 전에는 출가할 수 없다고 하여 잠시 그 출가를 늦출 수밖에는 별 도리가 없었다. 부왕의 뜻에 따라 태자는 19세에 석가족 콜리 성주의 공주인 야쇼다라와 결혼하였고, 그와의 사이에 아들 라훌라를 낳았다.

아들이 태어난 뒤에 태자는 궁전을 벗어나 수도자의 길로 나섰다.

내가 출가한 것은 병듦이 없고, 늙음이 없고, 죽음이 없고, 근심 걱정 번뇌가 없고, 지저분함이 없는 가장 편안하고 행복한 삶을 얻기 위해서이다.《中阿含

經》 卷56)

이 세상에 만약 늙고 병들고 죽는 이 세 가지가 없었다면 여래(如來)는 세상에 출현하지 않았을 것이다.(《雜阿含經》 卷14)

3. 구도와 성도

밤중에 궁전을 떠나온 싯다르타는 고행으로 천상에 태어나기를 기대하는 '박가바'라는 고행주의자를 찾아갔다. 박가바 선인을 따라 얼마간 고행을 행하던 싯다르타는 선인에게 이렇게 힘든 고행을 하는 것은 무엇 때문이냐고 물었다. 선인은 이 세상의 고통을 버리고 천상에 태어나기 위해서라고 대답하였다. "천상의 기쁨이 다하면 또 어찌합니까?" 라고 물었으나 선인은 아무 대답이 없었다.

하늘에 태어난다는 것은 지금의 자신이 죽지 않고는 불가능한 일이 아닌가? 이 몸이 죽어서 하늘에 태어난다고 하더라도 그 하늘에서의 수명이 다하면 또 죽을 것이 아닌가? 그 죽음을 면하기 위하여 출가한 내가 아닌가!

싯다르타는 다시 선정법(禪定法)으로 명망이 높은 알라라 칼라마와 웃다카 라마풋타 라는 수행자를 찾아갔다. 싯다르타는 얼마 지나지 않아 그들이 해탈의 경지라고 인정하는 최고의 단계에까지 이르렀다. 그러나 그 경지도 일단 정신통일의 상태가 끝나 버리면 다시

전과 같은 상태로 되돌아오게 되므로 선정의 수행을 끊임없이 되풀이하여야만 했다. 이 수행법으로도 결국 죽음에 이르지 않고는 목적을 달성할 수가 없다는 결론을 얻게 되었다.

마지막으로 가야 지방의 네란자라(尼連禪河) 근처 고행림(苦行林)을 찾아가 그곳에서 맹렬한 고행을 시작했다. 그러나 육 년간의 치열한 고행에도 불구하고 아무런 문제도 해결할 수 없었다. 누구보다도 처절한 고행을 경험했으면서도 그러한 극단적인 고행이 도리어 인간의 육신을 피로하게 하고 수행에 방해가 됨을 간파하였다.

그렇다. 마음이 근본이다. 육체는 마음을 따라서 움직이는, 마음의 그림자와 같은 것이다. 근본(마음)이 바로 서면 그림자는 저절로 바르게 될 것이 아닌가!

고행을 중지하고 네란자라 강으로 내려가서 더러워진 몸을 깨끗하게 씻었다. 목욕을 마치고 강가에서 지친 몸을 잠시 쉬고 그 마을 수자타라는 처녀로부터 유미죽을 공양 받아 기운을 회복하였다. 그리고 보리수 아래 길상초를 깔고 동쪽을 향하여 깊은 명상에 잠겼다.

이제 만일 여기서 번뇌를 멸하지 못하여 미혹과 거짓의 세계를 벗어나는 길을 찾지 못한다면 설령 이 몸이 가루가 된다 하여도 이 자리를 결코 떠나지 않으리라.

드디어 12월 8일 샛별이 반짝일 때 연기(緣起)의 도리를 깨달음으로써 모든 존재의 근본 원인인 무명(無明)을 타파하였다. 우주의 생성 소멸은 인연과(因緣果)의 원리에 따라서 움직인다. 일체 중생이 본래 부처지만 업(業)의 그림자에 가려져 고통받는 삶을 살고 있음을 알았다.

3~7일간의 사색을 거쳐 중생을 제도할 방편을 완성하고 홍법의 길을 떠났다.

4. 전법교화

깨달음을 이룬 부처님은 보리수 아래 앉은 채 형언할 수 없는 기쁨에 잠겨 있었다. 그러나 그 만족감과 기쁨이 자기만의 것으로 끝나서는 안 되었다. 자신이 성불한 기쁨과 만족감만으로 혼자 법열에 젖어 있다면 그것은 진실로 부처가 취할 태도가 아니었다. 자신이 법열에 잠겨 빙그레 미소 짓고 있는 순간에도 중생들은 끝없는 생로병사(生老病死)의 고통에서 허덕이고 있으며, 무엇이 행복이며 어떤 것이 괴로움인지조차 모르는 많은 사람들이 고해(苦海)에서 허우적대고 있는 것이 아닌가! 진리도 아닌 것을 진리인 줄 알고 평생을 매달리는가 하면, 괴로움을 벗어나겠다는 몸부림으로 도리어 헤어날 수 없는 고통의 수렁에 빠지는 경우가 허다하지 않는가! 중생들의 이러한 아픔과 슬픔이 바로 부처님 자신의 아픔이었다.

부처님이 새로운 가르침을 펴기 위하여 처음으로 향한 곳이 바라나시의 녹야원(鹿野園)이었다. 부처님은 녹야원에서 아야, 교진여 등 5비구에게 첫 가르침을 펼쳤다(初轉法輪). 이때 부처님은 5비구에게 출가수행자는 욕락(慾樂)과 고행의 두 극단을 버리고 중도(中道)를 취해야 할 것을 가르쳤으며, 사성제(四聖諦)의 법문으로써 그들을 깨우쳐 진리의 세계에 눈뜨게 하였다.

그 무렵에 그 근처 어느 부호의 외아들로서 인생을 비관하고 번민하던 야사라는 청년이 녹야원에서 부처님의 설법을 듣고 불제자가 되었다. 야사의 부모와 아내도 부처님의 가르침을 받고 재가 제자가 되었는데, 이것이 우바새와 우바이의 시작이다. 또 야사의 친구 50여 명도 깊은 감화를 받고 부처님의 제자(沙門)가 되었다.

부처님은 이들이 진리를 증득하게 되자 여러 지방으로 가서 진리의 가르침을 전하게 하였으며 당신도 홀로 많은 사람들을 구제하기 위하여 교화의 길로 나섰다. 불교의 참뜻은 스스로의 해탈에 있는 것이 아니라 모든 사람들의 이익과 행복과 안락에 있기 때문이다. 한 곳에 한 사람씩 가급적이면 빨리 많은 곳으로 가서 가르침을 펴도록 하였다. 이것을 전도선언이라고 한다. 이 선언은 부처님께서 교단을 구성하고 교단에 부여한 최초의 명령이었다. 그러므로 교단은 언제나 이 전도선언이 담고 있는 부처님의 명령을 실천해야 할 의무와 책임을 가지고 있는 것이다.

부처님께서도 당시 인도문화의 중심지인 마가다국의 왕사성으로 향하였다. 이 길목에서 30여 명의 젊은이들을 제자로 교화하고, 우루벨라의 병장촌으로 가서 사화외도(事火外道)의 바라문인 가섭 삼형제를 교화하여 제자로 삼았다. 가섭 삼형제는 당시 왕사성에 가장 이름 있는 종교가였고, 또 국왕인 빔비사라 왕의 존경도 받고 있었다. 이들의 1,000명의 제자들도 모두 스승을 따라 부처님의 새로운 제자가 되었다. 이들 삼형제와 제자들 1,000명이 부처님의 제자가 되자 마가다 국왕을 비롯한 왕사성 사람들의 놀라움은 매우 컸다. 국왕도 왕실의 권속 및 신하들과 함께 감화를 받고 부처님의 재가신자가 되었으며, 부처님이 머물면서 가르침을 펼 수 있는 사원을 지어 바쳤다. 그 절이 불교사원의 시초가 되는 죽림정사(竹林精舍)이다.

이때부터 불교는 왕사성을 중심으로 크게 교세가 확장되어 갔다. 어느 날 사리불이 이 세상 모든 것은 인연에 의해 이루어졌으므로 절대적인 것이 없다는 부처님 가르침을 듣고 크게 기뻐하며 친구 목건련과 함께 부처님의 제자가 되었다. 그 뒤 부처님은 고향 카필라성으로 가서 부왕을 비롯한 많은 친척과 그 곳 사람들을 교화하고, 아우인 난다와 아들 라훌라를 출가시켰다. 뿐만 아니라 이때 아난타, 데바닷타, 아니룻다 등 사촌동생과 적지 않은 석가족 사람들이 불제자가 되었다. 그리고 코살라 국의 수도인 사위성의 큰 부호 수닷타가 많은 재산을 들여 기원정사를 지어 부처님의 교화에 큰 도움이 되게 하였다.

부처님은 왕사성과 사위성 그리고 고향 카필라를 왕래하며 직접 가르침을 폈으며, 바라나시와 코삼비 사람들에게도 교화의 손길을 펴셨다. 당시 불교는 동쪽으로는 갠지스 하류까지 전해졌고, 서쪽으로는 지금의 봄베이 북방인 슈로나 국의 아라비아해 연안까지 전파되었다.

부처님의 가르침은 각계 각층에 펼쳐졌고, 부처님의 제자에는 계급의 귀천도, 빈부의 차별도, 인종의 구별도 없었다. 오직 화합과 평등과 진리에 의한 질서만이 존중되었다. 뿐만 아니라 여성도 출가수행자(比丘尼)가 될 수 있도록 허용하였다.

5. 부처님의 가르침

부처님의 가르침은 매우 합리적이고 이성적이며 분석적이다. 부처님의 설법은 지혜와 자비가 주 내용이다. 부드럽고 온화하며 단호하면서도 현실적이어서 추론을 배격하고 실제의 경험을 중요시하며 그 경험이 실제의 생활에 응용되기를 강조한다. 연기법(緣起法)으로 우주 생성의 기본 원리를, 십이연기(十二緣起)로 존재의 인식을 설한다. 존재의 관찰에는 4단계의 사성제(四聖諦)가 있으며, 행동 강령에는 팔정도(八正道)가 있다. 이러한 가르침을 근본불교라 한다. 불교의 기본 바탕인 근본불교는 현재를 최대한으로 잘 살아 나갈 것을 강조한다. 부처님은 내세적인 것이나 형이상학적 문제에 대해서는 거의 언급을 하지 않았다. 그것은 현실 생활에 아무런 도움을 주지 않기 때문이다. 부처님은 형이상학적 질문에 대해 우리가 먼저 해결해야 할 것과, 무엇을 본질로 삼아야 될 것인가를 문제 삼았다. 불확실한 내세적인 것과, 과거사는 우리들의 현실 생활에 아무런 도움이 되지 않기 때문이다.

과거를 따르지 말고 미래를 기대하지 말라. 한 번 지나가 버린 것은 이미 버려진 것, 또한 미래는 아직 오지 않았다. 현재의 일을 자세히 살펴 흔들리거나 움직임이 없이 그것을 잘 알고 익혀라. 오늘 할 일을 부지런히 행하라. 누가 내일의 죽음을 알 수 있으랴. 진실로 저 염라대왕의 무리들과 싸움이 없는 날 없거늘 밤낮으로 게으름을 모르고 부지런히 정진하는 사람, 그를 가리켜 한 밤의 현자(賢者)라 하고 마음 고요한 성자(聖者)라고 한다.

6. 평화로운 열반

살아 있는 모두에게 육체의 죽음은 예외가 있을 수 없다. 부처님의 임종이 가까워졌을 때 수바드라라는 늙은 외도가 달려와 부처님 뵙기를 청하였다. 시자 아난타는 "너무 늦었소. 부처님께서는 열반에 드시려 하니 참아 주시오." 하고 만류하였다. 수바드라는 꼭 뵙겠다고 실랑이를 벌였다. 이때 부처님께서는 아난타에게 마지막 제자를 막지 말라고 했다.

너희들은 저마다 자기 자신을 등불로 삼고 자기를 의지하여라. 진리로 등불을 삼고 진리를 의지하여라. 가르침을 중심으로 서로 화합하고 공경하라. 여래는 육신이 아니라 깨달음이다. 육신은 비록 여기서 죽더라도 깨달음의 지혜는 영원히 진리의 길에 살아 있을 것이다. 내가 열반에 든 뒤 내가 말한 가르침이 곧 너희들의 스승이 될 것이다. 내가 열반에 든 뒤 대중은 마땅히 사념처에 의지하여 머물러야 하고, 계율을 스승으로 삼아야 한다. 나는 방일(放逸)하지 않았으므로 깨달음을 얻었느니라. 모든 것은 덧없다. 게으르지 말고 정진하라.

여래는 항상 계시며 결코 멸함이 없다. 부처님은 지금 여기에서 우리들의 가슴 속에 살아 계시며 마지막 한 생명을 찾아서 이 세상 끝까지 행진하고 계신다.

Ⅲ. 불교의 특징

1. 인간 중심의 종교

불교는 절대의 대상을 세우지 않고 인간 내면의 위대한 존재인 불성을 발견하고 번뇌를 정화하여 자유와 해탈을 얻는 인간성불의 종교이다. 또한 불교에서는 이 세상의 모든 존재를 인간의 인식을 중심으로 하여 보고 있는데, 인간에 의하여 인식되지 않는 것은 일단 존재하지 않는 것으로 보아야 한다는 것이 기본입장이다.

서양에서는 불교를 종교가 아닌 철학이라고 한다. 이것은 서양의 종교가 신을 중심으로 하는 신앙이기 때문이다. 서양에서 말하는 종교라는 말(religion)의 어원 자체가 라틴어(relegere, religare)에서 온 것으로 신적인 것과의 교통, 신과의 결합, 신에의 예속 등을 의미한다. 이들은 종교를 신을 알고, 신을 쫓고, 경건한 태도로 신에게 묶이는 것이라고 인식한다. 이는 완전히 신을 중심으로 하는 신앙체계라고 할 수 있다. 절대의 대상을 세우고 그 대상을 신봉하며 구원을 얻으려고 하는 것이 그들 신앙의 본질이다.

불교는 인간을 중심으로 하는 세계관을 수립하고 있다. 원시교리에서 불교의 세계관은 오온설과 12처설이다. 인식의 주체가 되는 여섯 개의 감관(六根)은 인간존재를 나타내고, 인식의 객체가 되는 여섯 개의 대상(六境)은 자연환경에 해당한다. 주체적인 인간의 특질을 의지(意志,Manas)로 파악하고 객체적인 대상의 특질을 법(法,Dharma)으로 파악한다. 의지란 자유와 능동적인 힘이 있는 것을 말하며 법이란 어떤 원인이 있으면 반드시 그에 상응하는 결과를 나타내는 필연적인 속성을 말한다. 인간의 이러한 의지적인 작용을 업(業,Karma)이라고 하며 이에 대한 대상의 필연적인 반응을 보(報,Vipaka)라고 한다. 유일신의 신앙에서는 이 세계를 절대의 신이 생성, 유지, 파괴한다고 하지만 불교에서는 이 세계가 인간의 의지적인 작용인 공업에 의하여 생성되기도 하고 파괴되기도 한다고 한다. 이러한 점으로 미루어 보아서 불교는 인간을 중심으로, 인간을 구하기 위한, 인간의 신앙이라고 말할 수 있다.

2. 자력과 타력을 겸비한 종교

불교의 궁극적인 목표는 성불에 있다. 보통 종교에서 말하는 구원은 종교에 따라서 각각 다른 개념들을 가지고 있지만 불교에서 말하는 진정한 구원이란 자신이 온갖 괴로움을 극복하고 열반에 이르는 것(成佛)이라고 할 수 있다. 또한 부처와 중생이 평등(生佛平等)하다는 입장에서 중생성불의 길을 가르치므로 설사 모든 불보살을 신앙의 대상으로 한다고 할지라도 다른 종교에서 말하는 신앙의 대상과는 근본적으로 많은 차이가 있는 것이다.

대승불교에서는 시방(十方)의 부처님과 보살을 신앙의 대상으로 하지만 그 불·보살도 다른 종교에서 신앙의 대상으로 하는 신과는 그 성격이 다르다. 또한 무한의 생명과 자유이상을 실현하는 데 있어서 서구의 종교는 초월신의 힘(全知全能)에 의지하여 이루려고 하는 데 비하여 불교는 초월신을 부정하고 인간의 생명 속에 내재된 불성을 발견하고 수행을 통하여 구현하려고 한다. 따라서 서구의 종교는 완전하게 신에게 의탁하여 구원을 받으려고 하는 절대의 타력주의의 신앙인데 반하여 불교는 평등의 원리에 입각하여 자력(修行)과 타력(불보살의 원력이나 가피)을 겸비한 신앙이다.

3. 체계적인 수행의 종교

대개의 신앙들은 믿기만 하면 모든 것이 다 이루어진다고 말하고 있다. 물론 불교도 믿음을 배제하지는 않는다. 그러나 불교는 결코 강요나 맹목적인 믿음으로 되는 것은 아니다. 믿음에 대한 확실한 이해와 실천, 그리고 수행하여 증득하는 길을 자세히 제시하고 있다. 이것을 신해행증(信解行證)이라고 한다. 신(信)은 부처님의 가르침을 믿는 것이고, 해(解)는 가르침에 담겨있는 진리를 이해하는 것이며, 행(行)은 가르치신 바의 진리를 실천함을 말하며, 증(證)은 실천하여 얻어지는 결과를 말한다. 부처님의 팔만사천 말씀과 조사의 어록이 모두 여기에 있는 것이다.

불교는 믿음이 없으면 불법의 바다로 들어갈 수 없다. 그러나 단순한 믿음만으로 모든 것이 이루어지는 것은 아니다. 믿음에 대한 확실한 이해가 동반되어야 한다. 종교인들이 자신의 종교만 옳고 다른 종교는 그르다고 한다면 이것은 엄청난 오류를 범하고 있는 것이다. 종교라고 해서 덮어놓고 믿을 수만은 없다. 그것이 하늘의 계시라든가, 오랜 전통을 가졌다든가, 성인의 말이라든가 하는 이유만으로 그것이 바른 믿음이라고는 할 수 없기 때문이다. 믿음에는 반드시 앎이 따라야 맹신이나 미신이 아닌 바른 믿음을 가질 수 있다.

앎의 다음에는 실천, 즉 수행이 따라야 한다. 불교는 체계적인 수행에 의하여 깨달음을 성취하는 것이다. 진리를 깨달았다고 하더라도 선천적인 본능이나 충동, 그리고 후천적인 감정이나 번뇌 등은 쉽게 제거되지 않는다.

꾸준하게 수행하면 믿는 바의 진리와 같이 인격화가 되는 것이니 이것을 우리는 성불(成佛), 또는 성도(成道), 증도(證道)라고 한다. 이것을 신(信), 해(解), 행(行), 증(證)의 네 단계로 설명하는데 불교는 이와 같이 맹목적인 믿음을 벗어나서 체계적인 수행을 하는 실천의 종교이다.

4. 지혜와 자비의 종교

불교의 목표는 위로는 보리를 구하고(上求菩提), 아래로는 중생을 교화하는(下化衆生) 것이다. 지혜를 구한다고 하는 것은 내면적인 인격의 완성을 말하는 것으로 이 지혜가 있음으로 해서 올바른 신앙 행위가 이루어진다.

지혜는 사물을 있는 그대로 보는 힘을 말한다. 우리는 수많은 번뇌로 인하여 사물을 바르게 보지 못하여 여러 가지 괴로움 속에서 살고 있다. 세상을 바르게 사는 것도, 중생을 바른 길로 인도하는 것도 이 지혜에 의하여 이루어지므로 이 지혜가 바로 인류를 구원하고 이 세상을 구하는 힘이다. 따라서 이 지혜는 단순한 지식이나 차별된 분별지를 말하는 것이 아니라 실상을 바로 비추어 보는 참다운 무분별의 지혜를 말한다. 불교는 이러한 지혜를 성취하는 데 그 목적이 있다.

아무리 뛰어난 지혜가 있다 할지라도 자비가 없는 지혜는 소용이 없다. 이 지혜의 성취는 곧 중생을 위한 것으로 지혜를 바탕으로 하여 진정한 불교의 실천관인 자비가 나타나는 것이다. 이 자비의 실천이 곧 하화중생의 발원이다.

자비(慈悲)의 자(慈)는 상대편에게 즐거움을 주는 것(與樂)으로 부모가 자식을 생각하는 마음과 같이 어떤 조건이나 보상을 바라지 않는 것이다. 즉 자연스럽게 우러나오는 무조건적 사랑을 의미한다. 비(悲)는 연민, 동정의 뜻으로 다른 사람의 괴로움을 나의 괴로움과 같이 하여 함께 아파하고 그 아픔을 없애주는 것을 말한다. 다른 사람에게 즐거움을 주려고 하면 먼저 그 사람의 괴로움을 없애주는 노력이 선행되어야 한다. 이 자비는 남에게 이익과 안락을 주고 불이익과 고통을 덜어주려는 순수한 인간애로 진정한 동체자비(同體慈悲)가 아니고서는 참다운 자비라고 할 수 없다. 이처럼 무조건적인 사랑의 실천 활동을 불교에서는 자비의 생활이라고 한다.

지혜의 완성과 자비의 실천은 선후의 개념이 아니라 동시에 이루어져야 한다. 보통 자신의 완성을 성취한 다음에 남을 위하여 봉사한다고 생각하기 쉬우나 이것은 수레의 두 바퀴와 같아서 어느 하나를 빠뜨리면 결코 안 되는 것이다.

대개의 사람들은 모든 종교는 궁극적으로 같은 것이라고 말한다. 그러나 이 말은 모든 종교들이 선을 추구한다는 면에서 같다고 한 것일 것이다. 선을 추구하는 것은 신앙생활의 한 단면에 불과하다. 그것은 종교가 아닌 일반 윤리나 도덕에서도 같은 말을 하고 있다. 불교는 단순히 선만을 말하는 종교는 아니다. 선은 수행의 한 과정이지 목적이 아니다. 부처님의 가르침은 현실에 대한 명확한 관찰(합리적인 사유)과 자발적인 노력(정진과 수행), 자비의 실천(봉사와 보시)으로써 행복이 이루어진다고 한다. 행복은 결코 누가 주는 것이 아니라 자신의 노력에 의하여 성취된다.

신앙적 진리信仰的 眞理와 진리적 신앙眞理的 信仰

진리에는 신앙적 진리信仰的 眞理와 진리적 신앙眞理的 信仰이 있다. 신앙적 진리는 그것을 믿는 사람에게만 진리가 되기 때문에 사신과 미신에 해당될 확률이 굉장히 높다. 반면 진리적 신앙은 믿든 안 믿든 누구에게나 통용되는 것으로, 바로 불교의 가르침을 진리적 신앙이라고 할 수 있다.

세계의 어떤 지성인도 불교를 거부한 사람들이 없다. 아인슈타인이나 쇼펜하우어 같은 서양의 최고 지성인들과, 최근의 엘리트 지식인들이 모두 불교를 신봉하는 것은 불교가 진리적 신앙이기 때문이다. 불교는 철학적 근거가 가장 뛰어난 바른 믿음正信이다. 믿는 자에게만 구원이 있거나 믿는 자에게만 통용되는 진리는 반쪽짜리라 하겠다.

불교는 계율을 지키고[계戒], 마음의 고요를 이루고[정淨], 그리고 지혜를 증득하는[혜慧] 것으로 이를 계戒·정淨·혜慧 삼학이라고 한다.

이처럼 계·정·혜 세 가지가 완벽하게 갖춰져 있는 불교는 진리적 신앙이 되는 것이다. 불교의 진리는 완벽하기 때문에 어떤 과학자든 어떤 최첨단 이론이든 이를 깨는 것이 없다.

불교에 사이비나 이단논쟁이 안 일어나는 것은 부처님 말씀대로 정확하게 따라가면 누구든지 진리를 체험하고 그 단계를 증득할 수 있기 때문이다.

불교를 왜 믿는가?

부처님께 "중생은 무엇 때문에 발보리심을 할까요?" 하고 여쭈자, 부처님께서는 "중생은 두 가지를 위해서 보리심을 낸다"고 답하셨다.

수명증장(壽命增長)

재가불자가 불교를 믿는 이유는 첫 번째는 수명을 늘리려는 것이다. 그러니까 재가불자들에게 불교를 왜 믿느냐고 물으면 "수명을 늘리려고 믿습니다" 이렇게 대답하는 것이 가장 쉽고 올바른 대답이 된다. 그저 "내 마음 닦아서, 도 닦아서 아라한 되려고 한다" 이런 대답은 재가불자에게는 안 맞는 것이다.

재물증장(財物增長)

"재물을 늘리기 위해서 믿습니다" 이것도 올바른 대답이다. 불교를 왜 믿냐? 수명증장, 재물증장 즉 수명을 늘리고 재물을 늘리려고 믿는 것이다.

그러므로 여러분들이 불교를 하루 믿었으면 하루 믿은 만큼 수명이 늘고 재물도 늘어나야 되는 것이다. 안 늘어났으면 믿음에 문제가 있는 것이다.

“

불교는 서구 관념의 신을 내세우지 않는다.
기도와 희생양의 효능을 배격하며,
인간의 구원을 타인에게서 구하지 않고
스스로 노력으로 구하라고 가르친다.
청정한 근본교리는 순종 서약을 요구하지 않으며
세속의 도움을 구하지 않는다.
그럼에도 세계 도처에 놀랄만한 속도로 넓게 퍼지고 있으며
대다수 인류에게 아직도 지배적인 교리가 되고 있다.

”

불자가 되는 길

02

Ⅰ. 귀의삼보(歸依三寶)

불교는 불·법·승 삼보(三寶)에 귀의하는 것으로 시작된다. 불교를 배우는 사람이 만약 삼보에 귀의하는 의식을 거치지 않았다면 설사 부처님 전에 향을 사르고 예불한다 하더라도 단지 불교를 존중하고 흥미를 가진 것일 뿐이지 진정한 불교도라 할 수 없다. 이것은 마치 수업등록을 하지 않은 청강생과 같다.

'불(佛)'은 산스크리트어 '붇다(buddha)'의 약칭으로 우주진리를 깨닫고(自覺), 또한 끝없이 무한한 자비원력으로써 중생을 교화하는(覺他) 원만히 깨달은 사람을 가리킨다.

'법(法)'은 산스크리트어로 '달마(dharma)'라 한다. 부처님이 말씀하신 모든 진리의 교법인 팔만대장경(八萬大藏經)을 말한다. 중생은 법에 의해서 수행하니 바로 진리를 증득할 수 있는 것이고 마침내 해탈을 얻을 수 있는 것이다.

'승(僧)'은 산스크리트어 '승가(sarngha)'의 약칭으로 불법을 봉행하며 화합으로 함께 사는 출가승단을 말하는데 뜻이 화합한 것과 일이 화합한 두 가지의 특질이 있다. 뜻이 화합함(理和)은 끊어버린 모든 번뇌와 증득한 모든 진리가 같아 다름이 없는 것이고, 일이 화합함(事和)은 몸·입·생각 3업(三業)이 매사에 있어서 함께 6가지 요점을 준수하여 어긋남이 없음을 말하는 것으로 승단건립의 기초이다.

간단히 말해서 부처님(佛)은 교주이고, 법(法)은 진리이며, 승(僧)은 스승으로서 세 가지 모두 중생을 제도하는 중요한 인연이어서 하나도 빠질 수 없다. 예를 들면, 부처님은 좋은 의사이고, 법은 오묘한 약이고, 스님은 간호사와도 같아서 병을 앓는 환자에게는 세 가지 인연이 동시에 갖추어져야 병을 고칠 수 있는 것이다.

1. 귀의삼보의 의미

귀의삼보(歸依三寶)란 삼보에 기대고 의지하여 도움을 청하고 보살핌을 받음으로써 괴로움을 벗어버릴 수 있다는 뜻이다. 어린아이는 부모에 의지하여야 안전할 수 있고 바다를 항해하는 사람은 나침반에 의지하여야 배가 평안히 항구로 돌아올 수 있고 어두운 밤에는 밝은 불빛을 의지하여야 앞을 볼 수 있는 것이다. 마찬가지로 세간에는 사마외도(邪魔外道)나 나쁜 사람, 나쁜 일 등이 많은데 삼보로써 의지를 삼으니 삶에 안전한 의지처가 된다.

2. 귀의삼보의 복덕

삼보는 캄캄한 밤길의 등불과 같다. 귀의삼보함은 우리들이 구경해탈할 수 있도록 해줄 뿐만이 아니라 현세에 많은 이익을 얻게 해 준다.

① 불제자가 된다.
귀의삼보한 사람은 이 우주에서 가장 위대한 성자인 석가모니 부처님을 스승으로 모셔 정식으로 부처님의 제자가 된다.
② 악취에 떨어지지 않는다.
부처님께 귀의하면 지옥에 떨어지지 않으며, 가르침에 귀의하면 축생도에 떨어지지 않고, 스님들께 귀의하면 아귀도에 떨어지지 않는다.
③ 인격을 장엄할 수 있다.

삼보에 귀의하면 신앙의 수준이 올라가 몸에 도덕적 장식과 의상을 입힌 것과도 같으니 인격이 더욱 장엄된다.

④ 좋은 신장·신중들의 보살핌을 받는다.

부처님은 호법신장, 모든 선신들에게 말법시대에 귀의삼보한 제자들을 보호해 줘야 한다고 지시를 하신 적이 있다. 그러므로 삼보에 귀의하면 천룡팔부(天龍八部)와 호법신장의 보살핌을 받게 된다.

⑤ 존경을 받게 된다.

삼보에 귀의한 사람은 인간세와 천당 중생들의 존경을 받을 수 있다.

⑥ 좋은 일을 성취할 수 있다.

삼보의 가피에 힘입어 업장의 가볍게 되고 평안하고 복되게 하니 모든 좋은 일을 다 성취할 수 있게 된다.

⑦ 복덕을 모으게 된다.

『희유교량공덕경』에서는 "설사 사사공양(四事供養 : 부처님과 스님께 일상생활에 필요한 네 가지 물건을 공양함)을 갖추거나 일곱 가지 보물로 탑을 조성하고 사리를 모심으로써 생겨난 공덕이라도 삼보에 귀의한 공덕의 100분의 1도 못 미친다"고 했다.

⑧ 좋은 사람을 만나게 된다.

삼보에 귀의하면 번뇌가 소멸되고 좋은 사람을 만나 친구로 할 수 있어서 가는 곳마다 좋은 인연이 있게 된다.

⑨ 수계의 기초가 된다.

삼보에 귀의한 사람만이 한 걸음 더 나아가 오계(五戒)와 팔관재계

(八關齊戒) 및 재가보살계(在家菩薩戒)를 받을 자격이 있게 된다.

⑩ 불도를 성취하게 된다.

삼보에 귀의한 사람은 설사 금생에 수행이 부족하더라도 신심이 있고 좋은 인연이 있으니 장래에 미륵보살님이 하생하신 용화삼회(龍華三會)에서 제도 받을 수 있다.

3. 귀의삼보 후의 생활

1) 귀의삼보와 채식

귀의삼보해도 꼭 채식을 해야 하는 것은 아니다. 귀의삼보하는 것은 한평생 삼보를 믿고 따르며 신앙을 바꾸지 않겠다는 선서를 하는 것일 뿐으로 채식을 하는 것과는 상관이 없다. 귀의하는 것은 계를 받는 것이 아니어서 계율의 제한이 없다. 다만 '나는 불교를 신앙하여 영원히 신심이 변함이 없다'는 자신과의 약속이 있을 뿐이다. 그러므로 귀의삼보하는 것은 채식을 하는 것도 계를 받는 것도 아니며 출가는 더욱 아니다.

2) 귀의삼보와 제사

귀의삼보한 사람이라도 천지신명을 예경하고 조상에 제를 지낼 수 있다. 그 이유는 귀의하는 것과 예배하는 것은 다르기 때문이다. 귀의는 평생 간직할 신앙이지만 예배하는 것은 일시적으로 존중하여 예의를 나타내는 것이다.

우리가 평소 이교도들을 만났을 때 악수하고 목례(目禮)를 하는 것은 예의를 보이는 것으로 우리들의 조상과 신들에게도 물론 존중을 보일 수 있어야 한다. 그러나 존중해 주는 것과 신앙은 다른 것으로 귀의한 이후로는 신(神) 등을 믿어서는 안 된다.

3) 귀의삼보와 신앙

귀의삼보하는 것은 일시적 숭배가 아니라 목숨을 다할 때까지의 신앙으로 일생의 일이다. 《유가계본(瑜伽戒本)》에 따르면, 하루라도 귀의하지 않으면 계(戒)를 범한 것이라 하였다. 그래서 한 불교도로서 날마다 귀의삼보하여야 하는데, 그것은 자기가 불교도라는 것을 잊지 않고 있음을 나타내는 것이고 또한 이로써 자기의 신앙의 경계를 더욱 끌어올리는 보리종자로 삼는 것이다.

이 외에도 귀의삼보한 사람은 바른 알음과 바른 견해가 꼭 있어야 하며 인과를 분명히 믿어 모든 나쁜 일을 하지 말고 모든 좋은 일을 봉행할 수 있어야만 불법의 은혜를 받을 수 있고 신앙의 이득을 얻을 수 있는 것이다.

Ⅱ. 수계

귀의삼보하는 것은 불교에 입문하는 것이고, 계율을 받아 지키는 수계는 신앙의 실천이다. 불교도는 귀의삼보한 후 한 걸음 더 나아가 발심하여 계를 받아 지녀야 한다. 수계하는 것은 마치 학생이 학교 규칙을 준수하고 국민이 법률을 지키는 것과도 같다. 단지 다른 점은 규칙과 법률은 외부로부터 오는 타율적인 제약인 반면, 불교의 계율은 내심에서 우러난 것으로 자율적인 것이다. 아무리 평탄한 길이라도 교통수칙을 지키지 않는다면 언제나 사고가 날 위험이 있는 것처럼 삶에 있어서 계를 지키지 않는다면 잘못을 저지를 가능성이 있는 것이다. 그렇기 때문에 불법을 배우는 사람은 필히 계를 받아야 한다.

계는 출가계(出家戒)와 재가계(在家戒)로 구분된다. 또한 대승계, 소승계로 나눌 수도 있다. 재가불자가 받아 지녀야 할 계에는 오계(五戒), 팔관재계(八關齋戒), 보살계(菩薩戒)가 있다.

1. 오계

오계란 불살생(不殺生), 불투도(不偷盜), 불사음(不邪淫), 불망어(不妄語), 불음주(不飮酒)이다.

불교의 모든 계율은 오계를 근본으로 한 것이어서 오계를 근본대계(根本大戒)라고 하기도 한다.

① 불살생(不殺生)

다른 생명을 침해하지 않는다. 살생은 크게는 사람을 죽이는 것이고 작게는 바퀴벌레, 쥐, 모기 등을 죽이는 것이다. 그러나 불교는 인간 본위의 종교로 살생하지 말라는 것은 살인하지 말라는 것이다. 살인하는 것은 바라이(波羅夷: 아주 무거운 죄)를 범하는 것으로 계율 중의 근본대계로 참회가 통하지 않는다. 만약 바퀴벌레, 모기, 파리 등을 죽였다면 돌길라(突吉羅: 가벼운 죄)를 범한 것으로 나쁜 짓에 속하나 살인과는 다르다.

이외에도 시간을 낭비하고 물건을 파괴하는 것 또한 살생하는 것이다. 생명은 시간이 쌓여서 모인 것으로 시간을 낭비하는 것도 살생을 하는 것과 같기 때문이다. 마찬가지로 물건을 함부로 낭비하는 것 또한 살생이라고 한다. 물품은 인간의 자원이고 대중의 인연이 모여서 만들어진 것이기 때문이다.

살생을 금하는 것은 우리의 자비심을 키우기 위함이다. 『열반경』에 "육식하는 사람은 자비의 씨앗을 끊어 버리는 것으로, 행주좌와(行住坐臥)에 있어 모든 중생이 그 고기 냄새를 맡고 두려움에 빠진다" 하였다. 채식을 하는 것은 소, 닭, 오리, 돼지, 양 등의 동물의 생명을 차마 해치지 못하겠기 때문이고 자비심을 키우기 위해서이다. 식물도 생명이 있다고 하는 사람도 있지만, 심식(心識)의 반응이 있는 동물과 달리 식물은 단지 물리적 반응이 있을 뿐이라 여기기 때문에 채식은 살생이라고 하지 않는다.

② 불투도(不偷盜)

다른 사람의 재물을 침해하지 않는다. 자기의 물건이 아닌데 허락을 받지 않고 자기 것으로 하는 것은 훔치는 것이다. 밝은 대낮에 남의 물건을 빼앗는 것은 큰 도둑질이다. 계율에 의하면 5전(고대인도국의 화폐단위)이상의 물건을 훔치는 행위는 근본대계(根本大戒)를 범한 것이라고 하였다. 평소 회사의 편지봉투, 편지지, 볼펜 등을 자기 것처럼 갖다 쓰거나, 물건을 빌리고는 돌려주지 않는 것도 비록 근본계를 범한 것은 아니지만 인과책임을 지게 된다.

③ 불사음(不邪淫)

사음은 합법적인 부부관계 이외의 남녀간 애욕행위를 말한다. 예를 들면 강간, 이중결혼, 꾀어냄, 인신매매, 가정파괴, 매춘, 강제로 남을 매춘하게 하여 사회풍기를 문란시키는 행위 등 모두가 다 불사음계를 범한 것이다. 마음속으로 누구를 사모하는 것은 행동에 옮기지 않았기 때문에 비록 근본계를 범하지 않았다 하지만 마음 속이 청정하지 못하여 번뇌망상에 사로잡히게 된다. 몸과 마음을 청정하게 하려는 것이 계를 지키는 목적이다.

④ 불망어(不妄語)

사실이 아닌 말로 속이는 것(妄語), 아첨하는 간사한 말(綺語), 이간질을 하는 말(兩舌), 남에게 상처를 주는 악독한 말(惡口)을 거짓말이라고 한다. 거짓말은 큰 거짓말, 작은 거짓말, 방편 거짓말 등 세 가지로 나눌 수 있다.

큰 거짓말 : 깨닫지 못한 사람이 깨달았다고 하거나 신통력을 얻지 못했으면서 신통력을 얻었다고 하는 것을 말한다.

작은 거짓말 : 보고도 안 보았다고 하고, 안 보고도 보았다 하거나, 그러면서 그렇지 않다 하고 아니면서도 그렇다 한다든지, 알면서도 모르는 척 하고 모르면서 아는 척 하는 것을 말한다.

방편 거짓말 : 선의의 거짓말이다. 의사가 환자를 생각해서 실제 병세를 숨기는 것처럼, 다른 사람의 입장에 서서 하는 거짓말을 말한다.

⑤ 불음주(不飮酒)

비록 술이라고 밝혔지만, 신경을 자극하여 사람으로 하여금 이성을 잃게 하고 덕행을 망치게 하는 모든 물건, 예를 들어 대마초, 아편, 본드 등을 하지 않는 것이다.

오계 가운데서 앞의 네 가지 계는 그 금지하는 행위 본질이 곧 죄악이기 때문에 성계(性戒)라 하고, 불음주계는 술 자체가 비록 죄악은 아니지만 술을 마심으로 해서 사람들이 질시를 일으키기 쉽고 또 다른 잘못을 일으킬 수도 있기 때문에 차계(遮戒)라 한다.

한 사람이 술을 마시려고 옆집의 닭을 훔쳐 불투도계(不偸盜戒)를 범하였다. 그 닭을 죽여서 술안주로 삼아 불살생계(不殺生戒)를 범했고, 옆집 부인이 와서 닭을 봤냐고 물을 때 못 봤다고 해 불망어계(不妄語戒)를 범했다. 그러면서 술에 취해 그 부인을 강간함으로써 불사음계(不邪淫戒)를 범했다. 술을 마시게 되면 창피한 것도 부끄러운 것도 없고 이성도 잃게 된다. 술을 마심으로 해서 살생, 도둑질, 거짓, 음란 등 네 가지 무거운 죄를 범한 것이다.

불교는 반야지혜를 중요시하는 종교로 술을 끊어야만 깨끗한 정신, 바른 생각, 분명한 사고력, 맑은 지혜로 살아갈 수 있다.

1) 오계의 근본정신

오계의 근본정신은 남에게 피해를 주지 않는 데 있다. 남에게 피해를 주지 않고 존중하면 자유로울 수 있다. 예를 들면, 살생하지 않음은 곧 다른 사람의 생명에 피해를 주지 않는 것이고, 훔치지 않음은 다른 사람의 재산에 피해를 주지 않는 것이고, 사음하지 않음은 곧 다른 사람의 절개에 피해를 주지 않는 것이고, 거짓말하지 않는 것은 다른 사람의 명예에 피해를 주지 않는 것이고, 음주하지 않음은 자기의 이성을 흐리지 않으니 더 나아가 남을 침해하지 않게 되는 것이다.

사람들은 흔히 계를 받으면 자신의 생활에 제한이 늘어나는 것으로 생각한다. 그러나 감옥에 갇혀 자유를 잃은 사람들을 살펴보면 모두가 오계를 범했기 때문이다. 살인범은 불살생계를 범한 것이고 뇌물, 도둑질, 강탈, 유괴, 착취범은 불투도계를 범한 것이다. 강간, 매춘, 꾀어냄, 이중결혼은 불사음계를 범한 것이고 명예훼손, 위증, 협박은 불망어계를 범한 것이며 마약판매, 마약사용, 마약운반, 술주정을 하는 것은 불음주계를 범한 것이다. 오계를 범하므로 해서 감옥에 갇히고 자유를 잃은 것이다. 그러므로 계를 지키는 것이 법을 지키는 것으로 오계를 받아 지킬 수 있고 오계를 진실로 인식할 수 있는 사람만이 참된 자유를 누릴 수 있다. 그러므로 계의 참뜻은 자유이지 속박이 아니다.

2) 오계수지의 공덕

오계수지는 사람으로서 해야 할 근본이다. 오계는 유교의 인(仁)·의(義)·예(禮)·지(智)·신(信) 오상(五常)과 서로 통하는 점이 있다. 죽이지 않는 것을 인이라 하고, 훔치지 않는 것을 의라 하고, 사음하지 않는 것을 예라 하고, 거짓말하지 않는 것을 신이라 하며, 술 마시지 않는 것을 지라 한다. 한 사람이 오계수지하면 무한한 이익이 있게 된다.

우리가 살생하지 않고 생명을 보호하면 자연히 건강장수를 누릴 수 있고, 훔치지 않고 보시하면 부자가 되어 부귀를 누릴 수 있고, 사음하지 않고 다른 사람의 인격을 존중하면 가정이 화목하고 행복해진다. 거짓말을 하지 않고 남을 칭찬하면 자연히 좋은 말과 명예를 얻을 수 있고, 술과 마약의 유혹을 멀리하면 자연적으로 신체가 건강하고 지혜가 밝아진다.

그러므로 오계수지하면 금생에서는 고뇌·공포를 없앨 수 있고 심신의 자유와 평안·화목·즐거움을 얻을 수 있다. 내생에는 삼악도를 면하여 인간세 혹은 천상의 과보를 얻게 되니 성불에까지 이르게 된다. 오계수지하는 것은 복밭에 씨앗을 심는 것과도 같아 저절로 많은 이익이 자라나게 되니 자연적으로 무한한 공덕의 좋은 열매를 맛볼 수 있게 된다.

3) 오계를 받아 지킴

오계는 몸이 수명을 다할 때까지 받아 지키는 것이다. 오계는 전부를 받아 지킬 수도 있고 사정에 따라서 일부만 받아 지킬 수도 있다. 《대지도론》에서는 "계에는 다섯 가지가 있어 죽이지 않는 것으로 시작해서 음주하지 않는 것까지이다. 만약 일계(一戒)를 받으면 일분(一分) 이라 이름하고, 만약 2~3계를 수지하면 소분(少分)이라 이름하며, 4계를 받으면 다분(多分)이라 하며, 오계는 만분(滿分)이라 한다. 이런 점수 가운데 몇점짜리를 맞을 것인지는 스스로의 뜻에 따라서 한다" 하였다.

재가불자는 누구나 자기의 사정에 따라서 자기가 쉽게 받아 지닐 수 있는 일계, 이계, 혹은 삼계, 사계를 선택하고 수지정진(受持精進) 하고, 점차 나아가서는 오계 원만에 도달할 수 있다.

2. 팔관재계

팔관재계란 재가불자들이 출가생활의 규율을 배우도록 하는 것이다. 재가불자들에게 출가생활을 배울 기회를 주고 이로써 출세간의 선근을 키우고 바른 인연을 심도록 하기 위하여 부처님이 특별히

펼친 방편 법문이다.

'팔(八)'은 받아 지녀야 할 여덟 가지 계를 말하는 것이고, '관(關)'은 악을 닫아 덮어서 삼업(三業:몸·입·마음으로 짓는 업)을 짓지 않도록 하는 것이다. '재(齋)'란 모든 악을 끊고 모든 선을 갖추어 닦는다는 뜻이고, '계(戒)'는 악을 막고 나쁜 것을 방지하는 작용이 있다.

팔관재계를 수지하면 재가불자들이 출세간의 선근을 기를 수 있도록 이끌어 주기 때문에 '율의를 키워 준다(長養律義)'라 하기도 한다. 팔관재계를 수지하려면 필히 하룻날·하룻밤 가정생활을 멀리하고 삼보에 가깝게 머물러야 하기 때문에 '율의에 가깝게 머문다(近住律義)'라 하기도 한다.

팔관재계는 여덟 가지 계와 한 가지 재(八戒一齋)라 할 수 있다.

① 살생하지 않는다.

② 훔치지 않는다.

③ 음행하지 않는다.

④ 거짓말하지 않는다.

⑤ 음주하지 않는다.

⑥ 화려한 옷을 입거나 향·기름을 몸에 바르지 않는다.

⑦ 춤과 노래를 듣지도 보지도 않는다.

⑧ 사치한 이부자리를 피한다.

일재(一齋)는 때가 아니면 먹지 않는 것이다.

팔관재계의 앞에 있는 다섯 가지는 사실상 오계이고 단지 오계의 사음하지 않는다가 음행하지 않는다로 다를 뿐이다. 그것은 팔관재계를 수지할 때는 사음을 금지할 뿐만이 아니라 설사 합법적인 부부간이라도 관계를 하면 안 되기 때문이다.

여섯 번째의 '화려한 의복을 입거나 향·기름을 몸에 바르지 않는다'와 일곱 번째의 '노래와 춤을 듣거나 보지 않는다'는 향기로운 냄새가 사람의 마음을 현혹시킬 수 있고, 노래와 춤은 사람의 의지를 잃게 할 수도 있기 때문이다. 그래서 화려한 옷은 입지 않으며, 향수나 분을 사용하지 않는 것이 마음을 가다듬고 생각을 바로 하는 데 도움을 주며, 탐욕하는 것을 멀리하게 되니 자연히 청정한 길로 나아갈 수 있게 되고 바른 몸과 마음을 장엄하여 위의(威儀)를 구족할 수 있게 된다.

여덟 번째에서 '호화로운 침구를 쓰지 않는다' 함은 몸이 촉진(觸塵)을 멀리한다는 뜻이다. 부처님이 이 계를 정하신 뜻은 우리들이 물질생활에 집착하지 않고 몸과 마음으로 정진하고 부지런히 수행하여야 성현의 나가는 길과 상응할 수 있다는 것을 가르쳐 주려는 것에 있다. 그래서 수도하는 사람은 물질적으로 검소하여야 하고 물질적인 향락에 빠지지 않고 용맹정진해야 한다.

또한 일재(一齊)인 '때가 아닐 때 먹지 않는다'는 오후 불식을 말하는 것으로 12시가 지난 후이거나 1시 이후에는 먹지 않는 것이다. 이것은 부처님 법을 수행하는 사람들이 식욕을 절제하는 계법이다.

먹는 것에는 네 가지 종류가 있는데 아침은 성인이 식사하는 때이고, 점심은

가르침을 위해 식사하는 때이고, 저녁은 축생이 먹을 때이고, 밤은 귀신이 먹을 때이다.

오계 이외에 다시 삼계와 일재를 더하여 여덟 개의 계와 하나의 재가 되었는데, 보기에는 별 것 아닌 것 같으나 실은 오욕(五慾)이 다 겸비된 것이다. 그것은 오욕으로 해서 일어난 후환이 처음에는 미약한 것 같지만 그 영향이 아주 크기 때문이다. 마치 무심코 버린 담뱃불이 온 벌판을 태울 수 있는 것과도 같고, 손가락 사이로 새어 나는 물이 강물이 되는 것과도 같다. 노여움의 불씨와 탐착의 물 또한 이러한 것이다.

1) 팔관재계는 어떻게 받는가?

팔관재계는 1일계로 수지하는 시간은 하룻날·하룻밤이다. 일반적으로 매월 6재일 때 수지하는데 음력 초파일, 14일, 15일, 23일, 29일, 30일(만약 30일이 없는 달은 28일, 29일로 대체할 수 있다.)이다. 이것은 『우바이타사가경(優婆夷墮舍迦經)』에 "부처님께서는 재가불자들이 사회생활을 하다보면 날마다 팔계를 수지할 수 없는 것을 염려하여 매월 6재일에 팔관재계를 수지하도록 제정하였다" 한 것을 근거로 한 것이다.

이 외에도 『사천왕경(四天王經)』에 "매월 6재일 때는 천상의 사천왕이 사자를 보내거나 혹은 직접 세상에 내려와 순시하는데 만약 보시하고 지계하며 부모에 효도하는 사람이 적으면 마음을 상하고,

만약 보시하고 지계하고 부모에 효도하는 사람이 많으면 마음껏 기뻐한다. 그래서 부처님은 6재일에 팔관재계를 수지해야 한다고 제자들에게 당부하였다" 하였다.

그러나 팔관재계하는 것은 꼭 6재일에만 해야 하는 것은 아니다. 예를 들면 불보살님의 성탄일, 부모님·스승의 생신날, 자기의 생일 등에도 팔관재계를 받아 지닐 수 있다. 일반 사찰에서는 현대의 산업사회를 살아가는 사람들의 필요에 따라서 일요일에도 거행할 수 있다.

팔관재계를 수지하는 의식은 독체대사(讀體大師)가 쓰신 《수팔계정범(授八戒正範)》에 여덟 과정으로 나눌 수 있다.

① 자리를 깔아 스님을 모신다.

② 계법(戒法)을 열어 가르친다.

③ 성현을 모시고 증명하여 약속한다.

④ 업장을 참회한다.

⑤ 귀의삼보를 온몸으로 받아들인다.

⑥ 계상(戒相)을 나타낸다.

⑦ 큰 원을 세우도록 가르친다.

⑧ 타이르고 부촉한다.

이상의 의식에서 알 수 있듯, 팔관재계를 받으려면 '증명을 모시고 맹세함'을 해야 하는데, 스님을 증명으로 모셔야 한다. 그러나 계를 주실 스님이 없을 때는 부처님 앞에서 마음속이나 입으로 '불제자○○○는 오늘 팔관재계를 수지합니다' 하여도 된다.

팔관재계가 비록 부처님이 정하신 단기출가법이지만 수지하는 사람은 복전의(福田衣)를 걸치지 않고 단지 만의(縵衣)를 두르고 예불독경한다.

그것은 재가불자는 힘에 닿는 만큼 공양삼보하되 자신은 다른 사람의 사사공양(四事供養)을 받지 말라고 부처님께서 말씀하셨으니, 재가불자는 중생의 복전이 아니므로 복전의를 입으면 안 되는 것이다.

만약 팔계를 수지하고 하룻밤을 보내다가 도중에 계를 사(捨)하고자 한다면 계사스님이 아니라도 계를 사할 수 있고, 만약 먹고자 할 때는 한 사람에게 말하기만 하여도 재계는 곧 버려진다 하였다.

팔관재계나 오계 모두가 재가불자가 수지하는 계로서 팔관재계는 1박 1일의 수지로 계는 많으나 시간이 짧고, 오계는 한평생 수지해야 하는 것으로 시간은 길으나 계가 적다. 이 두 가지 가운데 어느 것이 공덕이 많고 어느 것이 적은가? 《대지도론》에 근거하면 "큰 원력의 마음이 없다면 설사 평생 수지하였다 하더라도 큰 원력을 가진 사람의 1일계보다 못하다. 그 예를 들면 겁 많은 사람이 장군이 됐다면 장군이라 할지라도 평생 무명 병졸처럼 공적이 없고 만약 영웅이 분투하여 화근을 평정하였다면 한 번의 공훈이라 하더라도 천하에 이름을 날린다. 팔계는 다른 계와 비교해서 역시 마찬가지라 하겠다" 하였다.

2) 팔관재계의 수지공덕

팔관재계를 수지하면 수승한 공덕이 아주 많은데, 일곱 가지로 귀납할 수 있다.

① 죄업을 소멸한다.

『우바새계경(優婆塞戒經)』 팔계재품(八戒齋品)에 "선남자여! 만약 이처럼 청정하게 귀의하여 팔계를 받는 사람은 오역죄(五逆罪)를 제외한 나머지 모든 죄를 모두 소멸 받는다" 하였다.

② 악취도를 멀리한다.

『십선계경(十善戒經)』에 "이 팔관재계를 수지한 공덕은 지옥에 떨어지지 않고, 아귀도(餓鬼道)에 떨어지지 않고 축생도에 떨어지지 않고, 아수라(阿修羅)에 떨어지지 않고, 항상 인간세에 태어나 출가하여 열반에 들게 된다. 만약 천상에 태어나게 되면 항상 범천(梵天)으로 태어나서, 부처님이 세간에 나실 때를 따라서 세간에 나며 법륜의 돌리심을 받는다" 하였다.

③ 두터운 복을 누린다.

『우바이타사가경(優婆夷墮舍迦經)』에 "6재일을 재계하는 사람은 바닷물을 잴 수 없듯, 그 복을 계산할 수 없다" 하였다.

④ 내생에 존귀하게 태어난다.

『보달왕경(普達王經)』에 "보달왕은 본래가 선왕 때의 몸종이었으나 선왕을 따라 1일재계하여 정법을 봉행하며 청정하게 뜻을 지키며 모든 악을 범하지 않았고 목숨을 다 한 후 왕의 아들로 환생하게 되었다. 이것은 모두가 다 지난 생의 재계수지에서 비롯된 것이다" 하였다.

⑤ 보기 좋은 몸을 얻는다.

경에 "한 천녀가 있는데 남보다 특출하게 얼굴이 장엄하여 모든 천상의 사람들이 보고는 참으로 드물게 뛰어나다고 생각했다. 석제환인(釋提桓人)이 '지난 생에 무슨 업을 지었습니까?'하고 물었더니 '전에 가섭불(迦葉佛)때 팔관재계를 수지하였는데 금생에 천상에 태어났고 이런 장엄한 몸을 얻게 되었습니다.' 하고 대답했다" 하였다.

⑥ 무한한 즐거움을 얻는다.

『우바새계경(優婆塞戒經)』에 "재일에는 모든 나쁜 짓과 죽이는 짓을 끊어야 한다. 만약 이렇게 팔재계를 청정하게 수지하는 사람은 무량한 과보를 받게 되어 무한한 즐거움에 달한다" 하였다.

⑦ 원하는 바를 모두 이룬다.

『증일아함경(增一阿含經)』 고당품(高幢品)에 "팔관재계를 이룬 선남자 선여인이 만약 사천왕이 머무시는 곳에 태어나길 원한다면 이 원을 이룰 수 있다. 계를 지니는 사람은 원하는 바를 이룰 수 있다. 또한 성문(聲聞)·연각(緣覺)·불승(佛乘)이 되길 원하더라도 다 뜻을 이룰 수 있다" 하였다.

팔관재계는 청정히 수지한다면 그에 따르는 공덕은 한도 끝도 없다. 특히 재가불자에게 출세간의 바른 인연을 심어 주게 되고 장래에 해탈을 얻게 하여 생사의 윤회를 면하게 된다.

3. 보살계

보살계는 대승보살이 수지하는 계율로 대승계(大乘戒)·불성계(佛性戒)·방등계(方等戒)·천불대계(千佛大戒)라 하기도 하는데, 칠중계(七衆戒) 이외의 별해탈계(別解脫戒)에 속한다. 그 특색은 칠중계를 다 포함했을 뿐만이 아니라 모든 계를 뛰어넘는 수승함이 있다. 그래서 출가·재가를 막론하고 보리심을 낸 불자라면 누구든지 모두 수지할 수 있다.

보살계는 대승보살도의 계법을 함축한 것으로 보살도의 정신은 위아래로 널리 교화하는 보리심을 내는 것이다. 그러므로 보살계는 잘못을 방지하고 악을 막는 섭율의계 이외에 열심히 선한 법을 수행하는 섭선법계와 중생을 제도하는 요익유정계가 있다. 이것은 보살 수행자가 악을 행하지 않는 소극적인 행동뿐만이 아니라 더욱 적극적으로 모든 선을 행해야 하고 모든 법문을 두루 배워서 많은 중생을 제도해야 하는 것을 나타낸다. 보살이 발심하는 것은 중생을 널리 제도하기 위해서이고 만약 위아래 널리 교화하는 보리심을 내지 않는다면 보살이라고 할 수 없기 때문이다. 그래서 『보살선계경(菩薩善戒經)』에 "보살계를 잃어버리는 두 가지 인연이 있는데, 그 하나는 보리심이 약해진 것이고, 두 번째는 나쁜 마음을 가지게 되었기 때문이다." 하였다. 『범망경』에 보살계에는 살생, 도둑질, 음욕, 거짓말, 음주, 사중 (四衆)의 잘못을 논함, 자신만 옳다 하고 남을 비방함, 인색함, 성내는 마음으로 부끄러움을 모름, 삼보를 비방함의 열 가지 무거운 계와 48가지의 가벼운 계 등의 항목이 있지만, 그 근본정신은 보리심을 내는 데 있고 보리심을 그 주체로 하기 때문에 만약 보리심을 망실하였다면 보살계의 근본정신에 위반되는 것이다.

보살계는 받는 것만이 있고 사(賜)하는 것은 없다. 『보살영락본업경(菩薩瓔珞本業經)』 하권에 "모든 보살과 성현의 계로 마음을 내고 마음에 다함이 없으면 계 또한 다함이 없는 것이다" 하였고, 『범망경』에 "보살계는 부처님께서 성도하실 때에 정해진 것이지 인연을 따라 만들어진 것이 아니다. 이는 좋고 바른 뜻이기에 만들어진 것으로 불성상주계(佛性常住戒)라 하기도 하는데 이는 중생이 본래 보살성품을 구족하고 있다는 것을 말하는 것이다. 본래 갖추고 있는 것을 오늘 다시 받는다 하는 것은 단지 본래 갖추고 있는 계의 덕목을 크게 키우고 자라나게 하려는 것일 뿐으로 자라나고 키운다고 말하지 새로 받는다 하지 않는 것이 바로 보살계의 또 다른 특색이다" 하였다.

1) 보살계의 수지공덕

『범망경』에 "과거의 장엄겁천불(莊嚴劫千佛)과 현재의 현겁천불(賢劫千佛) 모두가 보살계를 수지함으로 해서 성불하였다" 하였다. 미래의 성숙겁(星宿劫) 중의 천불 또한 보살계를 수지하여야만 성불할 수 있다. 그러므로 보살계는 제불의 본원이며 보살의 근본이고 또한 모든 불자들이 불도를 성취하는 근본이다. 이 외에 『범망경』에 보살계를 수지하면 다섯 가지 이득이 있다고 한다.

① 시방 제불의 가피를 느끼고 보살핌을 받는다.

② 임종을 맞아도 바른 견해로 마음에 환희심이 생긴다.

③ 생활하는 곳마다 많은 보살과 벗한다.

④ 공덕이 많이 모여 수행성취를 이룬다.

⑤ 금생과 후세에 자성의 복덕지혜가 원만하다.

2) 보살계 수계

『보살영락본업경』 하권에 "보살계를 받고자 하는 사람은 단지 스님의 말씀을 이해할 수만 있다면 육도중생 누구나 다 계를 받을 수 있다" 하였고, 수계에는 삼품(三品)이 있다고 하였다.

① 상품(上品)으로 부처님께 받는다.

제불보살 재세 시에 직접 보살계를 받은 사람으로 진실 상품계(眞實上品戒)를 받았다.

② 중품(中品)으로 부처님 제자에게서 받는다.

부처님 열반 후 천리길 이내에서 보살계를 먼저 받으신 분을 계사로 모시고 보살계를 가르치고 내려 주는 중품계를 받은 것이다.

③ 하품(下品)으로 스스로 맹세하고 받는다.

부처님 열반 후에 천리 길 이내에 모실 스님이 없으니 불상 앞에서 스스로 서약하고 받는다. 자기 스스로 맹세하고 받는 사람은 부처님 앞에 무릎 꿇고 합장한 후 '불제자○○○는 시방세계 부처님과 대지보살님으로부터 모든 보살계 법을 배우겠습니다' 하고 세 번 반복하여 말해야 하며 이로써 하품계(下品戒)를 받은 것이다.

이 외에 보살계는 오계와 마찬가지로 모두 다 받아 지닐 수 있고 혹은 형편 따라 받아 지닐 수도 있다. 그러나 전부 다 받든지 혹은 일부분만 형편 따라 받든지 관계없이 중요한 것은 '자기를 제도하며 남도 제도하고, 자기에게 이익이 되며 남에게도 이익이 되게 하는' 보리심을 내어야 하는 것으로, 이것이 대승보살계의 참뜻을 잃지 않는 것이다.

계는 일체 수행법문의 근본으로 모든 선근공덕이 계를 받아 지키는 데서 생겨난다. 계는 훌륭한 스승과도 같아서 우리들의 인생 방향을 이끌어 준다. 계는 기찻길의 철로와도 같아 우리들의 몸과 마음의 행동거지를 규범있게 해 준다. 계는 성벽과도 같아서 우리들이 오욕육진(五欲六塵)의 공략으로부터 방어하는 것을 도와준다. 또한 계는 깨끗한 물줄기와도 같아 우리의 더러운 번뇌를 씻어 준다. 계는 밝은 등불과도 같아 우리의 앞길을 밝게 비춰 준다. 계는 보검과도 같아 우리의 탐욕을 끊어준다. 계는 배와도 같아서 우리들이 열반의 피안에 도달할 수 있도록 건네준다. 지계하는 자는 마치 어둠속에서 밝은 빛을 만난 것과 같고 가난한 사람이 보물을 얻은 것과도 같다. 계의 공덕과 이익을 말로 다 할 수 없다. 그러나 빵을 그려서 배고픔을 채울 수 없듯 모든 것은 역시 자기가 직접 실천해야 몸소 느낄 수 있다. 그러므로 불교를 배우는 사람은 마땅히 수계하여야 하고 엄격하게 청정계를 지키는 것은 더욱 중요하다고 밝히셨다.

Ⅲ. 사홍서원(四弘誓願)

중생무변서원도(衆生無邊誓願度)
번뇌무진서원단(煩惱無盡誓願斷)
법문무량서원학(法門無量誓願學)
불도무상서원성(佛道無上誓願成)

삼귀의(三歸依)에 이어 실천하고 수행하고 봉사하는 원을 세워야 한다. 이 사홍서원은 모든 보살에게 공통된 네 가지의 서원으로 홍(弘)은 넓음을 뜻하고 서(誓)는 원함을 뜻하니, 보살은 이 원으로써 불교의 목표인 위로는 보리를 구하고 아래로는 중생을 교화한다. 서원은 단순한 원이 아니라 반드시 이루고야 말겠다는 굳은 서약을 의미한다. 이 사홍서원은 모든 부처님들이 과거 수행 시에 기본적으로 서원하신 것으로서 보살이라면 일으키지 않으면 안 될 가장 기본적이고 중요한 원이다.

1. 중생무변서원도(衆生無邊誓願度)

보살의 덕목은 자기에 이롭고 남에게 복되게 하는 것이다. 부처님의 본원(本願)에서도 "이 세상에 고통 받는 중생이 많으니 내 부처 되어 마지막 한 생명까지 기어이 구제(救濟)하리라!”라고 하셨듯이 이 세상 괴로움 속에 있는 끝없는 중생을 반드시 구제하겠다는 원을 세우게 되는 것이다. 중생이 아프면 보살도 아프고 중생의 병이 나으면 보살의 병도 낫듯이 이 원은 보살의 적극적인 자비의 실천이다.

2. 번뇌무진서원단(煩惱無盡誓願斷)

이 세상의 모든 사람은 괴로움 속에서 살고 있다. 크든 작든 모두 저마다의 괴로움이 있게 마련이고 우리는 시시각각 끝없는 번뇌 속에서 괴로워하고 있다. 불교의 이상 목표는 이 번뇌에서의 해탈(解脫)이다. 따라서 이러한 서원이 세워진 것이다.

3. 법문무량서원학(法門無量誓願學)

우리는 어떻게 하면 이 끝없는 번뇌를 끊고 열반(涅槃)에 이를 수 있는가? 부처님은 이미 모든 중생으로 하여금 한 사람도 빠짐없이 모두 열반에 이르도록 하는 길을 열어 놓았다. 우리는 부처님이 가르친 길을 따라가면 되는 것이다. 우리가 실제 그 길에 들어서기 위해서는 철저한 수행이 뒷받침되어야 한다. 따라서 우리가 정말 번뇌를 끊고 열반에 이르고자 한다면 피나는 정진의 ‘법문무량서원학’이라는 원을 일으키지 않으면 안 되는 것이다.

4. 불도무상서원성(佛道無上誓願成)

우리가 번뇌를 끊고 법문을 배워 열반에 이른다 하여도 문제는 아직 남아있다. 그것은 '나 혼자만이 그렇게 되는가' 하는 문제이다. 우리는 서로가 서로를 의지하여 서로의 은혜 속에 살고 있다. 우리는 이 은혜에 보답하여야 하며 모든 중생도 나와 같이 이고득락(離苦得樂)하기를 원하니 모두 다 바른 길로 가도록 해야 한다. 이것을 외면하면 설사 번뇌를 끊었다 할지라도 성불(成佛)은 요원한 것이며 중생을 제도할 때 성불은 그만큼 가까워지는 것이다. 그리하여 안으로는 번뇌를 다 끊고 법문을 다 배우며 밖으로는 일체 중생을 제도함으로써 불도가 성취되는 것이다.

✔ 신해행증信解行證과 회향廻向

불교는 신(信)·해(解)·행(行)·증(證) 이 신행4과信行四科를 공부하는 것인데 여기에 '회향(廻向)' 하나를 더 붙여서 신행5과信行五科라고 한다.

신행4과

신信

불교를 믿는다는 것은 불(佛)·법(法)·승(僧) 삼보(三寶)를 믿는 것이다. 이 삼보에 계(戒)를 추가하면 삼보를 기본으로 해서 네 가지를 믿게 된다.

이 불·법·승·계를 '사불괴정'四不壞淨이라 하고 '사불괴신'四不壞信이라고도 한다. 넉 사(四)·아니 불(不)·무너질 괴(壞)·깨끗할 정(淨) 또는 믿을 신(信). 즉 영원히 무너지지 않는 깨끗함이나 믿음으로 이해하면 된다.

'불자로서 신념이 있다'고 하는 것은 부처님을 믿고 부처님 가르침을 따르고 그것을 현실에서 생활화하면서 부처님이 정하신 계율과 생활방법을 실천하면 당연히 깨달아서 신념이 생긴다는 것이다.

'불교는 깨달음의 종교라서 믿음은 필요 없다'며 잘못된 주장을 하는 사람도 있지만 부처님은 "믿음이 바탕이 되지 않고는 다른 어떤 것도 되지 않는다"고 분명히 말씀하셨다.

해解

불교에서 가장 기초적으로 알아야 할 진리는 바로 '고집멸도苦集滅道'이다. 괴로움과 괴로움이 발생하는 원인, 괴로움의 소멸, 그 길로 가는 진리 이 네 가지를 '사성제'四聖諦라고 한다.

행行

불교는 '불법승계'를 믿고 '고집멸도'의 네 가지 진리를 공부해서 현실에서 '자비희사慈悲喜捨(사랑·연민·기쁨·평정)'를 실천하는 것이다.

증證

자비희사 이 네 가지의 무량한 마음을 어떻게 믿고 현실에서 실천(공부)하느냐에 따라 우리 삶이 실질적으로 바뀌어서 상·락·아·정을 얻게 된다. 불교에선 이것을 '열반사덕'(항상 즐겁고 자유롭고 깨끗함)이라고 한다.

회향廻向

신해행증 여기까지만 공부하게 되면 일반적으로 '소승불교' 또는 자기 자신만을 이롭게 하는 불교라고 볼 수 있다. 그래서 반드시 원을 세워서 회향을 해야된다. '사홍서원四弘誓願'이 대표적인 원이다.

제2장

부처님의 가르침과 진리

"

내가 출가한 것은 병듦이 없고, 늙음이 없고, 죽음이 없고,
근심·걱정·번뇌가 없고, 지저분함과 더러움이 없는,
더없이 안온한 최상의 행복을 얻기 위해서였습니다.
이 세상에 늙고, 병들고, 즉는 이 세 가지가 없다면
여래는 세상에 출현하지 않았을 것입니다.

『중아함경(中阿含經)』 권56

"

불교의 바탕

Ⅰ. 연기(緣起)

'연기'는 불교의 근본교리이고 또한 불교가 다른 종교나 철학사상과 다른 가장 큰 특성이다. 연기는 부처님이 만들어 내거나 제정한 것이 아니고 우주의 본질적이고 필연적이고 보편적인 원리로, 부처님은 단지 이 자연의 법칙을 발견하고 깨달아 성불한 후 우리들에게 이 깨달은 도리를 일러준 것이다.

세간의 모든 법은 다 '인(因)'과 '연(緣)'으로 생겨난다. 중점적이며 에너지가 강한 것은 인(因)으로 하고, 덜 중요하며 힘이 약한 것은 연

(緣)으로 하여 인연이 어우러져서 모든 현상이 있게 되고 모든 법(사물)이 생겨난다.

생명은 조물주가 창조한 것이 아니라 자기 스스로가 만들어 이루어지는 것이고, 한 가지 원인으로 생기는 것이 아니라 '십이연기' 인과가 연속되어 이루어지는 것이라고 부처님은 말씀하셨다. 감정을 가진 생명의 유전에서 나타나는 것을 '십이연기(十二緣起)'라 하고, 세간 사물의 생성에서 나타나는 것은 '인연소생법(因緣所生法)'이라 한다.

『잡아함경』에 "이것이 있음으로 해서 저것이 있고 이것이 생겨남으로써 저것이 생겨나고, 이것이 없음으로 해서 저것이 없고 이것이 소멸함으로 해서 저것이 소멸한다" 하였다. 이것과 저것(因·果)간은 서로 의지되고 대응되는 존재로 절대적인 독자성이 없다는 것을 설명하는 것이다. 인과 법칙에는 여섯 가지 일정한 원칙이 있다.

1) 과(果)는 인(因)에서부터 생겨난다.

연기(緣起)의 우선적인 조건은 '인(因)'이다. 인(因)이 있고 나서 다시 '연(緣)'을 더하여 조건이 갖추어질 때 '과(果)'가 생겨난다. '원인'이 없으면 '결과'가 있을 수 없는 것이고, 원인은 있지만 '연분'이 없어도 결과를 맺을 수 없는 것으로 인연이 갖추어졌다면 필연적으로 결과가 생겨나게 된다. '인(因)'은 만사만물을 생겨나게 하는 내적인 조건으로 결과를 낳게 하는 직접적인 힘이다. '연(緣)'은 외적인 조건으로 원인이 결과가 되도록 도와주고 결과를 낳게 하는 간접적인 힘이다. 예를 들어 콩 농사를 지을 때 씨앗은 중요한 '인'이고 땅, 물, 햇빛, 공기, 비료, 노동력 등은 도움을 주는 것은 '연'이다. 이러한 인연이 합쳐진 후 싹이 나고 꽃이 펴 열매가 맺혀진다.

이와같이 우주의 모든 법은 갖가지 인연조건의 화합으로 이루어져 있으며, 화합된 관계를 떠나지 않는다. 모든 법이 존재하는 데는 그것이 생성되는 인연이 필히 있는 것으로 이것이 바로 '결과는 원인에서 비롯된다'는 원리원칙이다.

2) 모습(相)은 인연에 의해 보여진다.

'결과는 원인에서부터 비롯된다'는 원리원칙에서 '법은 저절로 만들어지는 것이 아니고 경계(환경)에 의해서만 생겨난다'는 것을 알 수 있다. 여기의 '경계'는 곧 인연으로 '모든 법은 인연으로 생겨나고 인연으로 멸한다' 하는 것이다. 세간의 모든 현상은 다 인연이 화합되어 생겨난 일시적인 모습으로 그 자체 스스로는 자성이 없는 것이다. 그래서 '연기 그 자체는 공한 것이다(緣起性空)'라고 말하며 그 자체 스스로 주체적인 성질이 없음으로 하여 인연을 따라 생겨나 보여지고 인연 따라 멸하여 흩어지므로 '모습은 인연에 의해 보여진다'고 말하는 것이다.

3) 원리를 따라서 일이 이루어진다.

우주만법의 생겨남에는 원인과 연분이 있어야 하고, 인연과보가 생겨나는 데는 보편적인 원리원칙이 있어야만 하는 것으로 바로 인과의 법칙을 말한다. '콩 심은 데 콩 나고 팥 심은 데 팥 난다' 하는 것처럼, 콩 심은 데서 팥이 자랄 수도 없고, 팥 심은 데서 콩이 날 수도 없는 것이다. '이러한 원인은 이러한 결과를 낳게 한다' 하는 것은 필연적인 원리원칙으로 이 '원리, 원칙'을 벗어나서는 그 '일'이 이루어 질 수 없으므로 '원리를 따라서 일이 이루어진다'고 말하는 것이다.

4) 많음은 하나에서부터 생겨난다.

일반적인 관념으로 볼 때 '하나'라 하면 단지 한 개가 있는 것이고 '많다' 하면 아주 많은 것이지만 불교에서는 하나가 많을 수도 있고 많다는 것이 하나이기도 하다. 예를 들어, 한 개의 과실이 땅에 떨어져 흙 속에 묻혀 물과 비료를 먹으며 싹이 나고 자라서 큰 나무가 되고 꽃이 피어 많은 과실이 열리게 된다. 이 나무 가득한 과실은 바로 한 알의 씨앗에서 비롯된 것이다.

5) 있음(有)은 공(空)으로 해서 성립된다.

'결과는 원인에서 비롯된다'고 하는 일의 현상과 '원리를 따라서 일이 이루어진다' 하는 원리원칙은 다 이미 존재하는 것이고 '있는(有)' 것이다. 그러나 이 존재하는 '있음'은 필히 '공(空)함'에 의지하여서만 있을 수 있는 것이다. 즉 존재하는 것은 모두 다 실재 존재성을 부정하는 본성에 의하여 성립되는 것을 말한다. 예를 들면, 책상은 합판으로 만들어진 것이고 합판은 큰 나무로부터 오고 큰 나무는 또 씨앗의 '인(因)'에 흙, 공기, 햇빛 등 '연(緣)'이 모여져서 이루어지는 것이다. 그러므로 책상이란, 눈앞에서 볼 때는 '있는' 것이지만 그것은 단지 여러 가지 조건에 의하여 갖가지 인연이 모여서 이루어진 형상의 모습인 것이다. 조건 인연으로 이루어진 것이므로 그 스스로의 성질은 없는(空) 것이라고 말하는 것이다.

그러나 이 '공(空)'은 아무것도 없는 공이 아니라 우주만법의 '공한 성질(空性)'을 말하는 것이다. 사물 그 자체가 공함을 갖추지 않았다면 그 존재의 가치와 작용을 나타낼 수 없는 것으로 이 작용이 바로 '공한 쓰임새(空用)' 이다. 예를 들어 말한다면, 빈터가 없으면 집을 지을 수 없는 것이고 인체적 구조상으로도 귀·코·배설기관 등이 뚫리지 않았다면 숨쉬거나 배변하며 살아갈 수 없는 것이다. 주머니가 비지 않았다면 물건을 담을 수 없는 것처럼 '비어 있어'야 있을 수 있는 것으로 우주간의 모든 법이 이 공(空)함 위에 건립되는 것이다.

이러한 존재의 현상에 의거하여 용수보살은 《중론(中論)》 관사제품(觀四諦品)에서 "공(空)함이 있음으로 해서 모든 법이 이루어져 나갈 수 있는 것이고, 공(空)함이 없다면 모든 것은 이루어지지 않는다" 하는 논설을 펼쳤다. 즉, 공(空)은 모든 법의 의지처로 공함이 없다면 만물은 존재할 수 없다. 그러므로 물질적인 '있음'은 '공함'에 의지하여 성립되는 것으로, 이것이 바로 '있음(有)은 공(空)으로 해서 성립된다'는 이론의 근거이다.

6) 부처는 사람이 이루는 것이다.

부처님이 깨달으신 것은 연기법이다. 부처님은 불도를 이루신 초기에 "중생 모두가 여래의 지혜덕상을 갖추었지만 단지 집착 망상으로 인하여 깨닫지 못한다" 라고 말씀하셨다. 중생 모두에게 불성이 있어서 누구나 다 성불할 수 있지만, 무명번뇌에 덮여 있는 까닭에 불도를 이루지 못함은 마치 검은 구름이 밝은 달을 가려 달빛이 비추어지지 못하는 것과 같다. 우리들이 불법을 배우는 것은 이 생사가 번복되는 도리를 분명히 알고 동시에 '이것이 없으면 저것도 없고, 이것이 멸하면 저것도 멸한다' 하는 도리로써 무명을 끊고 먼지를 털어 내어 불성을 드러내기 위함이다. 일단 먼지를 털어 내면 빛이 살아나서 사람 간의 대립이 자연히 없어지고 시간·공간적인 제한이 없는 생사에 들지 않는 경계가 바로 깨달음의 경계이며 불도를 이루는 날인 것이다.

그래서 '부처는 이미 깨달은 중생이고 중생은 아직 깨닫지 않은 부처'라고 하는 것이다.

연기법은 우주만법의 생성, 소멸, 변화의 관계를 나타내고 인생의 즐거움과 괴로움의 근원을 나타내기도 하며, 무슨 일이든지 결과는 다 인연에서 비롯되는 것임을 알려주고 있다. 그러므로 즐거운 인생을 누리려면 좋은 인연을 맺어야 하고, 화목한 인간관계를 원한다면 널리 좋은 인연을 맺어야 한다. 만약 좋은 인연을 심지 못하여 쓴맛을 보게 되었더라도 인연을 개선하도록 해야지, 단순히 그 과보를 따지고 원망하면 자신만을 갖가지 번뇌에 빠지게 할 뿐이다. 그러므로 인과 관계를 잘 알아서 우리들의 나쁜 인연은 개선하고, 좋은 인연은 널리 맺어야 한다.

특히 연기법에서는 세간만법은 '무상'한 것으로, 좋은 것이 나쁘게 변할 수 있고, 나쁜 것도 좋게 변할 수도 있다는 것을 알려주고 있다. 인연으로 생겨난 모든 법은 모든 인연에 연결되어 있어서, 일단 인연이 흩어지면 생겨난 모든 법이 자연적으로 흩어져 버리는 것으로, '무상'함은 우리에게 새로운 희망을 가져다 준다.

모든 법은 인연으로 해서 생겨나는 것인 만큼 그 자성이란 없는 것이고, 자성이 없으니 스스로의 주체적인 힘이 없어 '무아(無我)'라고 한다. 우리가 제행무상(諸行無常)·제법무아(諸法無我)를 바로 볼 수 있다면 통달 무애할 수 있고 모든 애욕과 번뇌를 떠날 수 있다. 번뇌는 중생을 옭아 묶어서 중생이 해탈자재할 수 없게 하는 가장 큰 장애가 된다. 번뇌를 없애면 당연히 생명의 해탈을 누릴 수 있다. 『도우경(稻芋經)』에 "연기를 보는 것은 법을 보는 것이고 법을 보는 것은 부처를 보는 것이다" 하였다.

'연기'를 알면 우리들에게 다음과 같은 도움을 준다.

① 감사할 줄 아는 미덕을 기르게 한다.

② 인연을 따를 줄 아는 습관을 키워 준다.

③ 희망의 미래를 갖게 된다.

④ 참된 인생을 깨닫게 한다.

Ⅱ. 사성제(四聖諦)

부처님이 성도 후 처음으로 녹야원에서 교진여 등 다섯 비구에게 '사성제'를 설하신 것을 '초전법륜'이라고 한다.

사성제와 연기·삼법인은 불교교의를 이루고 있는 세 가지 큰 맥락으로, 명칭은 비록 다르지만 의의는 서로 통하는 것이다. 연기론의 주요 내용은 십이연기이고 삼법인은 연기론의 사상적 기초이며 사성제는 연기론의 구체적인 형태다. 이 세 가지 모두 초기불교의 근본사상으로 그 후의 경론이 이것에서부터 전개되지 않은 것은 없다. 그러므로 사성제, 연기, 삼법인을 불교의 근본불법이라고 한다.

1. 사성제의 의의

사성제는 고(苦)·집(集)·멸(滅)·도(道) 네 가지 진리를 가리킨다,

고·집·멸·도는 네 가지의 정확하고 틀림이 없는 도리이고 성자가 보고 아는 것이므로 사성제라 이름한다.

고제는 이 세상이 괴로움으로 가득한 불타는 집과도 같다는 것을 지혜로 관찰해 내는 것이고, 집제는 번뇌와 지은 업이 생사의 고통을 형성하는 원인이라는 것을 지혜로 철저하게 깨닫는 것이다. 멸제는 지혜를 통하여 열반자성을 증득하고 생사번뇌를 구경해탈하

는 것이고, 도제는 구경열반에 도달하는 방법이다. 집제는 미망한 세계의 세간인과로 집은 원인이고 고는 결과이다. 도제는 깨달은 세계의 출세간 인과로 원인이고 멸제는 결과다.

만약 인과의 순서로 말한다면 사성제는 집(集)·고(苦)·도(道)·멸(滅) 이어야겠지만, 부처님은 왜 먼저 결과를 말하고 나중에 원인을 말하셨는가? 그것은 중생의 근성으로 볼 때 결과는 쉽게 깨닫지만 원인은 잘 이해하지 못하는 경향이 있기 때문에, 가르쳐 이끌기 위한 방편으로 먼저 괴로움의 모습을 내보여서 중생들로 하여금 싫은 생각이 들게 한 후, 다시 업의 원인을 보여서 집(集)을 끊도록 하신 것이다.

2. 사성제의 내용

1) 고제(苦諦)

고(苦)는 몸과 마음을 괴롭히는 상황을 말하는 것으로, 고제(苦諦)는 인생의 참모습이 괴로움의 이치임을 설명하는 것이다. 이고(二苦), 삼고(三苦), 팔고(八苦)가 있다.

(1) 두가지 괴로움(二苦) – 몸의 내외로 구분하여 두 가지로 나눈다.

① 내적인 괴로움(內苦) – 두통 등 404가지의 몸의 아픔과 고민, 두려움, 질투, 의심 등 마음의 괴로움이다.

② 외적인 괴로움(外苦) - 대자연의 비바람, 번개, 천둥 등 재해 및 독벌레 등의 상해이다.

(2) 세 가지 괴로움(三苦) - 정도에 따라 세 종류로 나누어진다.

① 괴로움의 괴로움(苦苦) - 사람의 몸과 마음은 본래가 괴로운 것인데 거기에 목마름, 질병, 피로, 춥고 더운 것, 상처, 비바람 등 갖가지 괴로움의 인연으로 생겨난 괴로움을 고고라 한다.

② 망가지는 괴로움(壞苦) - 본래는 자기 뜻에 맞는 즐거운 환경이었으나 시간이 지나 환경이 바뀌거나 혹은 훼손을 당하게 되면 심신에 가해지는 괴로움이다. 예를 들면 즐거움이 지나치면 슬픔을 낳는다든지 친지를 잃는 아픔 등이 다 괴고에 속한다.

③ 진행되는 괴로움(行苦) - 모든 우주만물은 쉬지 않고 변하고 있고 찰나간의 머무름조차 없어 몸과 마음을 힘들게 하니 행고라고 한다. 예를 들면, 우리들이 흔히 '세월은 유수와도 같이' 혹은 '인생무상' 등이 행고에 속한다.

(3) 여덟 가지 괴로움(八苦) - 내용에 따라 여덟 가지로 나눈다.

① 태어나는 괴로움(生苦)

어머니의 뱃속에 들어 있을 때는 머리는 아래로 발은 위로하고 있는 것이 마치 감옥소에서 고문 받는 것 같고, 태어날 때는 모자가 다 위험에 처해지고, 태어난 후에는 연한 피부가 공기에 닿고, 탯줄을 자르는 등의 괴로움을 이루 말할 수 없다. 모든 세간에 태어나면서 따라오는 괴로움을 말한다.

② 늙는 괴로움(老苦)

어려서 어른이 되고 건장한 어른이 된 후에는 노화가 시작되는 것으로 기운도 빠지고 행동거지가 민첩하지 못하게 된다. 정신력도 떨어져서 하루하루 늙어가는 괴로움이다.

③ 병드는 괴로움(病苦)

몸은 지(地)·수(水)·화(火)·풍(風)의 네 가지 인연이 모여 이루어진 것으로, 어떤 때는 이 인연이 잘 조화되지 못하여 질병을 앓게 된다. 병으로 오장육부가 상처를 입게 되던지 혹은 피부에 상처가 생기거나, 혹은 온몸이 아플 수도 있고 혹은 음식을 먹지 못하거나 자리에 눕게 되는 등의 괴로움이다.

④ 죽음의 괴로움(死苦)

목숨을 마칠 때 마치 살아 있는 거북이의 껍질을 벗기는 것처럼, 공기 속에 칼을 숨겨 놓은 듯 온몸이 갈라지듯 하여 그 고통은 이루 말할 수 없다.

⑤ 이별의 괴로움(愛別離苦)

자기가 좋아하고 사랑하는 사람과 이별하는 괴로움이다.

⑥ 만남의 괴로움(怨憎會苦)

밉고 싫은 사람과는 멀리 떨어져 지내기를 바라지만 도리어 같이 모여 있어야 하는 괴로움이다.

⑦ 소유하고 싶은 괴로움(求不得苦)

세간의 모든 사물이나 마음에 끌리는 것을 갖고자 애쓰나 갖지 못하는 괴로움이다.

⑧ 오온의 괴로움(五蘊盛苦)

오온성고는 앞의 일곱 가지 괴로움의 총결집체이다. 유정중생이 괴로움을 느끼게 되는 것은 중생의 심신이 오온(五蘊: 色, 受, 想, 行, 識)으로 어우러져서 이루어진 것이기 때문에 모든 잘못을 저지르는 것이 마치 불이 타오르듯 멈추지 않으며 심신을 괴롭히니 괴로움에 괴로움을 더한 것이다.

괴로움을 형성하는 원인은 다음과 같다.

① 나와 물건과의 관계부조화

예를 들어 거주하는 공간은 좁고 사람 수는 많다면 모든 일이 자기 마음 같지 않고, 책상의 높고 낮음과 불빛 조명이 적합하지 않아도 안심하고 공부할 수 없다. 이러한 것들이 우리를 곤란하게 하고 마음을 불쾌하게 한다.

② 나와 사람과의 관계부조화

자기가 좋아하는 사람과는 함께 할 수 없게 되고 원수는 외나무다리에서 만나듯 자기가 싫어하는 사람과는 피할 수 없는 인연이 되는 것으로 바로 여덟 괴로움 가운데 '애별리고'와 '원증회고'가 이에 속한다.

③ 나와 몸의 관계부조화

생로병사가 가져오는 고통이 바로 이것에 속한다.

④ 나와 마음의 관계부조화

우리의 마음은 고삐 풀린 야생마처럼 망상을 피우며 갖가지 번뇌를 낳을 뿐 아니라 마음이 함부로 행동하도록 지휘하기도 하여서 고통을 만들어 낸다.

⑤ 나와 욕망의 관계부조화

욕망에는 선한 욕망과 악한 욕망이 있다. 선한 욕망은 공을 세우고 덕을 세우고 모범을 보이는 등 발전해 나아가는 욕망이다. 그러나 그 조절이 부당하면 정신상의 부담을 초래한다. 나쁜 욕망은 물질적인 호사나 남녀애정에 연연하여 타락된 욕망을 불러일으키는 것으로 이로 인해 생겨나는 고통은 헤어나기 힘들다.

⑥ 나와 견해의 관계부조화

잘못된 알음과 바르지 못한 견해로 비롯된 고통을 말한다. 예를 들면 부처님 재세 시의 나체 외도들은 사상적인 견해의 잘못으로 아무런 의의 없이 몸에 고통을 주고 진리를 추구하는 데에도 장애를 가져왔다.

⑦ 나와 자연의 관계부조화

기후가 춥고 더움으로 인한 불편함과 홍수, 가뭄, 지진, 태풍 등으로 빚어진 재난이 이에 속한다.

불교에서 고를 말하는 것은 우리들이 고의 실상을 잘 알도록 하고 한 걸음 더 나아가 고를 멸할 방법을 찾도록 하는 데 목적이 있다. 그러므로 고의 존재를 아는 것은 단지 한 과정이고 어떻게 괴로움을 벗어나서 즐거움을 얻고 해탈할 수 있는가가 불교의 최종 목적이다.

2) 집제(集諦)

집제는 고통을 형성하는 원인을 말한다. 중생이 무명하고 탐애하고 성내는 등의 번뇌의 시달림으로 인해 갖가지 악업이 모이고 또 갖가지 업보에 따라 갖가지 쓴 열매가 맺게 된다. 중생이 쓴 과보를 맛보게 될 때 흔히들 스스로 반성하는 게 아니라 도리어 하늘을 원망하고 남을 원망하는 등 더욱 미혹되고 거꾸로 된 삶을 살아가니 다시금 새로운 업을 짓게 되고 새로운 괴로움의 원인이 되는 것이다. 이렇듯 번뇌 업보가 서로 구르듯 일어나니 괴로움에 다시 괴로움이 덮치듯 헤어날 길이 없다.

우리가 괴로움에서 빠져 나오려면 우선 괴로움의 원인을 없애고 새로운 고업을 다시는 짓지 않아야 한다. 그러므로 고통의 원인인 집제(集諦)를 철저하게 아는 것이 행복을 추구하는 데 있어서 가장 중요한 것이다.

3) 멸제(滅諦)

멸(滅)은 탐·진·치 등 번뇌를 없애고 청정한 진여불성(眞如佛性)을 나타내는 것을 말한다.

멸은 '열반(涅槃)'의 또 다른 이름이다. 열반은 수도자가 고(苦)의 원인을 알고 고를 끊은 후에 수도함으로써 증득한 해탈의 경계이다. 번뇌, 고통, 시시비비, 차별, 인간관계, 장애 등 갖가지 무명을 없애고 생사를 초월하여 자유자재하고, 경계와 자아가 화합된 행복하고 밝은 경계를 얻은 것이다.

4) 도제(道諦)

도(道)는 통달하다는 뜻으로 열반에 가까워질 수 있으므로 도라 이름한다. 도제(道諦)는 고통의 세간에서 열반의 세계에 도달하는 데 있어서 필수적으로 거쳐야 할 길이고 열반을 증득하는 바른 길(正道)로 부처님이 녹야원에서 초전법륜 시 말씀하신 팔정도(八正道)를 가리킨다. 팔정도에 사념처(四念處)·사정근(四正勤)·사신족(四神足)·오근(五根), 오력(五力)·칠보리분(七菩提分) 등을 더 하여 37도품(道品)이 된다. 이를 37보리분(菩提分), 37조도법(助道法)이라 하기도 한다.

3. 사성제의 중요성

사성제는 부처님의 초전법륜으로, 열반에 임했을 때 제자들에게 사성제에 대해서 의혹이 있다면 빨리 물어 보라고 재삼 이르셨다. 특히 초전법륜 중에 부처님은 사성제의 오묘한 교의를 세 번씩이나 설하심으로 하여 '3전 12상(三轉 十二相)'이라 말하기도 한다.

첫 번째는 시상전(示相轉)으로 사성제의 내용, 정의에 대한 해설을 하여 제자들이 잘 알 수 있도록 하였다. "고(苦)는 강요하는 성질이 있고, 집(集)은 초래하는 성질이 있고, 멸(滅)은 증득해 보이는 성질이 있고 도(道)는 갈고 닦는 성질이다.(此是苦;逼迫性,此是集,招感性,此是滅,可證性,此是道;可修性)"의 내용이다.

두 번째는 '권수전(勸修轉)'으로 제자들이 사성제의 법문을 수지하여 번뇌를 끊고 해탈을 얻을 것을 권고하는 것으로 "고를 알아야 하고 집을 끊어야 하고 멸을 증득하여야 하고 도를 닦아야 한다.(此是苦,汝應知;此是集,故應斷;此是滅;汝應證;此是道,汝應修)"하는 내용이다.

세 번째는 '자증전(自證轉)'으로 제자들에게 자신은 이미 사성제를 증득하였으니 제자들도 용맹정진하면 틀림없이 부처님처럼 사성제를 증득할 것이라고 일러주시는 것으로 "고를 이미 알았고, 집을 이미 끊었고, 멸을 이미 증득했고, 도를 이미 닦았다" 하는 내용이다.

사성제의 내용은 마치 병을 치료하는 과정과도 같아서 고(苦)는 사람이 병에 걸린 것이고, 집(集)은 병에 걸린 원인이고, 멸(滅)은 병이 이미 완치된 것과도 같고, 도(道)는 병을 치료하는 약처방과도 같다. 우리들이 불법을 배우는 것은 바로 탐·진·치(貪瞋痴) 등 각종 번뇌를 끊고 열반의 경계로 나아가기 위한 것이므로, 사성제는 우리가 생사를 해탈하는 유일한 방법이다.

'3전 12상(三轉十二相)'을 표로 그려보면 다음과 같다.

삼전사성제(三轉四聖諦)	사성제	삼전	인과
	고제(苦諦) (괴로운 결과[苦果])	초전(初轉) : 나타내 보임 – 강요성이 있다 차전(次轉) : 수행을 권함 – 알아야 한다 삼전(三轉) : 증명해 보임 – 나는 이미 알았다	세간인과
	집제(集諦) (괴로운 원인[苦因])	초전(初轉) : 나타내 보임 – 초래하는 성질이 있다 차전(次轉) : 수행을 권함 – 끊어야 한다 삼전(三轉) : 증명해 보임 – 나는 이미 끊었다	
	멸제(滅諦) (즐거운 결과[樂果])	초전(初轉) : 나타내 보임 – 증득할 수 있다 차전(次轉) : 수행을 권함 – 증득하여야 한다 삼전(三轉) : 증명해 보임 – 나는 이미 증득했다	출세간인과
	도제(道諦) (즐거운 원인[樂因])	초전(初轉) : 나타내 보임 – 수행할 수 있다 차전(次轉) : 수행을 권함 – 수행하여야 한다 삼전(三轉) : 증명해 보임 – 나는 이미 수행했다	

Ⅲ. 삼법인(三法印)

세간의 모든 종교는 다 자기의 교의가 진리라고 여기는데 '진리'라 하는 데는 다음과 같은 조건이 있다. 보편적으로 이러하고 필연적으로 이러하고 본래가 이러하고 영원히 이러한 네 가지 조건을 갖추어야 진리라 할 수 있다. 그 예로 사람이 태어나면 필히 죽음이 있는 것으로 한국인도 외국인도 마찬가지고 보편적으로 이러하고 필연적으로 이러하고 본래가 이러하고 영원히 이러한 진리인 것이다. 불교의 '삼법인(三法印)'은 바로 이 네 가지 조건에 부합되는 진리이다. 삼법인은 '제행무상·제법무아·열반적정'이다.

이것은 우주만물의 모든 현상을 설명하는 세 가지 정해진 원칙이라고 할 수 있는데 이 세 가지 일정한 원칙으로 불법의 진위(眞僞)를 인증(印)하는 것이다. 이는 마치 물건을 만들면 도장을 찍어 검인함으로써 진짜임을 증명하는 것처럼 삼법인은 불법을 인증하는 근거로 불법을 식별하는 것이다. 만약 삼법인과 서로 위배되는 것은 비록 부처님이 몸소 말씀하셨다 하더라도 불료의법(不了義法)이고, 삼법인과 서로 맞아 들어가는 것은 설사 부처님이 직접 말씀하시지 않았더라도 불법이라고 할 수 있다.

원시불교의 교리 중에 삼법인은 연기설의 사상기초이고 연기설은 부처님 교법의 대표적인 것으로 그 의의는 서로 상통하고 마찬가지로 최초의 근본불법이다. 그러므로 삼법인을 이해할 수 있으면 부처님의 근본사상도 파악할 수 있는 것이다.

1. 제행무상(諸行無常)

'제행(諸行)'은 모든 사물과 모든 현상을 말하는 것으로 '행(行)'은 옮겨진다, 변한다의 뜻이다. 《구사송소(俱舍頌疏)》에 '만든다, 움직인다'라는 두 가지 뜻을 "행(行)이라 이름한다" 하였고, 《대승의장(大乘義章)》 2권에 "움직임이 모여 생기는 것을 행(行)이라 이름한다" 하였다. 모든 사물과 현상은 변화되고 흐름이 있기에 '행(行)'이라 하고 이 글자 자체는 무상함의 뜻을 내포하고 있다. '제행무상'은 세간에 있는 모든 갖가지 사물 어느 것도 한 순간 순간 변화되지 않는 것은 하나도 없다는 것을 말한다. 그것은 세간의 모든 유위법은 모두 인연이 화합되어 생기는 것이고, 인연으로 생겨진 모든 법은 공하여 자성이 없는 것으로 인연을 따라서 모여 생겨나고 인연이 흩어지면 없어지는 것이기 때문이다. 예를 들어, 유정세간(有情世間)의 인간에게는 생로병사의 현상이 있고, 기세간(器世間)의 산하대지(山河大地)에는 성주괴공(成住壞空)의 흐름이 있으며, 사람의 생각에는 생주이멸(生住異滅)의 변화가 있기 마련이다. 그러므로 모든 법은 시간상으로 찰나에 머물지 않고 순간순간 생멸함이 끝이 없어서 지난 것은 이미 없어지고 미래의 것은 아직 생기지 않았고 현재의 것은 생기기도 하고 없어지기도 하는 것이다.

'무상(無常)'에는 두 가지가 있는데 하나는 '염념무상(念念無常)'이고 다른 하나는 '일기무상(一期無常)'이다.

1) 염념무상(念念無常)

염(念)이라 하면 찰나의 뜻이다. 《탐현기(探玄記)》에 "찰나는 한 순간이다. 손가락 한 번 튕기는 순간에 60번의 찰나가 있다" 하였듯이 찰나란 극히 짧은 것임을 알 수 있다. 세간에 있는 모든 사물 가운데서 변화 속도가 가장 빠른 것은 우리들의 생각이라 하겠다.

《바사론(婆娑論)》에 의하면 "하루 낮밤을 거쳐서 64억9만9천9백8십 찰나의 오온(五蘊)이 생멸한다" 하였는데 생각이 나고 없어지는 것이 찰나에 머물지 않고 번갯불보다 더 빠르다는 설명인 것이다. 『보우경(寶雨經)』에 "망념은 마치 흐르는 물과도 같아서 생겨나고 없어지는 것이 한 순간의 멈춤도 없고 전깃불처럼 찰나간도 머무르지 않는다" 하였다.

생각이 찰나간도 머무름이 없고 무상한 것 외에도 모든 물건은 새것에서 낡은 것으로 갑자기 변해 버리는 것이 아니라 찰나찰나 간에 점점 변화되어 낡아지는 것이어서 염념무상(念念無常)이라 말하는 것이다.

2) 일기무상(一期無常)

일정한 시간 내에 신진대사가 진행되고 결국에는 망가지고 없어지는 것을 말한다. 사실상으로 일기무상은 생각생각의 무상함이 누적되어 만들어지는 것이다. 예를 든다면, 사람의 생로병사, 물건의 생주이멸(生住異滅), 세상의 성주괴공(成住壞空) 모두 다 찰나 간의 변화 속에서 누적되어 일정한 기간의 변화를 만드는 것이다.

제행무상이 삼법인의 하나인 것은 그것이 우리의 인생에 아주 적극적인 격려의 의미를 부여하기 때문이다. '생사는 중대한 문제고, 무상함은 아주 빠른 것'이어서 종교에 대한 마음이 쉽게 생겨나고 노력하여 수행하게 되는 것이다. 생리적인 세포의 신진대사 또한 제행무상의 현상이어서 신체의 무한한 활력을 항상 유지할 수 있는 것이다. 인간관계의 흐름 또한 변화무상한 것이어서 한 사회의 유기체가 항상 청춘의 젊은이로 교체되는 활력을 내 보일 수 있는 것이다. 부처님이 당초 세간의 영화를 버리고 출가하여 수도하신 것은 인생의 무상함을 느끼셨기 때문으로 불법을 이루신 후에 고(苦), 공(空), 무상(無常)함이라는 인생의 참모습으로 중생을 가르치신 것이다. 그래서 원시불교 교단이 성립된 것은 부처님이 제행무상에 대해 몸소 깨달으신 것에서 유래한다고 할 수 있다. 『대반열반경(大般涅槃經)』에 "모든 존재, 행위는 무상한 것이고 만나서 사랑하나 결국은 헤어지게 된다" 하였듯 무상함을 알아서 크나 큰 보리심을 일깨우고 자기를 완성하고 모든 중생도 구하는 것이다.

2. 제법무아(諸法無我)

세상의 모든 사물은 '무상(無常)'할 뿐만이 아니라 '무아(無我)'하기도 하다. '제법무아(諸法無我)'는 모든 행동할 수 있는 것이든 없는 것이든 간에 혼자 독립자주성을 갖고, 변화가 없는 실체이며 전지전능한 힘은 없다는 것을 말한다. 여기에서 말하는 '법(法)'이란 물질현상과 심식(心識)활동을 포함한 형태가 있든 없든, 보이는 것이든 안 보이는 것이든 우주 속의 모든 사물과 이치를 말한다.

'아(我)'라 함은 주도력을 가진 힘과 실체의 뜻으로 '아'는 항상 불변하는 실체이고 자아의 생각으로 행동하는 능력을 갖고 있다. '아'는 모이지도 흩어지지도 않는 것이고, 변화되고, 나고, 없어짐이 없는 실체이고 자주적으로 독립되어 영원히 불변하는 주도자이다.

천주교는 만능의 하나님이 한 분 계셔서 이 세상을 창조하고 인류도 창조하고 모든 것을 다 통괄한다고 한다. 그러나 불교에서는 이러한 주장을 반대하여 모든 사물은 다 인연에 의해서 생겨나고 인연이 모이면 존재하고 인연이 다하면 흩어지며 피차간에 서로 의지하여 존재하는 것이지 실체성(實體性)은 없다고 생각하기 때문에 '제법무아'라 한다. 무아(無我)에는 두 가지가 있다.

① 사람이 무아함(人無我)

사람들이 '나'라고 집착하는 몸뚱이는 번뇌와 업이 모이고 오온제법(五蘊諸法)에 의해서 이루어진 것이다. 이는 마치 기둥, 벽돌, 기와가 모여서 집이 지어지는 것처럼 기둥, 대들보, 기와, 벽돌 등을 떠나서 집이라는 것은 없다. 그러므로 유정중생(有情衆生)은 단지 오온제법(五蘊諸法)으로 이루어진 것으로 실체적인 나란 없는 것이고 '나'란 단지 붙여진 이름일 뿐이다. 마치 사람이라 이름하고 개, 고양이라고 이름하는 것과 같이 단지 편리하기 위해 붙여진 이름일 뿐으로 정해진 실체는 없다.

② 법이 무아함(法無我)

세간의 모든 사물은 모두 갖가지 조건 인연에 의해서 만들어진 것으로 본래의 고유한 독립적인 본성이란 없는 것이고 자주적인 성질이 없는 공(空)한 것으로 있다가도 없고 없다가도 있는 것이어서 제법무아라고 한다.

'제법무아'는 모든 사물이 다 자성(自性)이 없음을 말하고 자성이 없다 함은 바로 "인연으로 시작되니 성질이 공하다(緣起性空)" 하는 것으로, 이것은 불교의 기본교의로 불교를 정확하게 파악하려면 필히 모든 법이 무아함을 철저히 알아야 한다.

3. 열반적정(涅槃寂靜)

'열반'은 바로 사성제 – 고(苦)·집(集)·멸(滅)·도(道) 가운데의 '멸제(滅諦)'다. 《화엄대소초(華嚴大疏鈔)》에 "열반이라 하고 바른 이름은 멸

(滅)이라 한다" 하였고, 『열반경(涅槃經)』에 "모든 번뇌를 없애면 열반이라 이름한다" 하였다. 열반은 번뇌·생사·고통·인간관계 등 갖가지 무명(無明)의 불길을 끊어 버리고 적멸무염(寂滅無染)하고 즐거움과 광명으로 가득한 자유자재한 경계에 도달했음을 알 수 있다.

'적정(寂靜)'이란 번뇌를 멀리하고 괴로움을 끊은 것으로 열반의 다른 이름이기도 하다. 열반의 경계는 모든 괴로움을 떠나 생멸(生滅)이 없이 머무르는 것이어서 적정이라 하는 것이다.

'열반적정(涅槃寂靜)'은 탐·진·치·게으름·의혹 등 모든 번뇌가 없고 악한 행동이 없는 몸과 악한 염두가 없는 마음인 심신이 적정함을 갖춘 해탈의 한 경계이다.

열반의 종류를 다음과 같이 나누어 볼 수 있다.

① 본래자성이 청정한 열반(本來自性淸淨涅槃)

본래청정열반(本來淸淨涅槃), 성정열반(性淨涅槃), 자성청정열반(自性淸淨涅槃)이라 이름하기도 한다. 모든 제법(諸法)의 만 가지 모습은 그 이치 자체가 곧 적멸(寂滅)의 참모습인 것으로 성정열반(性淨涅槃)이라 함은 바로 사람마다 본래 갖추고 있는 참모습이다.

② 유여의열반(有餘依涅槃)

성문, 연각, 보살 3승(三乘) 성자는 비록 삼계(三界) 번뇌가 이미 없어 다시는 업(業)을 짓지 않으나 남아 있는 과거업력으로 받은 육체를 아직 멸하지 못하였으므로 유여의열반이라 이름한다.

③ 무여의열반(無餘依涅槃)

번뇌를 이미 다했고, 과거업력으로 생겨난 몸뚱이도 없으니 남은 것이 없어 무여의열반이라 이름한다.

④ 무주처열반(無住處涅槃)

보살은 큰 지혜가 있기에 번뇌장애(煩惱障碍), 알음알이 장애(所知障)를 끊고 생사로 미혹한 세간에 머물지 않는다. 크나큰 자비로 적극적으로 중생을 구제하여 보살피므로 열반에 머물며 홀로 안락을 누리지도 않는다. 미혹으로 물든 세간에 머물러 있지도 않지만 상락아정(常樂我淨)의 열반에도 머물지 않으므로 무주처열반이라 이름한다.

위에서 말한 네 가지 열반 외에도 대열반이 있는데 바로 우리들이 흔히 말하는 아누다라삼먁삼보리(阿耨多羅三藐三菩提)로 여래의 법신이라는 뜻이다. 『승만경(勝鬘經)』에 "법신이 여래대반열반의 몸이다(法身卽如來大般涅槃之體)" 하였듯, 대열반(大涅槃)은 모든 부처님의 법계이고 모든 부처님의 가장 깊은 선정이며, 상락아정(常樂我淨)한 경계인 것이다. 이 경계는 오직 부처님만이 증득할 수 있는 것이어서, 『법화경(法華經)』에 "오직 부처님만이 크나큰 보리를 증득하시고 모든 지혜를 구경원만(究竟圓滿)하시니 대열반이라 이름한다" 하였다.

열반불성(涅槃佛性)은 사람 누구나 본래 갖춘 것으로, 당초 부처님이 보리수 아래서 도를 깨달으셨을 때 "오묘하다! 오묘하다! 대지의 모든 중생들이 다 여래 지혜의 덕목과 모습을 갖추었지만 망상과 집착으로 인해 깨달음을 얻지 못하니, 만약 망상을 떠난다면 모든 지혜와 자연의 지혜가 바로 드러날 수 있다" 하셨듯이 자성이 청정한 열반불성은 사람마다 갖추고 있는 것이지만, 번뇌·집착·무명 등 바깥에서 달라붙은 먼지에 가려서 드러내지 못하는 것이다.

부처님이 말씀하신 삼법인(三法印)은 곧 중생의 아집을 깨트려서 중생이 생사의 괴로움을 벗어나고 열반의 즐거움을 얻을 수 있도록 이끌기 위한 것이다. 그래서 『법화경(法華經)』에 "이 법인(法印)은 세간에 복되게 하고자 설한 것이다.(我此法印, 爲欲利益世間故說.)" 하셨다.

4. 무상해야 희망이 있는 것이다.

불교에서 말하는 '제행무상(諸行無常)'은 우리들에게 세간의 모든 사물은 모두 무상하여 언제나 변화되고 있는 것이므로 마치 '좋은 일이 나쁘게 변해질 수 있는' 것이 무상한 것이지만 '나쁜 일도 좋게 변해질 수 있는' 것 또한 무상한 것이라고 말해 주고 있다. 그러므로 무상함에도 적극적이고 낙관적인 면이 있는 것이다.

예를 들면, 가난한 사람이 부지런히 노력한다면 돈을 많이 벌 날이 있게 될 것으로 그것은 가난도 변화무상한 것이기 때문이다. 일을 하는 데 좌절에 부딪쳐도 단지 굳센 마음으로 노력한다면 역경을 물리치는 것도 세상일은 무상한 것으로 영원한 재난은 없다는 것이다. 그래서 무상함은 인생에 무한한 광명과 희망과 생기를 가져다준다고 하겠다.

이 외에도 무상함은 생명을 소중히 여기고, 시간을 아끼라고 일러주고 있고, 우리들이 일시적인 탐욕에서 벗어나게 해준다. 특히 불법을 배우는 사람들은 '생사의 일은 큰데 무상함은 아주 빠르다' 하는 무상관(無常觀)이 있음으로 해서 정진하여 게으르지 않고 불도를 닦게 되고, 하루빨리 성취를 이루게 된다. 그러므로 무상해야만 발전할 수 있고, 더욱 새로울 수 있고 항상 활력으로 가득할 수 있는 것이다. 무상함은 무한한 생기를 내포하고 있는 가장 실속 있고 가장 친절한 진리이다.

5. 무아(無我) 하여야 대중과 화합할 수 있다.

불교에서 '제법무아(諸法無我)'라 함은 중생이 자기 몸뚱이에 대한 '자기 사랑'과 나의 모든 물건에 대한 '환경에 대한 집착(境界愛)'을 깨트리기 위해서이다. 그것은 우리들이 '나'라고 집착하는 몸은 사대오온(四大五蘊)의 일시적인 모임으로 해서 있는 것으로 인연이 모여짐에 따라 생기고, 인연이 다하면 흩어지는 것으로 자주적(自主的)인 능력이란 전혀 없는 것이다. 태어나서부터 죽음에 이르기까지 어느 한 순간도 변화되지 않는 것이 없으니 영원한 것이 없다. 특히 몸이란 모든 괴로움이 다 모여진 것으로 배고픔·질병·피로함 등의 온갖 괴로움이 있기 마련이고, 정신적으로는 노여움·두려움·우울함 등의 괴로움이 있다. 모든 괴로움이 나를 괴롭힐 때, 떨쳐 버리려 하나 뜻대로 되는 일이 아니므로 '자주적'이라고 할 수가 없는 것이다. 그러나 여기에서 말하는 '무아(無我)'는 나라고 하는 이 사람이 없다는 것이 아니라, 형체의 대립적인 관계의 속박을 벗어나 우리들 자신을 나와 남을 구별함이 없고, 대립 관계가 없는 경계 속에 안주시키도록 하기 위해서이다. 바꿔 말한다면, 무아는 우리들 인간관계의 대립을 없애고 '나(我)'를 대중 속에 융합시키는 것이다. 불교는 대중을 아주 중요시하는 종교로 대중을 떠나서는 불법이 없다. 그러므로 불법을 배우는 사람은 우선 '대중을 나로 하는(以衆爲我)' 성격을 길러야 한다. '무아'할 수 있어야 대중 속에 융합될 수 있고 대중을 나로 할 수 있는 것이다. 그러므로 '무아(無我)'는 개인 수행의 근본이다.

6. 열반만이 구경(究竟)하다.

열반(涅槃)은 불교의 가장 원만한 세계이지만, 일반 사람들은 열반의 의의를 잘 알지 못하여 열반은 죽고 나서의 세계인 줄 안다. 그래서 사람이 세상을 떠나면 열반했다고 말한다. 사실은 열반은 사망한 것이 아니고 사망과는 전혀 다른 초탈의 경계(超脫境界)이다. 열반은 불생불사(不生不死), 무위안락(無爲安樂), 해탈자재(解脫自在)의 뜻으로 아집(我執), 법집(法執)을 버리고, 번뇌장애(煩惱障), 알음알이장애(所知障)가 없어지고 생사를 뛰어넘었다는 뜻이다. 중생이 탐·진·치 등의 번뇌에 묶여 있으면 자유자재로움이 없지만, 불법을 닦아 번뇌를 끊으면 해탈하게 되고 해탈이 바로 열반이다. 삶이란 짧은 몇 십 년의 세월로 꿈결 같다고도 할 수 있다. 방이 천 개짜리 큰집을 지었다 하더라도 잠자리는 여덟 자를 넘지 않고 만석농사를 짓더라도 하루에 먹는 것은 몇 홉에 지나지 않는다. 이렇듯 한계있는 삶을 살아가면서, 우리가 열반을 깨달을 수만 있다면 시간·공간적인 울타리를 뚫고, 생명이 모든 공간에 두루 섭렵되고, 모든 시간에 충만된, 즉 고금을 통해 변함없이 만겁을 두고 항상 새로울 수 있다. 그러므로 우리들은 열반에 대해서 다음과 같은 인식이 있어야 한다.

열반은 인생의 가장 궁극적인 돌아갈 자리로 열반의 즐거움은 죽고 나서 얻는 것이 아니고 바로 그 순간 몸소 깨달을 수 있는 것이다. 열반에 대해서 정확한 인식이 있을 수 있어야 진실구경(眞實究竟)한 상락아정(常樂我淨)을 증득할 수 있고, 모든 부처님의 천고에 무아한 열반묘제(涅槃妙諦)를 몸소 느낄 수 있는 것으로, 이것이 바로 우리가 불법을 배우는 데 있어서 마땅히 있어야 할 인식이다.

부처님의 연기법

부처님께서는 "모든 것은 원인이 있고 결과가 있으며 모든 것은 인연에 의해서 일어나는 것이다."고 하시며 연기법을 알려면 삼세(과거, 현재, 미래)를 볼 수 있는 눈이 있어야 한다고 하셨다. 『금강경』에서 삼세를 보는 눈을 천안天眼이라 하셨다. 인과를 볼 수 있는 눈을 갖게 되면 아! 내가 전생에 무슨 업을 지어서 이 집에 태어났구나 하고 알게 되는 것이다. 태어나는 방법도 네 가지가 있다 하셨다. 은혜를 갚으려고 오는 경우와 은혜를 받으러 오는 경우, 원수를 갚으려고 오는 경우와 원수를 받으러 오는 경우가 있다. 그러므로 부부간이나 부모 자식간에도 원수가 있고, 은인도 있게 된다.

연기법은 조건에 의해서 이루어지는 것으로 숙명론, 창조론, 유물론과는 구분이 된다. 숙명론이나 창조론은 상견常見으로 모든 것은 영원하다고 보는 것이고 유물론은 단견斷見으로 모든 것은 단절된다. 금생만 살면 된다고 하는 것이다.

불교에서 '깨달았다' 하는 것은 연기법을 철저하게 안다는 것으로 삼법인(제행무상, 제법무아, 열반적정)의 이치들을 정확하게 아는 것이다.

삼종외도三種外道의 숙명론

삼종외도의 숙명론은 '운명을 고치려 해도 안 되고, 현실에 만족하고 살아야 한다'는 이론이다. 인도의 카스트제도가 유지되어온 바탕이기도 하다. 부처님께서는 권력을 가진 사람들이 기존 제도를 끝까지 유지하려는 것을 보시고 사람은 태어나는 가문이 중요한 게 아니라 그 사람의 행동이 훨씬 중요하고, 신분은 그 사람의 행동에 의해서 이루어져야 한다고 하셨다. 아주 혁신적인 인류해방을 말씀하신 것이다,

✔ 삼종외도의 창조론創造論

삼종외도의 창조론은 '자재신이 당신 마음대로 하는 것이다'라고 믿는 것이다. 잘나고 못나고, 재물을 갖고 못 갖고, 공부 잘 하고 못 하고, 모든 것을 자재신 마음대로 한다고 믿는 것이다.

불교에서 무신론이란, 내 운명을 자유자재로 주무르는 신이 없다는 의미이지, 신의 존재를 인정하지 않는다는 뜻은 아니다.

창조론은 조물주가 있어서 우주를 만들고 모든 것을 다 만들었다는 것인데. 그렇다면 그 창조주는 누가 만들었을까? 또 그 창조주는 누가 만들었지? 창조주를 만든 창조주가 또 있다면 그 창조주는 누가 만들었을까? 이렇게 의심을 거듭한 결과 창조론의 한계를 발견하게 되었다. 또한 소는 소를 낳고, 개는 개를 낳는데, 만약 인간이 신의 자식이라면 왜 인간은 신과는 달리 이렇게 괴롭게 살아야 하는가를 고민하다 세 번째 창조론이 등장했다. 창조주가 우주를 만들고, 얏! 하고 쪼개져서 모든 존재에 다 들어가 있다는 것이다. 이 창조주를 브라만이라 하고 인간 속에 들어가 있는 브라만 성질을 아트만이라고 했다.

그러나 부처님께서 "너희 브라만 중에 창조주를 본 사람이 있느냐?" 하시니

아무도 본 적이 없다고 했다. "그러면 각자에 들어가 있다는 아트만이 언제 모여서 브라만이 되느냐?"는 질문에 아무도 대답을 못했다. 이렇게 해서 부처님 당시에 창조론이 깨지게 되었다.

삼종외도의 유물론唯物論

"모든 것은 원인도 없고 결과도 없어. 그냥 막 살면 돼!" 이것이 삼종외도의 무인무연론無因無緣論, 즉 유물론이다.

"타고난 팔자야, 포기하고 살아.
그래 팔자소관이야, 포기하고 살지 뭐.
전부 다 신의 뜻이야, 자재신의 뜻이니까 그냥 살아.
그래, 그렇게 하지 뭐.
그냥 우연히 네가 재수가 없어서 그런 것이니까 그냥 살아."

다 팔자소관이라니까 어느 정도 위로가 되지만 도덕적, 윤리적 문제가 발생하게 되면 책임 소재가 문제가 된다. 내 숙명이 나를 범죄자로 만들었다고 내 숙명이 책임을 지는 것은 아니다. 자재신이 다 만들어놨다고 해서 자재신이 나 대신 교도소에 갈 수도 없다. 숙명론, 창조론, 유물론으로는 근본적인 문제가 해결이 안 된다.

불교의 진리

Ⅰ. 공(空)

부처님께서 보리수 아래 금강좌에 앉아 깨달음을 이루시고 성불하셨을 때 깨달으신 진리는 '연기(緣起)'이다. 연기는 세간에 존재하는 모든 것은 다 인연으로 해서 이루어진 것이고 실지로 존재하고 있는 그 성질이란 없는 것으로, 모든 현상에는 그 자체적인 성질을 찾을 수 없는 특징을 '공(空)'하다고 한다. 그러므로 '공'은 불교의 언어 가운데서 만유제법의 참모습에 가장 가깝게 접근된 명사라고 할 수 있는데, 일반 사람들은 '공'의 참된 뜻을 알지 못하여 불교가 소극적이고 염세적인 종교라고 잘못 알고 있다.

사실상으로 '공'은 무한함을 내포하고 있는 것으로 진짜 비어 있어야만 오묘한 있음이 생겨날 수 있는 것이다. '공'하다 함은 없는 것이 아니고 있고 없는 대립관계를 비워 버리고, 모든 차별 관념을 없애고 심지어는 이 '공'하다 하는 것조차 떨어버린 후에 맛 볼 수 있는 큰 해탈이고 자재로움이며 있음과 공함이 둘이 아닌 세계인 것이다.

1. 공의 참뜻

공함이 있음으로 하여 모든 법이 이루어지는 것이고 공함이 없으면 모든 것은 이루어지지 않는다. '공'은 모든 것을 만들어 내는 요소이다. 옷감을 예로 들면, 연기법으로 볼 때 천은 공한 것으로 천은 단지 인연의 모임으로 만들어진 모습일 뿐이다. 천의 원료는 실이고 실은 면화에서 뽑고 면화는 또 면화 씨앗에서부터 자라난 것이다. 씨앗은 땅과 햇빛·공기·수분·비료 등으로 인해 싹이 나고 자라서 꽃이 피고 열매를 맺는 것으로 열매가 익으면 벌어져서 면화가 씨앗에 붙어 있다. 그러므로 무명천은 면화 씨앗이 우주에 가득한 인연과 결합되어 만들어진 것이다. '만유인연(萬有因緣)'으로 볼 때 그 자성은 바로 '공'한 것이고 이것이 바로 '진짜 공하여야 오묘한 존재가 있을 수 있다' 하는 것이다.

우리들의 신체도 콧구멍이 비어 있지 않으면 호흡할 수 없고 귓구멍이 비어 있지 않으면 들을 수 없으며 온몸의 땀구멍 등 세포와 오장육부가 비어 있지 않으면 생존할 수 없다. '공'함이 있으므로 해서 생명이 연속되어지는 것이고 마음속에 '공'함이 있어야 세상을 포용할 수 있으며 세상에 공함이 있으니 우주만물이 생겨날 수 있다. 그래서 '공'은 우주의 몸체이고 인생의 시작이며 만물의 근원이다. '공'은 진리의 극치이며 공함은 진리를 인증하는 '삼법인(三法印)'을 통일시킨다.

1) 세간에 영원한 것은 없다. 세상일은 변화가 많은 것으로, 이것이 '제행무상'이고 또 '무상고공(無常苦空)'이다.

2) 세간에 독자적으로 존재하는 것은 없다. 만물은 서로 생겨나고 서로 이루어지는 것으로 이것이 '제법무아'이고 또한 '연기성공(緣起性空)'이다

3) 세간에 실질적으로 있는 물건은 없다. 모든 것이 마치 꿈속 같고 거품 그림자 같은 것으로, 이것이 '열반적정'이고 또한 '묘유진공(妙有眞空)'이다.

허공십의(虛空十義)

① '공'은 장애가 없다는 뜻으로 허공처럼 모든 곳에 펼쳐 있지만 어떠한 일과 물건에도 절대 장애가 되지 않는다.

② '공'은 널리 펼쳤다는 뜻으로 허공처럼 닿지 않는 데가 없다,

③ '공'은 평등하다는 뜻으로 허공처럼 골고루 모든 것에 평등하다.

④ '공'은 광대하다는 뜻으로 허공처럼 광대하고 끝이 없다.

⑤ '공'은 형상이 없다는 뜻으로 허공처럼 형상이나 모습이 없다.

⑥ '공'은 청정하다는 뜻으로 허공처럼 항상 청정하여 더러움을 타거나 먼지가 묻지 않는다.

⑦ '공'은 변함이 없다는 뜻으로 허공처럼 항상 고요히 머물러 모든 생기고 없어지고 만들어지고 망가지는 모습을 떠난다.

⑧ '공'은 절대부정의 뜻으로 모든 한계 있는 일과 이치를 철저히 부정하고 없애 버린다.

⑨ '공'은 공이 공하다는 뜻으로 모든 자체적인 성질을 철저히 부정하고 모든 공이라는 집착조차 깨트려 버린다.

⑩ '공'은 가질 수 없다는 뜻으로 허공처럼 가질 수 없고 잡을 수 없다.

2. 공의 종류

불교의 경론 가운데 '공'에 관한 분류는 아주 많은데 2공, 3공, 4공, 6공, 7공, 11공, 16공, 18공… 등이 있다. 대체적으로 인공(人空)·법공(法空)·승의공(勝義空) 세 가지로 귀납된다고 할 수 있다.

1) 인공(人空)

아공(我空), 생공(生空)이라고도 한다. 즉 유정중생의 생명은 인연이 모이는 것을 따라서 이루어진 것으로 실체라는 것을 가질 수 없고 단지 눈에 보이는 모임으로 존재하는 것일 뿐이다.

2) 법공(法空)

유정생명의 출발에서부터 공의 뜻은 만법에 한 걸음 더 넓게 퍼졌는데 바로 '법공(法空)'이라 하는 것이다. 즉, 모든 법은 인연이 모여 이루어지고 실체는 없는 것이어서, 위법무아(爲法無我)라고도 한다.

3) 승의공(勝義空)

인공, 법공 및 기타 모든 집착조차 비워 버리는 '공'으로, 있음에 머무르지도 공함에 머무르지도 않으며, 모든 있고 없음의 대립을 뛰어넘어 인연 따라 자유로운 경계에 도달한 것이다. 제일의공(第一義空), 실상공(實相空)이라 하기도 하고 열반적정의 뜻이기도 하다.

3. 공을 아는 방법

불교에서는 '공'과 '유'는 한 몸의 두 가지 모습으로, 모든 법이 공하다 함은 그 스스로의 성질이라는 것을 찾아 볼 수 없다는 것이다. 모든 법이 있다 함은 서로 간에 쓰임이 있기 때문이고 아무것도 없는 것은 아니기 때문이다.

어떻게 해야만 '공'을 알 수 있는가? 모든 법의 쓰임에서 '공'의 성질을 알 수 있다.

1) 서로 연속되는 허상 속에서 공을 본다.

영구적으로 변하지 않는 물건은 없고 모든 현상도 단지 서로 이어지는 존재로 찰나 간에서 생겨나고 없어지는 연속일 뿐이다. 예를 들어, 우리의 몸세포는 신진대사로 쉬지 않고 새롭게 자라나고 있고 세상의 사회구조도 수시로 젊은이가 노인을 대신한다. 이처럼 세간의 모든 것은 장작불을 피우듯 장작개비를 넣어 주는 연속성의 흐름으로, 변함없이 항상 존재하는 실체는 없다. 이렇듯 변화의 연속으로 이어지는 현상에서 '유한 것이 곧 공한 것이다(有卽是空)'의 참된 의미를 알 수 있다.

2) 순환의 허상 속에서 공을 본다.

인과(因果)하기 때문에 공(空)하다. 우주 만물과 세간제법 모두가 인과의 법칙을 떠날 수 없는 것으로 인(因)이 과(果)이고 과가 인이다.

한 알의 씨앗이 햇빛·공기·수분·흙 등의 외적 인연이 있게 된 후 싹이 나고 꽃이 피고 열매를 맺는 것이다. 씨앗은 인(因)이고 맺어진 결실은 과(果)이다. 만약 그 결실이 다시 바깥 인연을 만나게 되면 원래 있던 결과가 또 다른 새로운 생명의 인이 되는 것이다. 인이라는 것과 과라는 것은 서로 관계되고 연결 지어지는 것이다. 이렇게 빙글빙글 돌아가는 허상(虛相) 속에서 공을 알 수 있다.

3) 화합의 허상 속에서 공을 본다.

인연으로 생기는 것이기에 공하다. 모든 현상은 인연이 모여져서 생겨나는 것이다. 사람으로 말한다면 피부, 살, 근육, 혈액 등이 모여져서 몸이 이루어진 것이고 만약 각종 조직이 흩어지면 사람의 몸이란 없는 것이다. 그러므로 화합으로 모이는 속에서 공함을 알 수 있다.

4) 상대적이라는 허상 속에서 공을 본다.

상대적이기에 공하다. 세간만물은 모두가 서로 상대적인 것이다. 한 사람은 2층에 있고 다른 사람이 1층에서 2층으로 왔다면 2층은 '위'이고 1층은 '아래'이다. 3층에 있는 사람이 2층으로 왔다면, 이때는 원래 '위'라고 하던 2층이 '아래'로 변했고 3층이 '위'인 것이다. 이렇듯 위·아래라 하는 것은 상대성에 의한 하나의 허상으로 공한 것이다.

5) 상태의 허상 속에서 공을 본다.

표준이 없기에 공하다. 등불을 예로 든다면 촛불·등불·전기불 등의 밝기는 정해진 표준이 없다. 촛불을 하나 켰을 때 제법 밝다고 여겨지나 다시 전기불을 보면 촛불이 별로 밝지 않게 보인다. 이 '밝다'는 상태는 표준이 없는 것으로 표준이 없는 상태에서 공함을 알 수 있다.

6) 명사의 허상에서 공을 본다.

이름이란 허상이 있으므로 공하다. 우주간의 모든 현상은 각자 다른 이름으로 불려지고 있는데 이런 이름들은 만들어 붙인 것으로 공한 것이다. 예를 들어 한 조각 천으로 만들어 위에 입는 것은 웃옷이라 하고 아래에 입는 것은 바지라 하며 발에 신는 것을 양말이라 하고 머리에 쓰는 것은 모자라 한다. 똑같은 천이라도 갖가지 다른 이름이 있을 수 있듯이 이러한 이름이라는 것도 다 허상일 뿐이므로 공한 것이다.

7) 인식이 다름으로부터 공을 본다.

심경에는 정해진 표준이 없으므로 공한 것이다. 눈이 내리는 겨울 밤, 시인은 창가에 앉아 떠오르는 시흥으로 '만약 눈이 한 뼘만 더 온다면 더욱 아름답겠구나' 하며 혼자 중얼거릴 때 그 집 담 밑에 움막을 치고 사는 거지는 온몸을 파고드는 추위에 다시금 몸을 도사리며 '큰 눈이 한 뼘 더 내려야 볼만한 경치라면 나 같은 사람은 내일 아침을 볼 수나 있겠는가?' 하고 개탄한다. 같은 일, 물건이라도 심경이 다름으로 해서 다른 생각이 있게 되는데, 이렇듯 인식이 다른 것으로부터 공을 알 수 있다.

4. 공의 오묘한 쓰임새

『대승밀엄경(大乘密嚴經)』에 "공을 떠나서는 색(色)이 있지 못하고 색을 떠나서는 공이 있지 못하다. 이는 마치 달과 달빛과도 같은 것으로 시종일관 다름이 없다. 모든 법 또한 이러하여 공한 성질이 항상 함께 하는 것이다" 하였다. 모든 현상은 그 성질이 공하기 때문에 우주 만물이 생겨날 수 있는 것이고, 우주만물은 허상한 모습을 갖고 있기에 그 성질이 본래 공함을 나타낼 수 있는 것이다. 그러므로 있음은 공함을 벗어난 있음이 아니고 공함 또한 있는 것 이외의 공함이 아니라 공함과 있음은 서로 융합되고 서로 함께 있는 것이다.

'공은 불교의 X-레이'라고 하는 말이 '공'을 잘 설명하고 있다. X-레이의 투시를 통해서 몸속의 오장육부를 볼 수 있듯이, 공한 성질을 빌어서 모든 현상의 실지 모습을 바로 알 수 있는 것이다. '공'은 아무것도 없는 것이라고 말할 수도 있지만, 실제로 공은 우주세간에 있어서 만물을 포함할 수 있는 것이다. '공'이란 무엇인가? 공은 수학에서의 'X'-미지수로 많은 숫자를 대표하고 있다.

'공'은 일상생활 속에서도 체험할 수 있는 것으로 마치 '여자아기'

가 점차 자라나면 '여자아이'라고 부르고, 자라서 열 몇 살이 되면 '소녀'가 된다. 스무 살이 되면 '아가씨'라 부르고, 결혼을 하면 아무개 '부인'이 되고 아이를 낳으면 '엄마'가 되고, 자식이 결혼을 하면 '시어머니', '장모'가 되고, 또 '할머니'라 불려진다. 이렇듯 다르게 불려지는 이름의 변화에서 우리는 '공'의 참 모습을 알게 된다.

앞 뒤, 높고 낮음, 위 아래, 예쁘고 추하고, 늙고 젊고, 크고 작고 등등은 모두가 상대적인 개념으로 절대적인 표준은 없고 단지 붙여진 이름일 뿐이다. 『금강경』에 "실제 모습이란 모습이 아니다"라 하고, 또 "법은 정해진 법이 아니다" 하였다. 단지 '공'한 것이 실제의 모습이다. '공'을 봐야 세간을 알 수 있고, '공'을 알아야만 있고 없다는 상대적인 것을 뛰어 넘을 수 있어서 더욱 크고 넓은 세계를 영위할 수 있다.

5. 공의 체험은 우주만물과의 융합

일반 사람들은 불교에서 말하는 '공'은 모든 것을 부정하게 하는 것으로 생각하는데, 불교에서 공하다 하는 것은 모든 것을 부정하는 것이 아니라 그 반대로 모든 현상이 성취되는 근거인 것이다. '공'이라 함은 그냥 텅 빈 것이 아니라 건설성을 갖고 있는 것으로 빈 공간이 없으면 집을 지을 수 없고, 가방이 비지 않았다면 물건을 담을 수 없으며, 우주가 비어 있지 않으면 인류는 생존할 수 없는 것처럼 '공'하여야만 '있을' 수 있는 것이다. 우주에 있는 모든 현상과 물건은 이 공한 이치 위에서 이루어진 것으로, '공'한 것은 아무것도 없는 허무한 것이 아니라 모든 현상의 시발점이 되고 모든 현상의 근거가 되는 참된 성질인 것이다. 다른 말로 한다면, 만약 공한 성질이 없다면 모든 것이 인연 따라 있을 수 없고 생겨나는 것도 멸하는 것도 있을 수 없다.

그래서 '공'은 소극적이고 염세적인 것이 아니라, 혁명적이고 건설적인 의의를 갖고 있다. 공을 알게 되면 과거의 오래된 집착을 버리고 새로운 각도로 우주만물을 바라 볼 수 있고, 공을 이해하게 되면 본래 갖고 있던 편견을 없애고 자신의 인생을 처음부터 다시 반성하게 된다. 공의 체험이 있게 되면 우주만물과 한 몸으로 융화될 수 있으니, '공'은 인생에 있어서 실로 아주 중요하다 하겠다.

Ⅱ. 업(業)

1. 업의 정의와 윤회설

'업'은 산스크리트어로 카르마(Karma)라 하고 행위(개인)·행동(사회)·운동(자연계) 혹은 '짓는다'의 뜻이다. 불교에서는 우리들의 몸·언어·사상의 행위·행동을 일컬어 신업(身業)·구업(口業)·의업(意業)이라 하고 이를 합하여 삼업(三業)이라 한다.

몸·말·생각으로 지은 업은 인생의 즐거움·괴로움·복과 화를 결정한다. 업은 한 행위이다. 이 행위는 선과 악을 막론하고 하나의 힘을 생산하여 우리들이 새로운 행위를 하도록 하고, 새로운 행위는 또 새로운 힘을 생산토록 한다. 이렇듯 행위는 힘을 낳고, 힘은 또 행위를 낳는, 돌아가며 생겨나는 순환식 업력의 굴레를 형성한다. 이러한 선악의 업력은 평상시에는 씨앗처럼 우리들의 여덟 번째 알음알이(八識)-아뢰야식 가운데 묻혀 있다가 인연을 만나면 현재 행위가 생겨나면서 과보가 저절로 분명하여진다. 악업으로 죄를 받으면 죄업이라 하고, 죄업은 삼악취(三惡趣지옥·아귀·축생)를 업보로 받게 된다. 선업으로 복을 받는 것을 복업이라 하고, 복업은 사람과 천상의 과보를 받는다. 이는 마치 한 사람이 무거운 죄를 지어서 감옥에서 형벌을 받아야 하는 것처럼 안 가고 싶어도 안 갈 수 없는 것이고, 착한 일로 공덕을 지었으면 이름이 널리 알려지고 좋은 명예를 얻게 되어 사양하려고 해도 사양할 수 없는 것과도 같다. 업력은 태어나고 싶지 않아도 태어나고 죽고 싶지 않아도 죽을 수밖에 없는 힘을 갖고 있기 때문에, 인간세에 태어나는 것이 행위업력의 영향일 뿐만이 아니라 업연을 다하여 죽음을 맞게 되는 것도 또한 어쩔 수 없는, 모든 것이 자기 마음대로 안 되는 것이다. 이러한 행위의 업력이 삼세간 생명을 연결하고 있고, 무한한 시간·공간 속에서 쉬지 않고 돌아가고 있기 때문에 삼세인과의 '윤회'설이 생겨난 것이고 이 윤회의 주도자는 우리가 지은 업력인 것이다. 그래서 불교에서는 사람의 화복(禍福)은 스스로의 업력으로 짓는 것으로 어떤 원인을 만들면 그에 따르는 과보를 받게 되는 것이다. 이 '자업자득'의 업보사상은 불교의 중요한 기본 이론과 특질이 되었다.

2. 업의 성질과 종류

업은 몸·입·생각의 세 가지 업으로 나누어진다. 마음 속으로 무슨 일인가 하고 싶은 의지를 의업(意業)이라 하고 사업(思業)이라고도 한다. 내심의 의지를 신체적인 행동과 언어로 표현한 것을 신업(身業)과 구업(口業)이라 하며, 이 두 가지를 사이업(思已業)이라고도 하는데 이미 행동에 옮긴 것을 뜻한다. 이렇듯 몸·입·생각으로 지은 업이 인생의 괴로움 즐거움과 복과 화를 결정하는 것이다.

1) 선업·악업과 무기업

몸·입·생각으로 지은 업은 성질에 따라서 업을 선업(善業)·악업(惡業)·무기업(無記業) 등 세 가지로 나눌 수 있다.

① 선업

인간적 도덕에 맞고 대중의 이익에 부합되는 것은 다 선업이라 칭한다. 예를 들면 몸으로 방생하고, 보시하고, 깨끗하게 행동하며, 입으로 성실한 말, 부드러운 말, 찬탄의 말을 하며, 생각은 부정관(不淨觀)·자비관(慈悲觀)·인연관(因緣觀) 등을 하는 것이다.

② 악업

남에게 손해되고 자기만 이익되거나, 남에게 손해되고 자신에게도 불리한 행위는 다 악업이라 칭한다. 예를 들면 몸이 살생·도둑질·사음행위를 범하고 입이 거짓말·사기·이간질·험담 등을 말하고, 생각이 탐욕·성내고·잘못된 생각을 내는 것이다.

③ 무기업

선하다거나 악하다고 할 수 없는 것으로 무의식적인 동작 등을 말한다. 중생이 선하거나 악한 업을 짓게 되면 필히 상응되는 즐겁거나 괴로운 과보를 받게 되는데 업의 인이 있기 때문에 업의 과보를 불러들이기 마련이다. 그러나 선하지도 악하지도 않은 무기업은 과보를 부르는 힘작용이 없다.

2) 나타나는 업과 나타나지 않는 업

부파불교에서는 업을 '나타나는 업(表業)'과 '나타나지 않는 업(無表

業)'으로 나누었다. 신업과 구업 가운데서 바깥으로 나타날 수 있고 남에게 보여지는 것을 표업(表業)이라 하고, 남에게 보여질 수 없는 것은 무표업(無表業)이라 한다. 의업(意業)은 나타나고 나타나지 않고를 구분하지 않는다. 대승불교에서는 의업은 내심으로 그 표시가 있다고 보기 때문에 역시 표업이라 한다.

3) 인업(引業)과 만업(滿業)

① 인업(引業)

우리를 사생육도(四生六道)에서 돌고 돌도록 이끄는 업력을 인업이라 한다. 이러한 숨어 보이지 않는 힘이 생사윤회 속에서 들고나며 삼계(三界)허공에 편렵되어 없는 곳이 없으니 삼세겁을 초월하는 강한 업력이다.

② 만업(滿業)

똑같이 받는 업이지만 유정중생 각 개인의 근기와 모습, 크기 등 각각 다르게 나타나는 선악업이다. 예를 들어 모두 사람이 몸을 받았지만, 사람 가운데는 몸이 튼튼하고 약하고, 수명이 길고 짧고, 현명하고 어리석고, 가난하거나 부자거나, 귀하고 천함의 차이가 있는데 이런 차이는 각 개인이 지은 업력이 다름으로 하여 생기는 차이다. 예를 들면 보시하는 사람은 부귀과보를 받게 되고 살생한 사람은 요절할 업보를 받게 되는 것이다. 이렇듯 각 사람들이 원만하게 일생을 보내게 될 업보를 만업(滿業)이라 한다.

4) 공업(共業)과 불공업(不共業)

① 함께 받는 업

중생의 공통된 업인(業因)인 나와 남이 함께 누리게 되는 기세간의 국토·산·물 등이다. 이것은 과보에 의한 업으로 공업(共業)이라 한다. 공업은 또 공업 중의 공업과 공업 중의 불공업으로 나뉜다. 예를 들어 산·강·달·해·이슬·바람·비·서리 등은 사람들 누구나 다 같이 맞게 되고 같은 반응이 있게 되는데 이는 공업 중의 공업이다. 그러나 한 차에 탄 사람들이 같이 사고를 당했지만 누구는 그 와중에서도 살아 나오고, 누구는 형체조차 알아볼 수 없는 경우가 있는데 이는 바로 공업 중의 불공업이다.

② 같이 받지 않는 업

개인의 업인(業因)으로 오근(五根) 등 개인이 과보로 받는 업이다, 군중이 함께 받는 업과는 다른 개인업력을 불공업이라 한다. 예를 든다면 사람마다 사람이나 물건을 대할 때 그 희노애락이 다른 것이 불공업(不共業)이다. 불공업 가운데는 불공업 중의 공업과 불공업 중의 불공업이 있다. 예를 들면, 한 식구는 근심 걱정을 같이 나누고 복덕과 재난도 함께 겪기 마련으로 서로 간 공업적인 관계가 있는데 이것이 바로 불공업 중의 공업이다. 반대로 두 사람이 있으나 서로 모르는 사이라면 상대의 희노애락을 동감하기란 힘든 것으로 이것이 바로 불공업 중의 불공업이다.

5) 정업(定業)과 부정업(不定業)

① 정해진 업

선, 악의 업으로 인해서 느껴지는 과보로 받게 되는 업보이다. 받을 때가 정해진 것으로 어떤 과보를 받게 될 뿐만이 아니라 받는 시간조차 이미 결정된 것으로 설사 강산이 변했다 하더라도 바꿀 수 없는 것을 정업(定業)이라 한다.

② 정해지지 않은 업

선, 악의 업으로 인하여 느껴지는 과보로 받게 되는 업보이나 그 시기가 아직 정해지지 않은 것이다. 때와 인연이 아직 닿지 않은 것으로 업보를 받게 되는 방식과 시간이 아직 정해지지 않아서 잠시 받지 않는 것을 부정업(不定業)이라 한다.

6) 네 가지 업(四業)

업은 각자 다른 인과응보로 업이 선하고 선하지 않음에 근거하여 검은 업(黑黑業), 흰 업(白白業), 검고 흰 업(黑白業)과 검지도 희지도 않은 업(不黑不白業)으로 나눈다.

① 검은 업(黑黑業)

악업은 검다고 이름하고 괴로운 업보를 불러들여 인과가 모두 검어서 '흑흑업'이라 한다.

② 흰 업(白白業)

선업은 희다고 이름하고 기쁨의 업보를 일으키니 인과가 모두 희어서 '백백업'이라 한다.

③ 검고 흰 업(黑白業)

선, 악이 교감하는 업으로 검고 흰 것이 서로 섞여 엇갈리는 과보로 '흑백업'이라 한다.

④ 검지도 희지도 않은 업(不黑不白業)

선, 악 모든 업을 해탈하는 무루업(無漏業)이다. 번뇌를 영원히 끊은 무루업은 그 성질이 이미 상대성의 흑백을 초월하고 과보를 불러일으키지 않으니 '불흑불백업(不黑不白業)'이라 한다.

3. 업보의 선후 규칙

1) 업보를 받는 시기

업보를 받게 되는 시간을 나누어 현재 받는 업, 다음에 받는 업, 후에 받는 업 등으로 볼 수 있다.

① 현재 받는 업(順現受業)

금생에 업을 짓고 금생에서 과보를 받는다.

② 다음에 받는 업(順次受業)

금생에 업을 짓고 다음 생에서 과보를 받는다.

③ 후에 받는 업(順後受業)

금생에 업을 짓고 다음 다음 생 혹은 여러 생을 지나서 과보를 받는다.

이 이치는 식물이 일년생이 있고 다년생도 있는 것과 같다. 어떤 것은 봄에 심어서 가을에 수확하고, 어떤 것은 금년에 심어서 내년에 걷고, 어떤 것은 몇 년 후에나 수확할 수 있는 이치이다.

2) 업보를 받는 시기가 다른 이유

업보를 금생에 받고, 내생 혹은 여러 생을 지나서야 무르익는 그 원인에는 두 가지가 있다.

① 인(因)의 힘에 늦고 빠르고의 차이가 있다.

수박씨와 복숭아 씨앗을 동시에 심었을 때 수박은 그해에 바로 결실을 맺지만, 복숭아는 몇 년을 기다려야 결실을 맺을 수 있는 이치다.

② 연(緣)의 힘에 강약의 차이가 있다.

똑같은 두 알의 콩이지만, 한 알은 공기가 잘 통하고 햇빛과 수분이 충분하고 비옥한 땅에 심어지고, 다른 한 알은 습하고 햇빛이 잘 들지 않으며 척박한 땅 한 구석에 심어졌다면 이 두 알의 콩이 자라나는 속도는 다르다.

모든 인연이 갖추어지면 성장이 당연히 빠를 것이고, 조건이 부족하면 그 결실을 맺는 것이 당연히 늦어질 것이다.

그러므로 좋은 사람이 금생에서 고생을 하는 것은 과거에 심었던 나쁜 업이 지금 무르익어 그 업을 치르는 것이고, 금생에서 행한 좋은 일은 인연이 아직 무르익지 않아서 아직 그때가 안 된 것뿐이다.

못된 사람이 잘살고 있는 것도 이와 같은 이치이다.

3) 인과 응보

이것으로 우리는 인과응보의 두 가지 요점을 알 수 있다.

① 인과는 소멸되지 않는다.

선악의 종자는 영원히 팔식전(八識田) 가운데 머물러 있으며 인연이 만들어지기를 기다렸다가 움직여 작용이 생겨난다.

② 선악은 서로 맞물려지지 않는다.

이미 심어진 나쁜 인은 필히 그 과보를 받게 되며 좋은 일 좀 했다고 마땅히 받아야 할 나쁜 과보와 맞물릴 수 없다. 그러나 좋은 일을 많이 하고 좋은 인연을 많이 쌓으면 나쁜 업보를 무거운 것에서 가볍게 돌릴 수는 있다. 혹은 좋은 인연이 많이 쌓이고 선함 힘이 세지면 선한 업보가 빨리 익어져서 나쁜 인연이 점차 힘을 잃게 된다. 예를 들어, 나쁜 인을 상징하는 소금물에 선한 인의 맑은 물을 더하면 나쁜 업보의 짠맛을 덜 수 있는 것과 같다.

4) 이 외의 업보

업보의 선후를 결정하는 데는 무거운 것에 따른 업보, 습관에 따른 업보, 기억에 따른 업보 등 세 가지로 나눌 수 있다.

① 무거운 것에 따른 업보

지어 놓은 선악업 가운데 어느 것이 무거운지 무거운 것부터 닥친다.

② 습관에 따른 업보

각자 일상적인 습관에 따라 업보를 받는다. 예를 들면 정토를 수행하는 사람은 일심으로 '아미타불'을 정근하기 마련인데, 그 목적은 습관으로 길러져서 임종에 이르게 되었을 때 한마디의 명호로 부처님과 감응되어 극락정토로 왕생할 수 있도록 하는 데 목적이 있다.

③ 기억에 따른 업보

기억으로 갈 곳을 결정한다. 예를 들어, 한 사람이 길을 떠났는데 망연히 걷다가 사거리에 도달하여 동서남북 어느 곳으로 갈까 망설이다가 저쪽 길에 한 친구가 사는 것이 갑자기 생각나서 그 쪽을 향하여 걸어간다. 사람의 목숨이 임종에 달했을 때도 기억하는 대로 인과응보를 받는 것이다.

4. 업보의 원리와 그에 따른 가르침

1) 업의 윤회

불교에서 말하는 '제행무상'은 세간의 모든 법이 무상하여 변하지 않는 것이 없다는 것인데 어째서 유독 업력만은 삼세를 거치면서 윤회를 멈추지 않는 것인가? 불경에 쓰여진 것에 의하면, 부처님은 '업'을 '씨앗 같다', '습성 같다'고 비유하였다.

① 업력은 씨앗 같다.

한 알의 콩알이 싹을 내고 자라서 꽃을 피워서 결실을 맺는 과정을 거치고 마지막에는 다시 씨앗을 남긴다. 일단의 시간이 흐른 후 꽃 피고 결실을 맺은 콩은 비록 시들어 말라 버리지만 남겨진 콩알은 씨앗이 되어 인연을 만나게 되면 다시 싹을 틔우고 줄기가 자라나고 꽃을 피워 결실을 맺는다. 중생업력의 과보 또한 이러한 현상인 것이다.

② 업력은 습관 같다.

향수를 담았던 병은 향수를 다 써 버려도 병 속에는 여전히 향수 냄새가 남아 있다. 이런 '습'을 보면 업력은 과보를 이끄는 힘이 있는 것을 알 수 있다.

2) 업력

업력론은 세 가지로 결론지을 수 있다.

① 업력은 소실되지 않으며 삼세를 초월한다.

② 이러한 인을 지으면 이러한 과를 받는다.

③ 자기가 지은 업의 인은 과보가 되어 스스로 받는다.

중생이 생사의 바다 속을 떠돌며 생명이 끊어지지 않음이 바로 '업'에 의한 것이다. 업은 염주의 줄처럼 한알 한알의 염주를 꿰어서 흩어지지 않도록 한 것과 같다. 업이 우리들 삼세간의 생명을 이어서 과거에서 지금까지, 지금부터 미래로, 세세생생 영원히 멈추지 않는 육도에서 윤회를 멈추지 않게 한다. 그러므로 비록 우리들 몸뚱이는 나고 죽는 것이 있지만 진정한 생명은 죽지 않는 것으로 마치 컵에 담긴 물이 쏟아져 책상 위로 흘려지거나 걸레 속으로 스며들어도 없어진 것이 아닌 것과 같다. 그러므로 '업력은 소실되지 않고 삼세를 통한다' 하는 것이다.

특히, 업에는 선과 악이 있어서 선악과보는 다 스스로 짓고 스스로 받게 되는 것이지, 결코 어떤 신이나 창조자가 복을 주고 벌을 내리는 것이 아니다.

3) 업의 원칙적 이치

이러한 교의 아래서 우리는 다음과 같은 몇 가지 원칙적인 이치를 얻게 된다.

① 업력은 자기가 창조하는 것이지 신의 힘이 아니다.

세간의 선과 악, 좋고 나쁨은 모두가 우리들 스스로 만들어 가는 것이지 우리를 위해 내려 주는 신이나 창조자는 없다. 또 신통력도 업력을 이겨내지 못하는데, 그것은 세간의 각종 에너지 가운데 업의 힘이 가장 크기 때문이다. 그러므로 자기가 지은 업은 필히 자신이 받아야만 한다.

② 업보는 기회가 균등하게 주어지는 것이지 특수한 것은 없다.

누구든지 업보의 정의 아래서는 인과응보의 기회가 균등한 것이다. 고관대작이든 손수레를 끄는 사람이든지 간에 선한 일을 하면 선한 업보를 받고 악한 일을 하면 악한 과보가 있는 것일 뿐 특권이라고는 없다.

③ 업은 앞날이 밝고 희망이 무한하다.

업은 우리들이 아무리 좋은 일을 많이 했다 하더라도 스스로 대단하다고 할 것이 못된다고 알려주고 있다. 그것은 복덕인연은 은행의 저금과도 같아서 그 아무리 많다고 하더라도 다 써 버리게 될 날이 있는 것이기 때문에 꾸준히 선을 쌓고 자비를 행해야 한다는 것이다. 반대로 설사 큰일을 저지르고 빚이 많다 하더라도 단지 잘못을 고치고 선하게 살면 빚을 다 갚게 될 날이 결국은 오게 된다. 그러므로 업은 우리들 앞날이 자신의 손에 달렸다는 것을 알려주며, 그렇기 때문에 우리들의 인생은 밝고 희망으로 가득한 것이다.

④ 업은 선악인과로 응보를 결정한다.

인과는 과거·현재·미래 삼세간을 통하여 이어져 있는데, '전생이 궁금하면 금생의 자신을 보고, 내생이 어떨지는 금생에 자기가 하는 것을 보면 안다' 하는 것이 바로 이 말이다. 삼세의 인과관을 알게 되면 우리들이 악을 멀리하고 선을 행하게 되며 즐거움을 따르고 괴로움을 피하게 되고 금생에 괴로움을 겪게 되어도 남을 원망하지 않고 빚을 갚는 마음으로 기꺼이 받아들이며 나쁜 인연을 좋은 인연으로 바꾸고자 노력하게 될 것이다. 그래서 인과응보를 분명하게 알면 업력을 잘 장악하여 자기의 행복을 도모할 수 있는 것이다.

Ⅲ. 인과(因果)

우리들의 마음속에는 '착한 일 하면 복 받고 나쁜 일 하면 벌 받는다' 하는 선악관념이 자리하고 있고, 이러한 것들은 우리 사회의 도덕성과 이어져 있다. 이렇듯 권선징악의 작용을 갖고 있는 법칙이 바로 인과관이다.

인과를 가장 간단하게 해석하면 '무슨 씨앗을 심으면 무슨 결실을 얻는다' 이다. 이것은 우주만유의 생멸하고 변화하는 보편적인 법칙이다. 불교 교리의 체계 가운데, 인과는 세상의 모든 관계를 설명하는 기본 이론으로 '연기'법칙을 분명히 하고 확실하며 쉽게 이해하게 하는 한 이치이다. 모든 현상의 형성에 있어서 '인'은 생길 수 있는 것이고 '과'는 생겨난 것이다. 과가 생기도록 이끄는 것은 '인'이고 인으로부터 생기는 것은 '과'이다.

세상에는 어떠한 결과이든지 그 원인으로부터 생겨나지 않는 것은 하나도 없다. '콩 심은 데 콩 나고 팥 심은 데 팥 난다'하는 법칙이다. 모든 현상 또한 이렇지 않은 것은 하나도 없다. 그래서 우주속의 자연계부터 중생계에 이르기까지 하늘에서부터 땅위의 먼지 하나까지 그 어떠한 현상이라도 인과의 관계를 벗어날 수 있는 것은 아무것도 없다.

1. 고대인도의 인과론

1) 인 속에 과가 있다는 논리

인 속에 이미 과의 성질을 갖고 있다는 주장이다. 예를 들어, 보리종자가 보리쌀을 생산해 낼 수 있는 것은 보리씨앗 속에 보리 성분이 있기 때문이라 한다. 이 논리를 반대하는 말로는 보리종자의 성장 과정 속에서 가령 햇빛, 빗물, 비료, 인공 등의 조건이 부족했다면 보리쌀의 결실은 맺을 수 없다. 인 속에 과가 있다면 언제든지 결실을 맺을 수 있어야지 왜 인연 조건이 갖추어지기 기다릴 필요가 있는 것인가?

2) 인 속에 과가 없다는 논리

과는 과의 성질을 갖고 있지 않은 많은 '인'이 어우러져서 생겨난다는 주장이다. 그러나 인 속에 과가 없다면 인과 과 이 둘은 아무런 관련이 없는데 어떻게 과를 생겨나게 한다는 것인가? 이것은 마치 진흙 속에 항아리와 기와가 없다는 말로, 인 속에 과가 없다면 진흙으로 항아리와 기와가 만들어지지 않아야겠지만 사실상으로는 그렇지 않다.

이 두 가지 이론은 다 인과를 실재하는 자주성이 있는 물질로 보고 있기 때문이다. 그래서 논리적인 이치로 따지게 되면 설득력이 없다.

2. 불교의 인과관

불교의 인과관만이 고금이래 인과와 관계된 갖가지 학설 가운데 우주만유의 실상을 통찰할 수 있다

불교의 인과관은 '연기의 성질은 공하다' 하는 도리에서 시작되고, 우주 간의 모든 현상과 모든 물건들은 다 인에 연을 의지하여야 결과가 생겨나고 이 과가 다시 인이 되어 연이 모여지기를 기다렸다가 다른 과를 만들어 내는 것으로 이렇듯 돌고 돌며 서로 받아들여져서 삼라만상이 된다. 그러므로 크게는 한 세계, 작게는 먼지 하나라도 실제로 존재하는 스스로의 성질은 없고 단지 인연이 다름으로 하여 그 과보에도 차이가 있는 것이다. 그러므로 인과의 도리는 위아래 사방으로 두루 편협한 것이고 인과의 모습 상태도 마치 거미줄처럼 얽히고 섞여서 복잡하다. 인과의 맥락을 알고자 한다면 필히 인연의 네 가지 면부터 알아야 한다.

1) 인연이 있는 것과 인연이 없는 것

인연은 지식상의 문제가 아니고 연구 토론하여 알아지는 것도 아니다. 인연의 진리는 자신이 사물이치상으로 수행하고 마음적으로 깨달아야만 느껴질 수 있는 것이다. 이러한 진실한 수행과 깨달음을 거쳐서 터득된 인연은 '인연이 있는 것'이고 이런 인연법 속에서 너와 나의 법성은 다 평등한 것이다. 우주가 바로 내 마음이고 내 마음이 곧 우주인 것이 바로 인연을 아는 것이다. 만약, 단지 추상적인 이론

에만 머무르고 허황된 언어로만 표현되는 것은 바로 '인연이 없는 것'으로 우물가에서 숭늉을 찾는 것과 같다.

2) 흰 인연과 검은 인연

인연에는 선한 것도 있고 악한 것도 있는데 흰 인연은 선한 인연이고 검은 인연은 악한 인연이다. 삶을 살아가는데 있어서 생멸의 궁극적인 도리를 모르고 단지 수박 겉핥기 식으로만 인연법칙을 알고 있다면 외적인 환경에 의해 쉽게 변하게 되고 떠밀려 가며 어두운 곳, 나쁜 인연 속에 빠져 헤어날 길이 없게 된다. 그 반대로 만약 신심이 굳고, 신념이 변치 않는다면 그 성취된 인연은 밝은 것으로 받은 과보 또한 선량한 것이다,

3) 내적인 인연과 외적인 인연

인연은 외적인 것과 내적인 것에 다름이 있다. 외적인 인연은 일반 인연이고 내적인 인연은 가치 인연이다. 외적인 인연은 마치 한 뙈기의 밭에 여러 씨앗을 심어서 수확이 각각 다른 것과도 같다. 이 거두어들인 씨앗이 바로 가치 인연이다. 또한 같은 부모라도 길러 낸 자녀들이 서로 다르고 같은 선생님이 가르친 학생이라도 그 정도가 각기 다르다. 부모, 선생님처럼 외적인 일반 인연은 같더라도 내적인 가치 인연이라 할 수 있는 자질·마음 씀씀이는 천차만별이다. 그러므로 인연에는 안·바깥이 있어서 바깥 인연이 설사 구족되었더라도 내적인 인이 다름으로 해서 그 과보가 저절로 달라진다.

4) 바른 인연과 빗나간 인연

인연에는 바르고 바르지 못한 것이 있다. 어떤 사람들은 몸이 아프면 증상에 맞는 치료를 받고 병이 낫는 것이 '바른 인연'이다. 어떤 사람은 병이 나면 병이 나게 된 원인은 찾지 않고 하늘이 벌을 내렸다며 기도원을 찾아다니다가 결국은 병이 더 심해지는데 이것은 '빗나간 인연'이다. 사람의 일이 잘 풀리기도 하고 안 풀리기도 하고 장애가 많기도 적기도 하는 것은, 그 원인이 종종 인연을 잘 알지 못하는 데서 기인된다. 그러므로 우리들이 인연을 정확하게 알 수 있어야만 삿된 것을 피해서 바르게 갈 수 있고 좋은 과보가 있을 수 있다.

3. 인과에 대한 정확한 인식

불교에서 말하는 인과는 우주와 인생의 실상으로, 사람에게 착하게 살라고 권하는 말뿐만이 아닌 것이다. 일반 사람들이 흔히 세속적인 관점에서 인과를 해석하고 있어서 일부 불법을 모르는 사람들은 인과를 미신이라고 생각하기도 한다. 우리들은 인과에 대해서 다음과 같은 바른 인식이 있어야 하겠다.

1) 인과는 숙명론이 아니다.

숙명론에서는 모든 성패 득실은 운명의 신에 의한 것으로 사람이 아무리 노력하고 발버둥쳐도 소용없다고 여긴다. 그러나 인과 관념은 좋은 것이든 나쁜 것이든 모든 과보는 다 자기가 만들어 낸 것이라고 여긴다. 예를 들어, 어느 한 사람은 번화한 도시 속에서 태어나서 문명적인 생활을 누리며 살고 있고, 다른 한 사람은 일생 동안 황량한 시골 벽지에 살면서 밭을 일구어 겨우 생활하고 있다면 이것은 운명이 불공평한 것이 아니라 그 인연 과보가 다른 것이다.

"옷이 있고 밥이 있는 것은 어째서인가? 전생에 먹을 것을 남에게 보시했음이다. 먹을 것이 없고 입을 것이 없음은 어째서인가? 전생에 남에게 반 푼도 보시하지 않아서이다. 비단을 두르고 명주옷을 입을 수 있음은 어떤 연유인가? 전생에 수도승에 옷을 보시해서이다. 단정한 용모와 태도는 어째서인가? 전생에 부처님 전에 꽃공양을 하여서이다"라고 하였다.

《인과십래게(因果十來偈)》에 "사람이 단정한 것은 인욕 속에서 오고, 빈궁한 사람은 인색한 탐욕에서 온다. 사람이 높은 지위를 갖게 됨은 절하는 속에서 오고, 사람이 천함은 교만 속에서 온다. 벙어리는 비방하는 속에서 오고, 장님 귀머거리는 믿지 않는 데서 온다. 장수하는 사람은 자비를 베푸는 데서 오고, 단명한 사람은 살생하는 데서 온다. 육신을 제대로 갖추지 못한 자는 계를 지키지 못하는 데서 오고, 육근을 구족한 사람은 지계 속에서 온다" 하였다.

이러한 게송 속에서 사람이 가난하고 혹은 복있고, 귀하고 천한 것과 목숨이 길어 장수하거나 혹은 요절하고, 용모가 단정하거나 추한 것은 다 인과에서 오는 것이지 그냥 운이 있어서도 아니고 안 보이는 제3의 힘이 조정하는 것도 아닌 자기 행위의 결과에 따른 것이다. 행위가 자기의 행복과 불행을 결정지을 수 있기 때문에 과거의 불행에 대해서도 쉬지 않고 노력하면 행복하게 될 수 있다. 그러므로 인과관은 노력하고, 애쓰고, 수행하는 것을 긍정하는 낙관적이고 진취적으로 충만한 이치이다.

2) 범사에는 각기 인과가 있다.

인과는 이론적인 학문이기도 할 뿐 아니라, 일상생활 속의 의식주행(衣食住行) 내지는 대인관계·신앙·도덕·건강·경제 등 모두가 각각 그 인과관계가 있다. 예를 들어 배가 고프면 밥을 먹고 허기를 해결할 수 있는데 밥을 먹는 것은 인이고 배가 부른 것은 과이다. 또 한 사람이 열심히 일해서 많은 돈을 벌었다면 노력은 인이고 돈을 번 것은 바로 과이다.

그러나 어떤 사람들은 인과에 대한 잘못된 인식으로 해서 신앙에 대해 정당치 못한 많은 요구가 있기도 한다. 예를 들어 돈을 많이 벌게 해달라고 부처님께 절을 하는 것은 인과를 잘못 알고 있는 견해이다. 신앙에는 신앙의 인과가 있고, 도덕에는 도덕의 인과가 있으며, 건강에는 건강의 인과가 있고, 재물에는 재물의 인과가 있다. 많이 벌고 싶다면 필히 좋은 인연을 많이 맺고 부지런히 노력하며 신용을 지키고 지혜능력을 갖추면 스스로를 돕게 되고 좋은 인연이 모여지는 것이다.

계를 지키고 절하는 것은 신앙이고 도덕적인 인과이다. 만약 신앙의 인을 가지고 건강과 재물의 과를 바란다면 그것은 인과를 잘못 맺으려 하는 것으로 바르게 인과를 인식하지 못하는 것이다.

경전에 "부처님의 경계는 불가사의하고 중생의 인과업보 또한 불가사의한 것으로 인과의 복잡한 관계를 잘 안다면 불법의 바른 뜻도 체득할 수 있다" 하였다.

3) 과보는 자신이 짓고 자신이 받는다.

법률 앞에서 사람은 평등하다고 하였지만 법률에도 허점은 있기 마련이어서 어떤 때는 인정에 좌우되기도 한다. 오직 인과 앞에서만 사람은 다 평등할 수 있는 것으로 인과업보는 형체에 그림자가 따르듯 누구도 피할 수 없다.

인과업보는 시간적으로 금생에 받는 업보, 내생에 받는 업보, 후생에 받는 업보 등으로 나눌 수 있지만 선한 자는 필히 복을 받고 악한 짓을 한 이는 벌을 받기 마련으로, 선악의 업인을 지으면 시간이 짧든 길든 간에 인연만 무르익으면 그 과보를 받게 된다. 예를 들어 한 알의 씨앗이 흙 속에 묻혀서 일단 햇빛·공기·물기 등 인연이 모여지면서 시기가 무르익으면 싹이 나고 줄기가 뻗어나서 꽃이 피고 열매를 맺는다. 그래서 선에는 선한 과보가, 악에는 악한 과보가 있는 것으로 업보가 없는 것이 아니라 아직 때가 오지 않은 것이다. 또 아버지가 잘못한 것은 자식이 대신할 수 없고 자식이 잘

못한 것도 아버지가 대신 받을 수 없다. 모든 것은 자기가 짓고 자기가 받는 것이지 아무도 대신할 수 없다. 자기가 지은 것을 자기가 받는다는 과보의 도리를 안다면 우리는 선을 행하여 덕을 쌓고 나쁜 인을 만들지 않도록 해야 한다.

어떠한 사상·행위도 결국에는 상응되는 결과를 맺기 마련으로 '인'은 '과'가 드러나기 전에는 자동적으로 없어지지 않으며, 반대로 업을 짓지 않으면 상응되는 결과도 받지 않는다.

인과과보는 권세로써 좌지우지할 수 있는 것이 아니고 신도 귀신도 조정할 수 없고, 그 어느 누구도 장악할 수 없는 것으로 우주만물 모든 것을 지배하고 있으며 우리들의 선악행위를 실험하는 근거이다. 그러므로 인과법칙을 바로 보고 선한 인연을 널리 심으면 금생과 내생에 있어 지혜와 복덕이 원만히 갖추어진 생활을 가져올 수 있다.

Ⅳ. 중도(中道)

부처님은 거문고 줄이 너무 세게 조여지면 끊어지기 쉽고, 너무 느슨해도 소리가 맞지 않고 알맞게 조여졌을 때만이 아름다운 소리를 낼 수 있는 것처럼 수행도 마찬가지로 너무 조급하거나 게으른 것은 다 바른길이 아니라고 하셨다.

중도는 불교의 근본 입장이며 중도는 양극단의 빗나간 집착을 떠나서 어느 한쪽에도 치우치지 않는 가운데 바른 길을 취하는 것이다.

부처님이 성도 하신 초기, 5비구를 위해서 사성제를 설하시고 그 중의 도제에서 말씀하신 팔정도는 바로 제자들이 편견과 집착을 떠나서 어느 한쪽에 치우치지 않는 해탈을 구하는 길을 걸으라는 가르침으로 중도라 할 수 있다.

부처님은 왜 중도의 이치를 설하시게 되었나? 부처님 자신이 산에서 6년간 고행을 거치시며 고행은 결코 궁극적인 해탈의 길이 아니라는 것을 알고 몸소 경험하신 것을 제자들에게 일러준 것이다. 부처님은 5비구에게 "고행하는 자는 마음이 어지럽고, 몸이 즐거운 자는 기분도 즐겁다. 고행과 즐거움은 도를 이루는 근본이 되지 못한다. 중도를 행하면 마음이 적정하다. 나는 이미 중도를 따르고 행하여 아누다라삼먁삼보리를 얻었다"고 일러주셨다.

다른 한편으로는, 당시 인도에는 96가지 외도(外道)가 있었는데,

극단적인 향락주의자와 극단적인 고행주의자들이 있었다. 부처님은 극단적인 '숙명론'이나 극단적인 '무인론(無因論)'으로 한쪽에 치우친 논리는 받아들일 수 없다고 여기셨다. 어느 한쪽에도 치우치지 않기 위하여 부처님은 양쪽을 떠난 중도를 설하신 것이다. 수행상으로 고행 혹은 방종한 쾌락 생활에 치우치지 않는 생활과 사상적으로는 있음과 없음·오래 머물거나 혹은 끊겨 없어져 버리는 두 가지 극단적인 견해를 떠나야 하는 것이다.

그래서 중도는 실천상으로와 이론상의 두 가지 다른 의의를 갖고 있다. 실천이라는 뜻으로의 중도는 팔정도를 실천하는 것을 위주로 하고 이론상의 중도는 곧 '연기'라 할 수 있다.

1. 중도의 실제 모습

중도의 이론적 근거가 되는 '연기'설은 중도의 실제 모습을 나타낼 수 있고, 공함과 있음이 둘이 아닌 것이다.

1) 공과 유는 둘이 아니다.

용수보살 《회쟁론(廻諍論)》에 '공자체인연, 삼일중도설(空自體因緣, 三一中道說)'이라 하였는데, 모든 유위법(有爲法)은 다 인연으로 생겨난 일시적인 존재이고 그 본성은 공하다는 것이다. 그러므로 우리는 허상에 집착하지 말고 그 일시적인 존재 속에서 공함을 알아야 하지만 공함

속에서 공에 집착하여도 안 된다. 그것은 연기법은 비록 허상적이고 일시적인 존재지만 허무한 것은 아닌 것으로 공함 속에서 오묘한 존재가 생겨남을 볼 수 있다. 모든 법에서 있는 것에 집착하지 않는 것을 '색즉시공(色卽是空)'이라 하고 일체 법의 허무한 것에 집착하지도 않는 것을 '공즉시색(空卽是色)'이라 한다. 이렇듯 공도 아니고 유도 아니며 공과 유가 다른 둘이 아닌 것을 깨닫는 것이 바로 중도이다. 부처님은 "무릇 인연이 모여 이치현상을 낳고, 내가 말하는 것 역시 공하다 하는 것 또한 붙여진 이름으로 중도란 뜻인 것이다"고 하셨다. 그래서 공·연기·중도는 다 한 가지 뜻이라고 말할 수 있다.

부처님이 연기를 설하심은 중생의 '공·유' 둘로 나누려 하는 집착의 병폐를 고치려는 데 있는 것이다. '공하다·있다' 하는 양쪽을 떠난 중도는 불법이 세간법과 다른 특색의 하나로 이 사상을 잘 파악할 수 있으면 불법의 참된 뜻을 얻을 수 있다.

2) 참되기도 하고 속되기도 하다.

불법은 세간법과 출세간법으로 나눌 수 있고, 출세간법(出世間法)은 진제(眞諦), 제일의제(第一義諦) 혹은 승의제(勝義諦)라 이름하고 세간법(世間法)은 속제(俗諦), 세속제(世俗諦)라 이름한다. 부처님의 모든 가르침은 이 두 가지의 법문을 벗어나지 않는다.

이 두 가지 진리는 불법의 중요한 내용으로 공하고 유한 것이다. 부처님께서 이 두 가지 진리를 설하신 본 뜻은 중생이 중도의 길을 걷도록 이끌기 위해서였으나 후세 논사들의 견해와 보는 시각이 다름으로 해서 공유(空有)와 진속(眞俗)으로 나누어지게 되었고, '진공속유(眞空俗有)'와 '진유속공(眞有俗空)'이라는 말이 있게 되었다. 사실상 이 두 가지 진리는 서로 다른 각도에서 보아 있게 된 두 가지 진실로 비록 피차간 무관한 것은 아니지만 각기 다른 각도의 견해를 설한 것이다. 범부가 현실의 세계에서 보이는 것은 다 진짜 있는 것으로 보는 것은 세속적 이치며, 성자가 밝은 눈으로 보아 아는 것은 공함을 아는 것으로 참된 진리(眞諦)이다. 그래서 참되기도 하고 속되기도 한 이 두 가지 진리가 서로 간에 장애가 없음은 바로 중도의 정신인 것이다.

3) 물질적인 면과 정신적인 면이 함께 한다.

『화엄경』에 "만일 삼세의 모든 부처님을 알고자 한다면 법계의 성품은 모두가 오로지 마음이 만들어 내는 것임을 관찰해야 한다.(若人欲了知 三世一切佛 應觀法界性 一切唯心造)" 하였다. 화엄종에서는 삼계는 다 마음 하나로 만들어진다고 주장하는데, 이는 즉 객관성의 세계는 주관적인 마음으로 비추어져야만 객관적인 일과 현상이 나타난다는 것이다. 또한 객관의 세계가 우리들의 눈에 들어오면 주관으로 아는 것이고 마음으로 아는 것이어서, 『반야경(般若經)』에 "일체법은 마음이 이끄는 것이다. 마음을 알 수 있다면 모든 법을 알게 되는 것이어서 세간의 갖가지 현상 이치는 모두 마음에서 생긴다" 하였다. 심식을 떠나서는 삼라만상이라 할 것이 없기 때문에 '삼계유심, 만법유식(三界唯心, 萬法唯識)'이라 한 것이다.

불법은 마음 하나로써 모든 법을 다스려 한쪽으로 치우치지 않으면서, 현실을 빌려 정신영역을 일깨우고, 본래의 정신영역으로 현실을 비추는 것이다. 이것이 바로 정신적인 면으로 치우치지도, 물질적인 면으로만도 치우치지 않은 중도관(中道觀)이다.

2. 팔불중도(八不中道)

중도는 불교의 중요한 교의로 대·소승에서 널리 중시하고 있으며 다른 종파에서도 모두 중도를 교리의 핵심으로 하고 있다.

각 종파의 '중도설(中道說)'가운데 가장 알기 쉬운 것은 '팔불중도'로 인도 대승불교 중관학파(中觀學派)와 삼론종(三論宗)의 중요한 이론이다.

팔불중도는 팔불중관(八不中觀), 팔불정관(八不正觀), 팔불연기(八不緣起), 무득중도(無得中道), 무득정관(無得正觀)이라 하기도 한다. 《중론(中論)》 관인연품(觀因緣品)에 근거하면, 연기의 이치는 태어나고(生)·멸하고(滅)·끊어지거나(斷)·항상하는(常)·하나이고(一)·다르거나(異)·가고(去)·오는(來) 등 여덟 가지 잘못된 견해를 없애고 공의 진리를 밝혀내는 것이다. 모든 사물은 이 연기도리에 의해서 존재하므로 이 여덟 가지 잘못된 견해를 떠나면 본래의 실체는 없는 것이어서 집착의 대상이 되지 않는다. 이렇듯 여덟 가지 편견을 떠나서 무득정관에 머무르는 것을 중도라 하며 이것이 곧 '팔불중도'인 것이다.

팔불중도의 '팔불(八不)'은 생·멸 등 여덟 가지 잘못을 부정하는 교리를 가리키는 것으로 나지 않고(不生), 없어지지 않으며(不滅), 끊임이 없고(不斷), 항상함이 없고(不常), 하나이지 않고(不一), 다르지 않고(不異), 가는 것이 없고(不去), 오는 것이 없는(不來) 것이다. 우주만법은 인연이 모이고 다함으로 해서 생기고 없어지는 등의 현상이 있게 되는 것이지, 실제적으로 나고 없어지는 것은 없다. 나고 없어지는 것이 있다고 한다면 어느 한 쪽으로 치우친 말이고, 나고 죽는 것이 없다고 하는 것이 바로 중도의 이치이다.

어떤 외도들은 사람이 죽은 후 항상 하는 신이 있어 영생한다고 하는데 이것은 항상 한다는 견해(常見)에 빠진 것이고, 사람은 죽으면 그만 아무것도 없다고 하는 것도 단견(斷見)이다. 항상 한다 혹은 끊겼다는 것은 잘못된 생각이므로 불상불단(不常不斷)하다고 하는 것이다. 일체 제법을 출발점에서 볼 때는 '동일한 것(同一)'이고, 현상과 종류로 구분해 보면 갖가지 '차이(差異)'가 있게 된다.

예를 들어, 사람은 '동일(同一)'한 것이고, 너와 나와 그 사람 각각의 지혜롭고 어리석음의 차별이 있는 것이 바로 '차이'인 것이다.

그러나 나와 남 사이에 공통적인 것은 다른 개체 속에 동일한 점이 있는 것이고, 사람마다 각자의 특성이 있는 것은 사람이라는 동일함 속에 개인이라는 다름이 있는 것이기 때문에 불일불이(不一不異)라 말하는 것이다.

우리들 생명이 오고 감은, 태어나 오고 죽어서 갔다고 말하기에 오고 간다는 견해가 있게 된 것이다. 예를 들어, 갑과 을 두 명이 있는데 갑이 을 쪽으로 가면 갑은 을한테 '갔다'고 말하고, 을은 갑이 이곳으로 '온 것'이라 생각하는데, 가고 오는 것은 단지 이름으로 붙여져서 상대적이 되는 것이므로 '불거불래(不去不來)'고 말한다.

그러므로 갖가지 번뇌·갖가지 불합리적인 억지·진실된 것을 보지 못하는 헛된 집착을 팔불연기로써 없애 버릴 수 있다.

3. 중도의 생활

중도의 사상은 공유(空有)가 융화된 지혜로서 세간의 참 모습을 바로 볼 수 있다. 중도의 반야지혜가 있으면 중도의 생활을 할 수 있다. 중도의 생활이라 함은 괴로움과 즐거움이라는 양끝을 떠난 것으로 팔정도로써 모든 일의 지침으로 하는 생활이다.

일반 사람들은 불교에서는 괴로움, 공함, 무상함을 말하니까 불교를 믿으면 고행해야 하는 줄 안다. 정토사상으로 볼 때 불교는 아주 행복한 종교로 불교를 믿으면 행복과 즐거움을 얻을 수 있다고 말하고 있다. 예를 들어 『아미타경』에서 서술하는 극락세계는 황금으로 길을 닦고, 일곱 가지 보석으로 집을 지었고, 온갖 아름다운 환경으로 꾸며져 있다. 그 외에도 칠보연못, 팔공덕수, 금모래가 깔리고 금·은·진주·수정 등 보석으로 만들어진 계단 등이 둘러싸인 호수와 입을 옷·먹는 음식 등은 '생각만 하면 얻을 수 있는' 것이고,

교통용구는 '마음대로 날아다닐 수 있는' 것으로 극락세계의 물질생활은 아주 풍부하다 하겠다.

불교에서 3고(三苦)·4고(四苦)·8고(八苦)·무한한 모든 괴로움을 자주 이야기 하지만, 불교에서 고를 말하는 것은 '고는 불도에 들어서는 도움 인연'이기 때문으로, 단지 한 수단이고 과정이지 최종적인 목적은 아니다.

불교는 물질생활에 대해서 특별히 '괴로움'을 표방하지는 않는다. 그것은 너무 괴로운 인생은 죽은 나무나 불 꺼진 연탄재와도 같기 때문에 물질적인 추구에도 열중하지 않는다. 그래서 '너무 괴롭다'거나 '지나친 쾌락'의 극단적인 생활은 불교에서 요구하는 생활이 아니다.

『아미타경』에서 풍부한 물질생활을 말하고 있지만, 그 물질생활 속에서 불법을 실행하고 '팔정도'의 생활을 해 나가는 것이다. 『금강경』에서 응무소주이생기심(應無所住而生其心)이라고 말하는 도리 또한 우리들이 모든 것을 버려야 한다는 것이 아니라 불법의 중도생활을 강조한 것이다.

그러므로 즐거움, 괴로움 어느 한쪽에 치우치지 않는 생활이 바로 중도의 생활이고 진정한 불교 생활이다. 너무 좋은 것은 어느 한쪽 면이고, 너무 나쁜 것 또한 어느 한쪽 면인 것으로 한쪽으로 치우치는 것은 평형을 이룰 수 없고 편차가 있게 된다. 일반 사람들은 중도의 원만함과 지혜가 부족하기 때문에 좋고 나쁜 것, 있고 없는 것, 괴롭고 즐거운 것, 얻고 잃는 것, 은인과 원수, 너와 나, 생과 사를 너무 분명하게 나누어 놓아서 편안하고 자유롭게 살기 힘들다. 만약 우리가 중도를 알고 중도의 생활을 한다면 결코 명예, 모욕, 이득, 괴로움, 손실, 즐거움, 비방, 칭찬에 흔들리지 않을 뿐 아니라, 부처님의 가르침 속에서 안심하고 삶을 영위하게 된다. 어느 한쪽에 치우치지 않게 행하는 중도는 바로 지혜이며 불법이다.

업(業)이란?

“전생에 내가 무슨 죄를 지어서…”, “다 내 업보다” 어려운 일을 당한 사람들이 쉽게 하는 말이다. 이렇게 체념적인 말은 남을 탓하지 않고 자기 탓으로 여긴다는 면에서는 건전하다고 할 수도 있지만, 현재의 내 삶이 다 과거 때문이라는 생각에 얽매이면 자칫 외도들이 주장하는 숙명론에 빠질 수 있다. 부처님은 신의 뜻에 따르거나 숙명론에 이끌려가지 말고 자기 삶의 주인공이 되라고 가르치신다. 이를 의현 선사는 “가는 곳마다 주인공이 되어라. 서 있는 그 자리가 모두 진리다.(수처작주 입처개진隨處作主 立處皆眞)”라고 하였다.

좋은 일이나 나쁜 행위를 하면 그에 상응하는 결과가 반드시 있다는 것이 인과법칙이다. 우리가 하는 행위를 업(業)이라 하고 그에 따른 필연적인 결과를 보(報)라고 하여 업보라고 부른다.

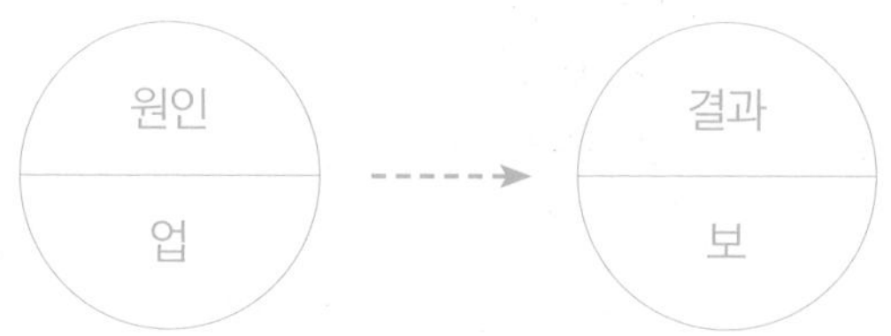

욕지전생사(欲知前生事) 나의 전생을 알려거든
금생수자시(今生受者是) 지금 받고 있는 현실을 보고
욕지래생사(欲知來生事) 나의 미래를 알고자 한다면
금생작자시(今生作者是) 지금 내가 하고 있는 일을 살펴라.

"

극도의 고행과 단식은 해탈에 이르게 하는 바른 길이 아닙니다.
쇠약한 육신으로 해탈을 얻는 것은 불가능합니다.
균형을 잃어버린 마음, 목마름과 굶주림으로 지쳐버린 육신,
맑고 선명하지 않은 정신, 이렇게 육신과 마음이 조화롭지 않고
행복하지 않은 사람이 어떻게 해탈을 얻겠습니까?
완전한 행복은 다섯 감각기관이 항상 편안할 때 얻어집니다.
깊은 삼매는 잘 균형 잡힌 평온한 마음에서 얻어집니다.
깊은 삼매로부터 최상의 평화를 얻습니다.

『붓다짜리따』 12장

"

불교의 인생관

Ⅰ. 일체의 구조

부처님은 우주에 존재하는 모든 사물을 색법(色法)·심법(心法) 두 가지로 귀납하셨는데, 물질 현상과 정신 활동을 말하는 것이다. 중생들의 근기가 다르고 미혹의 정도 또한 차이가 있기 때문에 부처님은 심법(心法-정신활동)에 대해서 잘 모르는 사람에게는 오온(五蘊) - 색(色)·수(受)·상(想)·행(行)·식(識)을 설하셨고, 색법(色法-물질형상)에 대해 인식이 분명치 않은 이에게는 십이처(十二處) - 안(眼)·이(耳)·비(鼻)·설(舌)·신(身)·의(意) 육근(六根) 및 색(色)·성(聲)·향(香)·미(味)·촉(觸)·법(法) 육진을 설하셨다. 색법과 심법 모두 잘 모르는 사람을 위해서는 십팔계(十八界) - 생리적인 면의 육근·물질적인 면의 육진 및 심리적인 면의 육식(六識)를 설하셨다. 오온·십이처·십팔계는 곧 우주만유의 주관적인 조건과 객관적 활동을 설명하는 것이다.

1. 육근(六根)

육근은 안근(眼根)·이근(耳根)·비근(鼻根)·설근(舌根)·신근(身根)·의근(意根) 등 여섯 가지 감각기관 혹은 그 인식능력을 말한다.

눈·귀·코·혀·몸 등 다섯 가지는 물질적인 존재인 색법(色法)으로 생리적인 감각기관의 내근(內根)과 외근(外根)으로 나눌 수 있다.

외근(外根)은 우리들이 시각적으로 볼 수 있는 생리기관인 눈·귀·코·혀·몸을 말하는 것으로 지(地)·수(水)·화(火)·풍(風) 사대(四大)로 몸을 이루고 있으며, 바깥 환경에 부딪쳐서 인식을 생겨나게 하지만 단지 보조적인 작용만이 있으므로 부진근(扶塵根)이라 한다.

내근은 생리학적인 눈의 시각·귀의 청각·코의 후각·혀의 미각·몸의 촉각 등 감각 기관의 신경조직과 중추신경의 신경세포이며 인식작용으로 경계에 접하는 능력을 갖고 있다. 외근보다 뛰어나므로 승의근(勝義根)이라 하고 청정한 사대(四大)로 이루어졌으므로 정색근(淨色根)이라고도 한다.

근(根)은 자유 자재로움·밝게 드러남·늘어남의 뜻을 포함하고 있다. '자유자재'란 근이 식(識)을 이끌어 내는 자재로운 기능을 스스로 갖고 있다는 것이다. '밝게 드러난다' 함은 근이 환경을 접해서 색깔을 보고 소리를 들을 수 있는 것이고, '늘어난다' 함은 근이 알도록 하여서 작용을 돕는 것을 말한다. 그러나 근이 경계와 접촉될 때는 필히 내·외근이 같이 그 작용을 발휘하여야 인식이 생기는 것이다. 예를 들어, 눈의 외근이 되는 동공·수정체·시망막과 내근인 시신경이 함께 작용되어야만 시력이 있게 되어 물질의 형체, 색깔 등을 볼 수 있게 되고, 육근의 여섯 번째인 의식이 물질의 형상·색깔 등을 분별하는 것이다.

2. 육진(六塵)

육진은 눈·귀·코·혀·몸·마음 등 육근이 접하게 되는 여섯 가지 경계로 육식(六識)이 감각으로 알게 되는 여섯 가지 경계인 현상(色)·소리(聲)·냄새(香)·맛(味)·느낌(觸)·법(法)이다. 이 여섯 가지 경계는 마치 먼지처럼 우리들의 알음알이를 오염시키기 때문에 육진이라고 한다. 이 육진은 사람들을 어지럽히니 선한 것을 쇠약하게 하며 모든 선법(善法)을 가로채려는 듯 하므로 육적(六賊)이라고도 한다.

색진(色塵)은 눈이 보는 대상인 청·황·적·백, 구름·연기, 먼지·안개·그림자·빛·밝음·어두움 등 열두 가지 색과, 길고·짧고·네모나고·동그랗고·높고·낮고·바르고·바르지 못한 것 등 여덟 가지 모습이다.

성진(聲塵)은 귀가 듣게 되는 바깥 환경으로 생물 신체와 물질에서 나는 소리로, 듣기 좋은 소리로는 아름다운 노랫소리·관현악 연주·스님들의 범패·기쁨의 박수 소리 등이 있고, 듣기 싫은 소리로는 울음소리·욕하는 소리·싸우는 소리·각종 소음 등이 있다.

향진(香塵)은 코로 맡게 되는 바깥 세계로, 마음을 편안하게 하는 향냄새 같은 좋은 냄새, 파·마늘 같은 독한 냄새, 진한 향기, 은은한 향기 등 네 가지 종류이다.

미진(味塵)은 혀로 맛보게 되는 세계로, 쓰고·시고·짜고·맵고·달고·담백한 등의 모든 음식의 맛이다.

촉진(觸塵)은 몸이 접촉하게 되는 세계로, 딱딱하고·습하고·부드럽고·움직임 등의 네 가지로 크게 나눌 수 있고, 매끄럽고·떫고·무겁고·가볍고·치갑고·따뜻한 것 및 남녀의 육체 접촉 등이 있다.

법진(法塵)은 생각(意根)으로 비롯되는 것으로 의식(意識)과 이어지는 세계로 우주 속의 모든 만물을 다 포함하고 있다.

3. 육식(六識)

육식은 눈·귀·코·혀·몸·생각 등 육근에 의해서 모습·소리·냄새·맛·느낌·생각 등 여섯 가지 경계에 대해 보고·듣고·맡고·맛보고·부딪히고·아는 등 각각의 작용인 안식(眼識)·이식(耳識)·비식(鼻識)·설식(舌識)·신식(身識)·의식(意識) 등을 말한다. 육식은 안식(眼識)이 눈으로 모습의 세계를 보고, 이식(耳識)이 귀로 소리의 세계를 듣고, 비식(鼻識)이 코로 냄새의 세계를 알며, 설식(舌識)이 혀로써 맛의 세계를 알고, 신식(身識)이 몸으로 느낌의 세계를 알며, 의식(意識)이 생각으로 이치의 세계를 아는 것이다. 육식은 선(善)·악(惡)·무기(無記) 세 가지 성질과 통하는데, 우리들 육식이 이 세계를 관찰하고 생각할 때 사랑이 있고 미워함이 있고 중용의 담담한 마음 등 서로 다른 심리 작용이 있게 되는 것이다.

육식 가운데서 의식(意識)을 그 중심으로 삼는 것은 그 강한 힘이 사람이 좋은 일을 하거나 나쁜 짓을 하는 이끄는 작용이 있기 때문이다.

4. 사대요소(四大)

사대(四大)는 땅(地)·물(水)·불(火)·바람(風) 등 물체를 결합하고 있는 네 가지 원소를 말한다.

① 지대(地大)

딱딱한 것을 그 성질로 하며, 만물을 지탱하여 떨어져 나가지 않게 한다.

② 수대(水大)

습한 것을 그 성질로 하며, 만물을 거두어 흩어지지 않게 한다.

③ 화대(火大)

따뜻한 것을 그 성질로 하며 만물을 무르익게 하며 썩어 문드러지지 않게 한다.

④ 풍대(風大)

움직이는 것을 그 성질로 하여 만물을 자라나게 하며 잘 통하도록 조절하여 준다.

우주 속의 삼라만상 그 어느 것도 지·수·화·풍 네 가지 원리로써 이루어지지 않은 것은 하나도 없다. 예를 들어 한 송이의 꽃이 피려면 비옥한 땅이 있어야 하는데 땅은 '지(地)'에 속한 것이고, 물기·햇빛·공기 등은 수(水)·화(火)·풍(風)으로 그 어느 하나라도 부족하면 꽃이 활짝 필 수 없는 것이다.

진흙으로 빚어 만든 그릇은 진흙은 지(地)고, 진흙 속에 물을 섞어야 하고 불에 넣어서 구워야 하는데 수(水)·화(火)가 있는 것이다. 다시 바람에 말리는 과정을 지나서 그릇이 되는 것으로 풍(風)이 있다.

유정중생의 몸뚱이 또한 이 네 가지 요소로 이루어졌는데 만물의 영장이라 하는 인간을 예를 든다면 인체의 모발·손발톱·이빨·피부·살·근육·뼈는 굳어지는 성질의 '지(地)'이고, 눈물·침·혈액·점액·대소변은 습한 성질의 '수(水)'이고, 체온은 따뜻한 성질의 '화(火)'이고, 숨을 들이쉬고 내쉬는 호흡은 움직이는 성질의 '풍(風)'이다. 사람이 생존 할 수 있는 것은 이 네 가지 요소가 잘 어우러져 있기 때문으로 만약 몸속의 한 요소라도 어우러지지 못하면 병으로 나타나게 된다.

그 예를 보면 다음과 같다.

① 몸이 무겁고 괴로우며 육신이 쑤시며 결리는 것은 지(地)가 어우러지지 못해서 생기는 병이다.

② 몸이 붓고 괴로운 것은 수(水)가 잘 어우러지지 못한 병이다.

③ 정신이 사납고 가슴이 답답하고 우울한 것은 풍(風)이 잘 어우러지지 못해서 생기는 병이다.

몸의 이 네 가지 요소가 흩어지면 유정중생의 생명 또한 끝나게 된다. 경전에 사람들이 임종에 닥칠 때 다음 세 가지의 증상을 보이게 된다고 쓰여 있다.

① 육체나 골격에 병이 있어 사망하는 이는 임종 시 온몸이 바다 속으로 육지가 가라앉는 듯한 큰 압박감을 느낀다.(地大 → 水大)

② 혈액 순환 계통이 좋지 않아 사망하는 이는 임종 시 온몸이 물속에 담겨 있듯 차갑고 축축하며 나중에 불타는 듯 고열을 느낀다.(水大 → 火大)

③ 호흡기 계통 장애로 사망하는 이는 임종 시 노을 속에서 들불이 타 듯 몸이 타오르다가 바람결에 연기와 재가 되어 흩어지듯 함을 느낀다.(火大 → 風大)

1) 왜 사대(四大)를 대(大)라 하는가?

우주 속의 모든 물체는 땅(地)·물(水)·불(火)·바람(風) 등 네 가지 요소로 구성되어 이루어졌으며, 이 네 가지 요소가 모여져서 물질을 생성한다. 다음과 같은 세 가지 뜻을 갖추고 있으므로 '대(大)'라 한다.

① 몸체가 크다. – 네 가지는 모든 현상에 편협되어 있으므로 몸체가 크다는 뜻이 있다.

② 모습이 크다. – 네 가지의 형상은 높은 산·깊은 바다·큰 불·태풍 등 모두가 크나 큰 모습이다.

③ 쓰임새가 크다. – 이 네 요소가 있어야만 인체의 기관이 그 기능을 발휘할 수 있고 만물이 자라날 수 있는 큰 쓰임새이다.

2) 왜 사대(四大)를 공하다 하는가?

사대가 비록 모든 현상 속에 널리 펼쳐 있지만 갖가지 인연 속의 어느 하나가 비교적 많이 자라났기 때문에 세상에 온갖 삼라만상이 있게 된 것이다. 예를 들어 산맥 등은 견고한 물건 가운데서 지대(地大)가 많이 늘어났기 때문이고, 강 바다 등은 습한 물건 가운데서 수대(水大)가 많이 늘어났기 때문이다. 그 외 잘 드러나지 않은 세 가지는 그 속에 잠복되어 있으면서 인연조건이 화합되어 그 모습을 드러내기를 기다리고 있는 것이다. 예를 든다면, 움직이는 물은 온도가 섭씨 영도 이하로 내려가면 고체인 얼음으로 얼어 버려 지대(地大)가 되고, 섭씨 100도씨 이상으로 열을 가하면 증발하여 기체가 되기도

하는데 풍대(風大)가 된 것이다.

사람의 몸속에서 이 네 가지 요소가 조화를 이루지 못하면 온갖 병을 일으키게 되고, 네 원소가 흩어지면 몸이 망가지고 없어지게 되는데 이때 우리의 몸은 어디로 가는가? 세간의 어떤 물건이든지 심지어는 우리들의 몸 또한 이 네 가지 원소로 이루어진 하나의 모습일 뿐으로 정해진 실체는 없다. 네 가지 원소 그 자체는 굳은 것이고, 따뜻하고, 습하고, 움직이는 네 가지 특성을 갖고 있으며 인연을 만날 때 변화가 있게 된다. 그러므로 이러한 특성 자체 또한 영원히 어떠하다 하는 것이 있지 않다. '네 가지 요소는 다 공한 것이다(四大皆空)'라 함은 우주만유의 보편적인 실체가 없다는 진리이다.

일반 사람들은 공함의 원리를 잘 알지 못하기 때문에 많은 괴로움 속에서 생활하고 있다. 세간은 쉬지 않고 변하고 있고 주위의 가까운 사람들과도 사별하게 되면서 착잡한 마음을 이루 다 말할 수 없다. 심지어 자신과 자기 몸 밖의 물건까지 자기 것으로 집착하게 되면서, 자기 몸뚱이를 아끼는 마음에서 온갖 장식품을 찾게 된다. 자신의 육근을 즐겁게 하기 위해서 온갖 환락을 쫓게 되고, 지니고 있는 명예·권세를 지키기 위하여 악법조차 마다하지 않으며 더 많은 재물과 이익을 얻기 위하여 세속의 혼탁함 속에서 마음을 졸이고 있다.

부처님이 '공'함의 진리를 일러주심은 우리들이 물질세계의 허실을 잘 알아서 자기를 돌아보고 무진장한 정신적 보물을 개발하여 영원한 행복을 얻도록 하려는 목적에서이다.

5. 오온(五蘊)

온(蘊)이란 쌓여 모인다는 뜻으로 세간의 모든 행위현상[有爲法]은 색(色)·수(受)·상(想)·행(行)·식(識) 등 다섯 가지 요소가 '쌓아 모여져' 이루어진다는 말이다.

오온은 '오음(五陰)'이라고도 하는데 음(陰)은 '덮는다', '가린다'는 뜻으로 중생이 색·수·상·행·식 다섯 가지 현상으로 우리들 본래의 참 모습인 불성을 가려서 무량겁을 걸치며 생사윤회의 괴로움을 받는 것을 말한다.

1) 색온(色蘊)

색온은 모든 형체가 있고 걸림이 있는 지(地)·수(水)·화(火)·풍(風) 등 네 가지가 모여 이루어 진 색(色)이라 할 수 있는 것을 말한다. 인류의 육체 및 세간의 산천수목·물건·집 등 모두가 다 색(色)의 범위에 속한다.

2) 수온(受蘊)

수온은 '받아들인다'라는 뜻으로 몸이 외부로부터 받아 느끼는 작용을 말한다. 수(受)는 대략 두 가지로 나눌 수 있다.

① 몸으로 느낌 – 눈·귀·코·혀·몸 등 오근이 경계에 부딪쳐 생기는 감각으로 괴로운 느낌·즐거운 느낌·괴롭지도 즐겁지도 않은 느낌이다. 뜻대로 되는 경계에서 생기는 것은 즐거운 느낌으로 쉽사

리 욕심이 생기게 되고, 역경에 부딪치면 괴로운 마음으로 해서 화내는 마음이 쉽게 생긴다. 역경도 아니고 순조로운 경계도 아닐 때는 괴롭지도 즐겁지도 않은 어리석음이 생긴다.

② 마음으로 느낌 – 의식이 경계에 부딪쳐 생겨난 기분을 말한다. 의식 생각이 순조로운 환경에 접할 때 생기는 느낌을 기쁨이라 하고 역경에 생기는 느낌을 걱정이라 한다.

즐겁고 괴로운 감각은 비교적 약하나, 걱정되고 기쁜 느낌은 강렬한 편이다. 몸·마음은 서로 연대적인 관계로, 몸이 더위를 만나면 짜증스럽고 시원한 바람을 쏘이게 되면 기분이 좋아진다. 이렇게 몸과 마음의 느낌은 상호적인 것이다. 몸과 마음으로 느끼는 것이 수온이다.

3) 상온(想蘊)

상온은 '모습을 상상하는 것'을 뜻한다. 바깥 인연에 연결되어 지난 일을 회상하고 앞날을 환상하는 것 모두가 다 생각하는 것(想)이다. 즉 바깥 환경의 모습을 받아 들여 마음속에 개념이 생기게 되는 작용이다. 이미 접촉한 경계를 다시 분별하고 상상하는 것을 상(想)이라 한다.

4) 행온(行蘊)

행온은 '옮겨 행한다'는 뜻으로 마음속의 개념에 대해서 생각 결단이 있는 것으로 몸을 움직여 행동하고 말하는 행위이다. 그러므로 몸·입·뜻 세 가지로 일어난 생각과 염두, 몸과 입의 선악 행위가 다 행(行)에 속한다.

5) 식온(識蘊)

식온은 '안다'는 뜻으로 바깥 경계에 대해 마음이 인식하여 아는 작용이다. 눈이 색깔을 알고, 귀가 좋고 나쁜 소리를 알며, 코가 좋고 나쁜 냄새를 분별하고, 혀가 달고 쓰고 맵고 신맛을 알고, 몸이 춥고 따뜻하고 부드럽고 딱딱한 것을 아는 것이다. 즉 식온은 한 개인의 정신적인 모든 것을 말하는 것으로 사상 등에 의해 이끌어 간다.

이상으로 '색(色)'은 물질적인 모든 현상으로 귀납되고, '수(受)·상(想)·행(行)·식(識)'은 정신적인 작용으로 귀납할 수 있다. 사람 몸의 색온은 부모가 낳으신 사대(四大)로 모여진 생리적인 것이고 수·상·행·식 사온은 심리적으로 느껴서 일어나는 마음으로 심리학적으로 말하는 감정(受)·관념(想)·의지(行)·인식(識)이다.

세간의 모든 현상 이치는 다 오온이 모여져서 있는 것인데 어째서 '오온이 있지 않다' 하는가? 이 말은 '오온'은 인연이 어우러져서 일시적으로 생겨난 이치일 뿐이지 실로 존재하는 그 성질이란 없기 때문에 '있지 않다' 하는 것이다. 이것은 물질적인 색온과 정신적인 면의 수·상·행·식 두 방면으로 설명할 수 있다.

물질적인 면으로 볼 때 색온(色蘊)은 네 가지 원소(四大)가 일시적으로 어우러져 있는 것이지 실체적인 것이란 없다. 정신적인 면으로 말하면 수·상·행·식 등 네 가지 온(四蘊)은 모두 경계에 접촉 되어야만 생기는 것으로 정신적인 면과 물질적인 면 두 가지 다 공한 것이다, 그러므로 이 이치는 불교 '무아관(無我觀)'의 구체적인 표현이라 하겠다.

'오온이 있지 않다' 하는 진리는 유정중생의 생명분석에서 모든 우주 세간으로 발전되어 우리들이 만유의 참 모습을 확실히 알도록 하여 줄 뿐만 아니라 우리가 자기와 마음·자기와 몸·자기와 물건·자기와 남 등을 알 수 있도록 인생관을 넓혀 주는데 밀접한 관계가 있고, 몸·마음·물건 세 가지 간에도 서로 영향을 주고 있다. 만약 우리가 자아를 떠난 태도로 사람을 대하고 세상을 살아가며, 좋아하는 것에 탐착하지 않으면 몸·마음·물건 간의 관계가 순조로워 즐거운 인생을 누릴 수 있다.

Ⅱ. 괴로움과 즐거움

1. 즐거움

인생은 달콤하기도 하지만 쓰고 맵기도 하고, 기쁨과 슬픔, 이별과 만남이 반복되는 것이라고 말한다.

즐거움을 추구하는 것은 모든 사람들의 본능이다. 인생에는 어떠한 즐거움이 있는가? 시험에 합격하는 것도 즐거움이고, 사업에 성공하는 것도 즐거움이고, 현숙한 아내와 착한 자식들도 즐거움이며, 돈이 술술 벌어지는 것도 즐거움이고, 큰 병치레를 털어 버리게 되는 것도 즐거움이요, 자손을 얻게 되는 것도 즐거움이고, 고생 끝에 맛보는 행복도 즐거움이다. 전체적으로 볼 때 인생의 즐거움은 외적인 즐거움과 내적인 즐거움 두 가지로 나눌 수 있다.

외적인 즐거움은 감각기관으로 인해서 생겨나는 즐거움으로 색욕(色欲)·성욕(聲欲)·향욕(香欲)·미욕(味欲)·촉욕(觸欲) 혹은, 재물욕(財欲)·색욕(色欲)·명예욕(名欲)·먹는 욕심(食欲)·잠자는 욕심(睡欲) 등 다섯 가지 집착하는 욕심을 말한다.

내적인 즐거움은 정신적으로 생겨나는 즐거움을 말한다. 예를 들면 독서를 즐기는 사람은 동서고금의 저작을 섭렵하는 가운데서 온갖 즐거움을 누릴 것이고, 글쓰기를 좋아하는 사람은 문예창작 속에서 많은 즐거움을 얻게 되고, 참선 명상을 즐기는 사람은 유유자재함 가운데서 한없는 즐거움을 누리게 되고, 어떤 사람들은 신앙에 몸을 바치고 신앙 속에서 평안과 기쁨을 얻는다.

2. 괴로움

인생에는 이렇듯 많은 즐거움이 있는데 불교에서는 왜 모든 것을 다 괴롭다고 하는가? 불교에서 말하는 괴로움이란 몸과 마음이 역경에 부딪침으로 하여 느껴지는 고뇌 이외에 '무상(無常)하기에 괴롭다'는 것을 말하고자 하는 것이다. 무상함은 사람의 청춘을 빼앗아 가버리고 우리들의 몸을 그 자신도 모르는 사이에 늙어가고 망가지게 하는 것이다. 어떤 이는 부족한 것이 없지만 천재지변이나 사고를 만나 한 순간 모든 재산을 잃거나 자식들이 가산을 탕진해서 결국 빈털털이가 되기도 한다. 서로 사랑하던 부부간에도 사소한 일로 해서 원수지간처럼 되는 경우가 있기도 하고 재판정에 서기도 한다. 사업에 성공한 사람도 현재는 순조롭다고 하지만 언제까지 그럴 수 있는지는 아무도 추측할 수 없는 것이다. 모든 것이 다 무상하기 때문에 시간상으로 생겨나고(生)·머무르고(住)·변하고(異)·없어짐(滅)이 있고, 물질적으로는 이루어지고(成)·머무르고(住)·망가지고(壞)·비워지며(空), 생명에 있어서는 태어나고(生)·늙고(老)·병나고

(病)·죽음을 맞는(死) 흐름이 있는 것이다.

사람은 누구나 다 무상함의 괴로움을 맛본 경험이 있는데 즐거움에 가까이 하게 되면 괴로움은 잠시 잊어버리게 된다. 예를 들면, 많은 사람들이 젊어서 고생하다 성공하면 지난 날 고생했던 것은 잊어버리고 방탕한 생활을 하기도 한다. 어떤 사람은 병으로 갖은 괴로움을 다 겪지만 병이 낫게 되면 다시 그 전날의 절제 없는 음식습관과 불규칙한 생활로 돌아가 버리고는 한다. 불교가 괴로움을 말하는 것은 우리들로 하여금 괴로움의 도전을 받아들일 수 있도록 하려는 것뿐만이 아니라 괴로움의 시련을 이겨낼 수 있도록 하여 괴로움과 어려움을 인생의 시금석으로 여기고 초월토록 하고자 함이다. 또한 괴로움의 존재를 직시하여 괴로움이 생겨나는 원인을 바로 이해해서 마땅한 방법으로 개선하고 제거하여 원만하고 즐거운 삶을 누릴 수 있도록 함이다. 그러므로 불교에서 '모든 것이 다 괴로움이다' 라고 말하는 것은 적극적이고 진취적인 뜻을 내포한 것으로 이교의 구세주의, 혹은 허무주의와는 크게 다른 것이다.

3. 괴로움과 즐거움을 벗어나는 길

괴로움과 즐거움의 참된 의미는 모르고 즐거움만을 추구하는 사람들이 많은데 감각기관의 즐거움은 외적에서 오는 것으로 쉽게 부작용이 생겨난다. 예술과 문학적인 창작도 마음속의 감정을 남김없이 내쏟을 수 있지만 정이 많으면 정으로 상처받기 쉽다. 학문지식상의 성취는 시야를 넓혀 줄 수는 있지만 바른 지혜와 올바른 견해가 없다면 사악하고 광기어린 지혜로 빠지기 쉬워 자기 스스로를 해치게 될 뿐만이 아니라 더 심각한 경우는 인류의 재난이 되기도 한다. 가만히 앉아 명상하는 것도 물론 사람의 마음을 편안하고 즐겁게 할 수 있지만 부처님의 지혜로 이끎 없이 단지 생각을 닫고 숨만 가르며 혈액만 원활하게 순한되면 인과에 떨어지지 않고 생사를 초월할 수 있는 줄로 아는데, 도리어 선정지혜가 여법하지 못함으로 해서 타락한 그릇된 경계로 변해 버리거나 경계에 집착된 주화입마에 빠져 자신과 남을 그르치게 된다. 간절한 신앙은 자기 생명의 의의를 찾을 수 있게 하지만 삿된 믿음을 갖게 되면 인격을 이끌어 줄 수 없을 뿐만 아니라 도리어 사회에 해를 입히게 된다.

어떤 이는 갖가지 고행으로 자신을 괴롭히면서 자신이 내세에서는 복을 누릴 수 있기를 바란다. 부처님 재세 시에는 이런 고행만을 추구하는 외도(外道)들이 많았는데 오늘날에도 고행하는 것을 수행하는 것으로 잘못 아는 사람들이 간혹 있다. 그런 사람들 가운데는 안 먹고 허기에 지쳐 있다거나 몸에 옷을 걸치지 않거나 물속에 몸을 담그거나 얼음 위에 누워 있는 사람들도 있다. 불로 몸을 그슬리는 사람도 있고 높은 곳에서 스스로 떨어지는 사람도 있다. 이런 사람들은 괴로움의 원인을 모르고 있기 때문에 현세에서는 헛되게 고생만 사서 한 것이고 후세에서도 역시 윤회의 괴로움을 겪어야만 한다.

어떤 이들은 돈과 권력을 마치 죄악처럼 여기며, 좋은 옷이 있는데도 일부러 낡은 옷을 입고, 좋은 음식을 먹을 수 있는데도 굳이 거친 음식만을 먹으면서 혼자 고상하고 청정하다고 여긴다. 어떤 사람들은 자신이 세상을 잘못 만났다고 생각하며 세상을 원망하고 질투하는데 그들은 자기가 왜 장애를 만나게 되었는지 그 원인을 검토하지 않고 도리어 성공해서 잘살고 있는 사람들이 부도덕적이고 탐욕하다고 비판한다. 이들처럼 잘사는 사람을 비난하고 재능 있는 사람들을 탓하면서 가난함을 노래하고 우유부단함을 찬양하게 된다면 개인이 받아야 할 인과업보는 제쳐놓더라도 결국에는 사회발전을 저해하게 될 것이다.

이런 사람들의 가장 큰 잘못은 세간의 진리를 모르기 때문에 헛되게 고생만 하고 괴로움을 겪으면서 윤회를 벗어나지 못하는 것이다. 무명(無明)과 애욕으로 생겨난 집착 망상이 괴로움의 가장 큰 원인이다. 형식상의 괴로운 행위나 즐거운 행위로는 해탈을 얻을 수 없으며 오로지 중도(中道)로 행하고 희노애락을 멀리 떠나서 마음속의 집착과 더러움을 버려야 참된 즐거움을 누릴 수 있는 것이다.

대승불도를 수행하는 보살은 욕망과 즐거움을 배척하려고만 하지 않고 자비와 지혜로써 정화하여 욕망과 즐거움을 이끈다. 또한 자신도 제도하고 남도 제도하기 위해 생과 사에 머물지 않고 열반에도 머물지 않는다.

4. 참된 즐거움

즐거운 것은 좋아하고 괴로운 것은 싫어하는 것이 중생의 본성이다. 세속의 즐거움은 감각적인 것이든 정신적인 것이든 간에 궁극적이고 영원한 참된 기쁨이 될 수 없는 것이며 심지어는 사람을 타락하게 하는 원인이 되기도 한다.

어떻게 하여야만 진정한 즐거움을 얻을 수 있는가? 진리가 가져다주는 즐거움만이 참되고 영원한 즐거움인 것이다. 무엇이 진리의 즐거움인가? 오계십선(五戒十善), 육도사섭(六度四攝), 사무량심(四無量心), 인연과보, 유(有)와 무(無)의 중도(中道)가 진리의 즐거움이다. 마음속에 진리의 즐거움이 있으니 오욕육진(五欲六塵)에 대해서 거부하지도 집착하지도 않으며, 마음속에 진리의 즐거움이 있으니 세간에 대해서 싫어하는 것도 바라는 것도 없다. 마음속에 진리의 즐거움이 있으니 어디를 가더라도 편안하고 자유자재로울 수 있으며, 마음속에 진리의 즐거움이 있으니 바로 그 자리가 바로 극락세계이다.

Ⅲ. 오취육도의 굴레

『법화경』에 "삼계는 안전한 곳이 없는 불타는 집과도 같고, 온갖 괴로움으로 가득하니 아주 무섭다"고 하였다. 삼계(三界)란 욕계(欲界)·색계(色界)·무색계(無色界)를 말한다. 이는 어리석은 중생이 죽고 나는 변화 속에서 그 경계에 따라 나누어지는 세 가지 단계로 중생이 어리석음으로 하여 삼계 속에서 생사윤회하며 한없이 많은 괴로움을 받게 되니 참된 평안함을 얻을 수 없는 것이다. 그래서 "삼계는 괴로움의 바퀴고, 안전함이 없다"라는 말이 있고 심지어는 삼계를 불붙은 집 혹은 커다란 불덩이로 비유하는 것이다.

만물의 영장이라 자처하는 인간들이 이 삼계의 불타는 집 속에서 태어나서 죽고, 죽고 다시 태어나고 있으며 오취육도(五趣六道) 가운데서 가고 오며 윤회를 멈추지 못하고 있다. "생과 사는 마치 깊은 바다 속과도 같다" 함은 그 속에 빠져 있는 중생이 삶에 집착하기도 하고 죽음을 두려워하기도 하면서 어떻게 하면 오래 살 수 있을까 어떻게 하면 죽음을 면할 수 있을까 하고 전전긍긍하는 것이다. 그러므로 태어나지도 죽지도 않는 것이 가장 이상적인 인생이다. 불법을 배우는 것은 바로 생사를 초월하여 생사가 없는 삶을 누리고자 하는 것으로 오취의 흐름을 벗어나고 생사윤회를 초월하는 것이 곧 "생사를 벗어났다" 하는 것이다.

1. 오취(五趣)

오취는 지옥·아귀·축생·사람·천상계 등 다섯 가지 길에 있는 중생을 가리킨다. 취(趣)란 가는 곳, 향한다는 뜻으로 중생이 과거에 지었던 선악의 업에 의해서 천상계·사람·축생·아귀·지옥 등 가야하고 태어나야 할 곳이기에 취라고 한다.

오취중생은 다 욕계의 중생으로 욕계는 오취중생이 모여 사는 곳이기에 오취잡거지(五趣雜居地)라 한다. 대승경전에서는 육도(六道), 육취(六趣)라 하는데 오취 이외에 아수라를 더하여 육취(六趣)가 되고 삼선도(三善道)−천상계·사람·아수라, 삼악도(三惡道)−지옥·아귀·축생의 구별이 있다. 이 육도가 바로 십법계(十法界) 가운데의 육범(六凡)이다.

또 오취 가운데 지옥, 아귀, 축생 세 가지는 다 악으로 인해서 빚어진 것으로 성내는 것은 지옥으로 가는 것이고, 탐욕함은 아귀로 빠지며, 어리석음은 축생길로 들어선다. 사람과 천상계는 선하고 악한 업이 섞여져서 가게 되는 곳으로 원만구경한 정토와는 상반되는 곳이므로 통괄하여 악취라는 이름이 붙여지게 되었다.

육도를 현실 인생으로 비유한다면 화를 잘 내는 것은 마치 지옥도에서 생활하는 것과 같고, 탐욕하는 생활은 아귀도의 생활과도 같고, 어리석은 것은 축생도에서 생활하는 것과도 같다. 싸우기 좋아하는 것은 아수라도에서 생활하는 것과 같고, 즐거움이 깊은 것은 인간도 혹은 천상계로 나눌 수 있다. 그러므로 인간도 마찬가지로 육도 가운데서 태어나고 죽는 윤회를 하고 있는 것이다.

2. 오취육도

1) 천상계(天)

육도 가운데 천상계가 가장 수승하고 가장 즐거우며 선량하고 가장 높은 자리다. 천상은 밝은 빛으로 가득하고 자연의 빛이 항상 비추고 있고 비출 수 있으므로 천상이라 이름한다.

천인들의 몸은 살과 뼈로 이루어진 것이 아니어서 대소변이 없고 항상 빛을 발하는 깨끗한 몸으로 다섯 가지 신통력을 갖추어 형체의 장애가 없다.

천인들이 장엄하고 장애가 없는 모습을 갖출 수 있는 것은 그 자신의 선업의 힘과 스스로 지은 업의 힘에 의해서이다. 천인은 불사법회를 찬탄하고 법음을 울리며 꽃가루를 뿌리고 향을 사르며 공중을 날아다니므로 비천(飛天)이라 한다. 불교벽화, 조각 속에서 비천상을 자주 볼 수 있으며 비천상으로 법단을 장엄하기도 한다.

비록 천인의 복덕인연이 수승하다 하나 괴로움은 있기 마련이다. 복을 다 누리고 나면 '다섯 가지 쇠퇴현상'이 나타나게 되어 지옥과 같은 큰 고민을 겪게 된다. 다섯 가지 쇠퇴현상이란 다음과 같다.

① 깨끗하던 의복이 더러워진다.

② 화려하던 머리장식이 시들해진다.

③ 양쪽 겨드랑에서 땀이 흐른다.

④ 몸에서 안 좋은 냄새가 난다.

⑤ 제자리에 안주하는 것을 좋아하지 않는다.

『법구경』에 “세간에는 죽음이 있고 삼계는 안전하지 못하다. 제석천이 비록 즐겁다하나 그 복을 다하면 상실하기는 역시 마찬가지이다” 하였다. 이처럼 천상도 결코 궁극적인 안락처는 아닌 것이다.

2) 사람(人)

《대비바사론(大毘婆沙論)》의 해석에 근거하면 사람은 '쉬다, 멈추다(止息)'라는 뜻으로 육취중생 가운데 번뇌망상을 쉴 수 있는 것은 사람이 가장 으뜸이기 때문에 사람을 쉰다고 이름한다. 그래서 사람이 사는 세계를 '사바(娑婆)'라 하는데 즉 '많이 참는다'는 뜻으로 사바세계는 괴로움과 즐거움이 반반으로 사람이 그 속에서 참아 내며 생활할 수 있는 능력이 있는 것을 나타낸다.

사람이 살아감에 있어서 개개인이 부딪히게 되는 상황이 각기 다르고 심지어는 용모, 생각, 행위, 수명, 복덕인연 등의 과보 또한 다 다른 것으로 이는 각자 과거에 지은 업인이 다름으로 빚어진 것이다.

『업보차별경(業報差別經)』에 “교만 방자하고 삼보에 예경하지 않는 사람은 비천한 집안에 태어나는 과보를 받고, 성실하고 속임수가 없으며 남의 잘잘못을 논하지 않는 사람은 몸과 마음이 편하고 즐거우며 남들이 존경하고 따르는 과보를 받으며, 널리 좋은 인연을 맺고 온화하고 겸손하며 삼보에 예경하는 이는 잘살고 귀한 집안에 태어나는 과보를 받는다"고 하였다. 이것으로 볼 때 복덕과 재앙, 잘살고 못 사는 과보는 각자의 선악 업보에 의해 결정되는 것임을 알 수 있다.

경전에 사람에게는 제석천보다 수승한 점이 세 가지가 있다고 하였다. 용감함, 기억하고 생각하는 것, 청정한 행위 등이다. 따라서 사람이 성불의 길잡이일 수 있는 것이다. 경전에는 "일단 사람의 몸을 잃게 되면 만겁을 지나도 다시 돌리기 힘들다", "사람의 몸을 받기란 힘든 것으로 마치 우담바라가 피는 것과 같다" 하며 사람 몸을 받기가 아주 어려운 것임을 설명하고 있다.

3) 아수라(阿修羅)

『장아함경(長阿含經)』에 "아수라 여성은 용모가 아름답고 단정하지만 남성은 밉고 보기 흉하다"고 하였다.

아수라의 업인에 관해서 여러 경전은 성내고(瞋), 건방지고(慢), 의심한다(疑)는 등 세 가지로 그 생겨나는 원인으로 들고 있다. 『능엄경』 9권에 "아수라는 업력의 이끌림에 의해 태생, 난생, 습생, 화생으로 나눈다"고 하였다.

① 난생 – 작은 신통력으로 불법을 보호하며 공중에 드나든다. 이런 아수라는 알에서 태어나고 귀신도로 들어간다.

② 태생 – 천상도 가운데서 덕목이 빠져서 떨어진 것으로 이런

아수라는 태생으로 태어나고 인간도로 포함된다.

③ 습생 - 일부 열악한 아수라는 물가에 살면서 아침에는 허공으로 떠돌고 저녁에는 물로 돌아오는데 이런 아수라는 습기로 하여 생겨난 것으로 축생도로 포함된다.

④ 화생 - 세상을 거느리는 큰 세력과 두려움이 없음으로 범왕, 제석천과 사천왕 등들과 권한을 다투는데 이런 아수라는 변화로 있게 된 것으로 천상계에 포함된다.

화를 잘 내고 싸우기를 좋아하는 것은 아수라의 특징이다. 그러므로 사람이 화를 잘 내고 사람들하고도 잘 싸운다면 바로 사람 속의 아수라인 것이다.

4) 축생(畜生)

축생은 사람에 의해서 집에서 기르는 짐승을 가리킨다.

《유가사지론(瑜伽師地論)》 4권에 "축생도는 서로 간 잔인하여 약자는 강자에 의해 죽음을 당하고 이런 인연으로 갖은 고통을 겪게 된다. 자유롭지 못하고 남에게 부려지고 채찍질을 당하며 사람이나 천상의 생필품이 되어야 하는 인연으로 해서 온갖 극심한 고통을 겪게 되는 것이다"고 하였다.

『변의경(辯意經)』에 의하면 "계를 어기고 훔치는 것, 빚을 지고 갚지 않는 것, 살생 하는 것, 법문을 듣기 싫어하는 것, 갖가지 인연으로 남들이 기도하려는 것을 못하게 방해 하는 것 등 다섯 가지 업보를 지으면 축생업보를 받는다"고 하였다.

5) 아귀(餓鬼)

아귀는 항상 배가 고프고 허기지기 때문에 아(餓)라 하고 두렵고 무서운 것이 많기 때문에 귀(鬼)라 한다고 하였다.

《유가사지론》 4권에 아귀는 음식상으로 세 가지 장애가 있다고 하였다.

① 외적인 장애

항상 배고프고 목말라 있기 때문에 피골은 상접하고 흩어진 머리카락과 거친 얼굴이고 입술은 말라 갈라졌고 사방으로 먹을 것을 찾아다니지만 눈에 보이는 것은 다 피고름으로 변해 버리니 먹을 수 없다.

② 내적인 장애

목구멍이 바늘구멍만 하지만 입은 불구멍 같고 배는 북처럼 크기 때문에 음식을 얻어도 먹을 수 없다.

③ 장애 없는 장애

음식을 취함에 장애가 없지만 그가 먹은 음식은 업력으로 인해 모두 불에 타버린 잿가루로 되어 버리기 때문에 항상 배고프고 목마름의 괴로움을 겪어야만 한다.

6) 지옥(地獄)

지옥은 욕계 가운데서 가장 열악한 곳이다. 지(地)란 '바닥, 밑'이란 뜻으로 만물 가운데서 땅이 가장 아래이므로 밑이라 한다. 옥(獄)은 '일부'라는 뜻으로 지옥중생이 구속을 받아 자유롭지 못하기 때문에 지옥이라 이름한다.

지옥은 종류가 많다. 일반적으로 근변지옥(近邊地獄), 고독지옥(孤獨地獄), 팔한지옥(八寒地獄), 팔열지옥(八熱地獄)으로 합해서 18지옥이라 한다.

모든 지옥은 중생이 지은 갖가지 업인으로 인하여 다른 과보를 초래하는 것이다. 그중에서 가장 고통이 극심한 것은 무간지옥(無間地獄)이다.

무간지옥은 괴로움에 끝이 없고 몸체에 끝이 없으며 시간에 끝이 없고 벌을 주는 도구에 끝이 없다. 무간지옥에서 괴로움을 받게 되는 업인에는 다음과 같다.

① 부모에 불효하고 혹은 부모를 살해 하는 것.

② 부처님 몸을 다치고 삼보를 비방하고 해치며 경전의 가르침을 존중하지 않는 것.

③ 사중의 것을 가로채며 승려를 욕되게 하고 혹은 가람 내에서 음란한 행위를 하고 혹은 승려를 살해하는 것.

④ 출가사문이란 허울로 사중을 속내고 신도를 속이며 계율을 위반하는 것.

⑤ 사중재물을 훔치거나 주지 않은 것을 하나라도 갖는 것.

《능엄경직해(楞嚴經直解)》에 "아비지옥은 큰 지옥으로 업이 무거운 중생이 떨어지는 곳으로 만약 대승을 비방하는 업을 지은 악업중생은 이곳에 한없이 머물면서 헤어날 날이 없다"고 하였다. 법을 비방하면 많은 사람들로 하여금 그릇된 견해를 일으키게 하기 때문에 이렇듯 무거운 과보를 받게 되는 것이다.

지옥은 너무 많은 괴로움으로 마음이 산란하여 불법을 받아들일 여력이 없고, 축생은 어리석어 불법의 감화를 받아들일 수 없다. 아귀는 배고픔과 목마름과 타는 불길로 둘러 싸여서 불법을 받아들일 수 없고, 천상계와 아수라는 그 나름의 즐거움에 빠져서 법문을 듣는 소중함을 알지 못한다. 오직 사람만이 즐거움과 괴로움이 반반인 세간에서 무상함을 알아 법문을 듣고 정진해야 할 것을 안다. 그러므로 오취육도 가운데 사람이 가장 귀하고 수승한 인연인 것이다. 사람은 성불할 수 있는 조건을 갖추었지만 사람 몸을 아껴 불도를 정진하지 않다가 사람 몸을 일단 잃게 된 후에 다시 해 보려고 할 때는 이미 몇 겁의 생사윤회와 오취유전을 거친 후인지는 아무도 모른다. 그러므로 '눈먼 거북이가 바다에서 한 조각의 나무를 붙잡은' 비유로써 사람 몸을 얻기 어렵다는 것을 경전에서는 말하고 있다.

사람은 그 생명이 끝나면 어디로 가서 어떻게 될 것인가? 어떤 사람들은 사람은 죽으면 전등불이 꺼지듯 모든 것이 다 끝난 것이라고 한다. 그러나 불교에서는 사람은 생명이 끝난 후 천상으로 가거나 혹은 사람으로 태어나거나 혹은 다른 오취육도에서 윤회한다고 본다. 이 모습이 없어지면 다른 모습으로 바꾸어서 존재하는 것이다. 예를 들면 장작개비를 하나하나 태우더라도 불길은 끊임없이 계속되는 것으로 우리들의 생명의 불길 또한 이렇듯 계속하여 끊임이 없다.

어떤 사람은 사람이 죽으면 귀신이 된다고 하는데 이것은 아주 잘못된 것으로 사람이 죽은 후 다 귀신이 되는 것은 아니다. 귀신이 되는 것은 귀신이 되는 나쁜 인연에 의한 것으로 좋은 사람은 계속해서 사람이 될 수 있을 뿐만이 아니라 성현, 제불보살이 될 수도 있다. 생명은 영원한 것임을 아는 이상 마음과 품성을 갈고 닦고 덕목과 공덕을 세워야 하는데 이것은 우리가 금생에서 선업을 쌓고 내생에 더욱 좋은 업보로써 몸을 받도록 하기 위해서이다.

불교에서 누구나 생사해탈할 수 있기를 바라는 것은 태어나고 죽는 것은 실로 괴로운 일이기 때문이다. 오취육도의 윤회를 초월하는 것은 우리들이 불법을 배우는데 있어서 노력해야 할 목표이다.

『오고장구경(五苦章句經)』에 "마음으로 지옥 가고, 마음으로 아귀가 되고, 마음으로 축생이 되고, 마음으로 천상에 간다" 하였는데 이는 삼도악도가 다 한 생각에 달렸다는 것을 말하는 것이다.

오온(五蘊)·사대(四大)·십이처(十二處)·십팔계(十八界)

어느 절대적인 신이 있어 인간을 비롯한 모든 것을 창조했다면 모든 것은 다만 신의 뜻대로 이루어질 뿐이다. 더 이상 알려고 할 필요도 없고 현실의 괴로움에 대해 그저 '신의 뜻'이거니 해야지 신을 원망하거나 탓할 수도 없다.

불교는 이 세상의 모든 것이 신에 의해 만들어지는 것이 아니라 여러 요소들이 모여서 만들어진다고 본다. 불교는 인간이 알 수 없는 하늘나라를 대상으로 하지 않고 우리 감각기능을 통해 인식할 수 있는 현상세계만을 대상으로 한다. 오늘날 과학이 경험에 의해 인식하고 판단할 수 있는 현상계를 연구대상으로 하듯 불교도 그렇게 현상계를 바라본다. 그러므로 서구인들은 불교를 매우 과학적이고 합리적인 종교하고 생각한다.

부처님은 '나는 누구인가?'하는 물음에 다섯 무더기(오온五蘊)라고 답하셨다. 색온(色蘊)·수온(受蘊)·상온(想蘊)·행온(行蘊)·식온(識蘊)을 오온이라고 한다. 이 오온을 예를 들어 설명하자면, 아름다운 보석(色)을 보고서, 아름답다는 느낌(受)이 생겨나고, 그 보석이 루비임을 알게 되고(想), 갖고 싶다는 마음이 생기고(行), 자신은 그것을 살 돈이 없음을 알게 된다(識).

인간이란 이 오온이 어떤 인연에 의해 잠깐 결합되어져 있는 존재(五蘊假和合)에 지나지 않는 것이다. 이를 경전에서는 수레로 비유하고 있다. 수레란 바퀴·차체·차축 등 여러 부분들이 모여 이루어져 있을 뿐, 이 부분들이 흩어지면 수레는 더 이상 존재하지 않는다.

제3장

깨달음과 실천

“

비록 수많은 경전을 읊는다 할지라도
게을러서 그에 따라 행하지 않는다면,
소치는 자가 남의 소들을 세는 거와 같아
그 사람은 수행의 삶을 사는 게 아닙니다.

비록 얼마 안 되는 경전을 읊는다 할지라도
진리 안에서 불법에 따라 살고,
탐내는 마음, 성내는 마음, 어리석은 마음을 다 버리고서
올바르게 알아 완전히 자유로운 마음으로
여기 이 세상이든 저 세상이든 집착하지 않는다면
그 사람은 수행의 삶을 사는 것입니다.

『담마빠다』 19, 20

”

불법을 배우는 단계

Ⅰ. 믿음(信) · 이해(解) · 수행(行) · 깨달음(證)

불교의 팔만사천법문은 한없이 넓고 깊어서 불법을 처음 배우고자 하는 사람은 어디서부터 입문해야 할 것인지도 알기 쉽지 않다. 불법은 오랜 역사를 거치며 항상 새로운 과학적 상황에도 부합되고 만고에 변함이 없는 진리로서 시간적 공간적인 시험을 거쳐 왔다. 우리는 믿음, 이해, 수행, 깨달음 네 가지 단계로 불법을 배우고 실천할 수 있다.

1. 믿음(信)

1) 믿음의 의의

믿음이란 한 종교에 대한 집중적이고 의심이 없으며 숭모하고 추앙하는 진실되고 성실한 마음 상태를 말하며 바로 신앙이란 뜻이다. 경전 속에서는 갖가지 비유를 들어 신앙의 중요성을 설명하고 있다. 열거해 보면 다음과 같다.

① 신앙은 손과 같다.

우리들이 보물섬에 들어가는데 만약 두 손이 없다면 보물을 캐낼 수 없다. 마찬가지로 우리들이 불법의 보물섬에 들어가는데 있어서 신앙이라는 두 손에 의지하여야만 불법의 보물을 찾을 수 있는 것이다.

② 신앙은 지팡이와 같다.

우리들이 산을 오를 때 지팡이에 의지할 수 있다면 훨씬 쉽게 오를 수 있을 것이다. 세상을 살아감에 있어서 앞날이 막막하고 평탄치 못함을 자주 느끼게 되는데 우리들이 불법의 신앙을 의지한다면 안전하고 평탄한 큰길을 갈 수 있게 된다.

③ 신앙은 뿌리와 같다.

나무는 튼튼한 뿌리를 갖고 있어야만 건강하고 푸른 잎사귀를 자라게 할 수 있고, 향기롭고 아름다운 꽃송이를 피울 수 있다. 사람이 살아갈 수 있는 것도 우리에게 생명의 뿌리가 있기 때문이므로 모든 사업의 성공 또한 견고한 기초가 있기 때문이다. 신앙은 무량공덕을 생산해 내는 근본이다. 신앙을 뿌리로 하고 불법 속에서 복덕과 지혜를 닦는다면 인생의 기초를 바로 세울 수 있고 더 나아가 해탈의 경지에 도달할 수 있다.

④ 신앙은 배와 같다.

망망한 큰 바다에서는 오직 배를 의지해서만이 목적지에 도달할 수 있다. 우리들이 배를 잘 운행하여야만 깊고 넓은 바다에 들어가 불법의 보물을 채취할 수 있다. 인생의 고해 속에서는 오직 신앙이라는 큰 원력의 배에 의지해서만이 안전하고 탈 없이 험한 파도와 풍랑을 넘어 생사의 이 바다에서 열반의 피안으로 도달할 수 있다.

⑤ 신앙은 힘과 같다.

굳건한 신앙이 있다면 자연히 큰 힘이 생겨나게 된다.

⑥ 신앙은 재산과 같다.

세간에서 생활하려면 금전이 필요하다. 그러나 우리는 단지 바깥세상의 재물 모으는 것만 알고 자기 내심에 숨겨져 있는 무한한 보물은 소홀히 한다. 신앙은 우리 마음속의 보물이고 에너지이다. 그래서 경전에서 말하는 '칠성재(七聖財)'는 신앙을 첫째로 하며 신앙이라는 재물이 있음으로 해서 우리들의 인생은 더욱 풍부해지는 것이다.

2) 정확한 신앙의 조건

신앙에는 여러 가지가 있는데 사교(邪教)에 잘못 들어서게 되면 마치 장님이 장님을 인도하는 격이 된다. 그러므로 신앙을 선택할 때 신중해야 한다. 그러므로 믿음을 갖지 않는 것이 삿된 믿음보다는 조금이라도 낳다. 아무런 종교도 믿지 않는 사람은 정신적으로 의지할 곳이 없지만 최소한 길을 잘못 들어서지는 않았으니 제도 받을 기회는 남아 있다. 미신은 믿음은 간절하지만 분별할 줄 모르고 너무 믿음에 폭 빠진 것을 말한다. 미신은 믿음이 없는 것보다는 조금 낫다고 하겠는데 그것은 비록 너무 빠지기는 했어도 한 신앙을 갖은 사람으로 최소한 종교의 권선징악이란 관념이 마음속에 심어져 있으니 나쁜 짓을 하지는 않을 것이다. 올바른 믿음은 다음의 조건에 부합되어야 한다.

① 실제로 존재하는 것을 믿는다.

우리가 신앙의 대상을 선택함에 있어서, 진실로 존재하는 것인지를 따져 보아야 한다. 즉 우리가 신앙하는 대상은 역사적으로 근거 있고 증명될 수 있어야만 한다.

② 도덕이 높은 것을 믿는다.

우리들이 친구를 사귀면서도 인품이 좋고 고상한 사람을 찾는다. 신앙의 대상은 더욱 더 그 덕행이 맑고 청정해야 하고 자비로움을 갖추어야 한다.

③ 능력이 강한 것을 믿는다.

우리가 신앙하는 대상은 필히 자신을 제도하고 남도 제도할 수 있고, 스스로 깨닫고 남도 깨닫게 해주는 큰 선지식이어야 한다.

④ 계행이 깨끗한 것을 믿는다.

우리 신앙의 대상은 필히 계행이 청정하고 중생의 모범이 되는 큰 스승이어야 한다.

⑤ 원만하고 바른 법을 믿는다.

우리 신앙의 대상은 원만하고 바른 법을 갖추어 어느 곳 어느 때 어떤 사람과 일에도 알맞게 쓰일 수 있어야 한다.

⑥ 지혜가 가득한 것을 믿는다.

우리가 신앙하는 대상은 필히 원만하고 부족함이 없는 지혜를 갖추고 있어야 한다. 그래야만 우리가 따라 배워서 지혜로 가득한 생명을 얻게 되고 자신 스스로 이익될 뿐만 아니라 사회에도 공헌할 수 있게 된다.

석가모니 부처님은 지혜덕목을 고루 갖추셨고 그 원만한 청정계행과 위대한 사적은 역사에 분명하게 기록되어 있다. 그러므로 부처님과 부처님이 설하신 교법과 부처님 정신의 연속인 불교승단은 모두 우리들이 바르게 믿어야 할 대상이다.

『잡아함경』 30권에 "네 가지 흐트러짐이 없는 믿음(四不壞信)이란 부처님께 흐트러짐이 없는 믿음을 갖고, 가르침에 흐트러짐이 없는 믿음을 갖고, 승단에 흐트러짐이 없는 믿음을 갖고, 계율에 흐트러짐이 없는 믿음을 갖는 것이다" 하였다.

2. 이해(理解)

1) 이해의 의의

이해란 곧 지혜이다. 배우고 듣고 보는 것을 통해서 교리를 알게 되고 진리의 지혜를 얻게 되는 것이다.

불교가 다른 종교와 다른 점은 무조건 믿으라고 하지 않는다는 것이다. 불교는 이지적인 사고 위에 신앙을 확립토록 함으로써 지혜로 이해하는 것을 아주 중요시하는 종교이다.

2) 지혜로 이해하는 방법

불법은 광대무변한데 어떻게 지혜로운 배움을 구할 것인가?

① 선지식을 가까이 하여 많이 듣고 배운다.

귀의삼보한 후 스님들께 자주 묻고 배우며 선지식을 가까이 하고 법문을 듣고 배워야 한다. 선재동자는 법을 구하기 위하여 갖은 수고를 마다않고 53명의 장로대덕을 찾아뵙고 나중에는 무생법인(無生法印)을 증득하였다. 조주(趙州)스님은 80고령에도 사방으로 행각하며 선지식을 찾아 다닌 끝에 결국에는 개오하였다.

법문을 들을 때는 바른 마음자세를 갖추어야 한다. 땅에 씨앗을 심듯이 하고 그릇으로 물을 받듯이 하면서 세 가지의 잘못을 멀리해야 한다.

씨앗을 땅위에 그대로 뿌리면 새들이 와서 쪼아먹게 되어 헛농사를 짓게 되는 것으로 법문을 듣는 것도 마음을 써서 듣지 않는다면 오른쪽으로 듣고 왼쪽으로 흘리게 되니 첫 번째 잘못이 된다.

설사 씨앗을 심었다 하더라도 땅이 딱딱하게 굳어 있으면 싹이 돋아날 수 없으니 이는 마치 한 사람이 아집이 너무 강해서 모든 것을 배척하고 받아들이지 않는 것과도 같으니 이는 두 번째 잘못이라 하겠다.

만약 땅 위에 잡초가 무성하다면 어린 싹들이 잘 자라나기 힘들듯이 이는 마치 마음속에 선입관이나 편견이 있는 관념을 갖고 있어 불법이 새싹을 틔울 수 없는 것과 같은 것으로 세 번째 잘못이다.

그릇으로 물을 받듯이 한다 함은 컵을 엎어놓고 물을 따른다면 아무리 좋고 맑은 물이라도 담겨질 수 없는 것이고 만약 컵에 금이 갔다면 물을 담았다 하더라도 다 없어져 버릴 것이다. 만약 컵 속이 더럽다면 그 아무리 깨끗한 물이라도 더러워진다. 그러므로 법문을 듣고 경전을 공부하려면 가벼운 마음과 오만한 생각을 가져서는 안 된다. 선입관, 삿된 견해가 있어서도 안 되고 잡념 망상이 있어서도 안 된다. 깊은 마음, 정중한 마음, 공경하는 마음, 겸손한 마음, 부드러운 마음, 청정한 마음이어야 불법의 유용함을 얻을 수 있다.

② 경전을 널리 읽어 불법에 들어선다.

우리들이 불법에 대해 어느 정도 이해가 있게 된 후에도 계속해서 경전을 널리 공부해야 한다. 부처님 입멸 후 후세 제자들은 부처님께서 설하신 모든 법문과 역대 모든 성현들의 저작, 논전을 모아 경(經)·율(律)·론(論) 삼장(三藏)으로 엮어 불교 교의를 연구하고 공부하는 좋은 지름길을 마련했다. 널리 공부하는 것 외에도 우리들은 자기에게 적합한 법문을 깊이 연구 섭렵하여 불법의 진수를 얻도록 하여야 한다.

③ 네 가지 의지(四依止)로 부처님의 지혜 속으로 들어간다.

부처님은 중생의 근기에 알맞게 가르침을 설하셨기 때문에 각기 다른 법문을 세우셨고 후세 제자들 또한 사람, 때, 지역 등 개인 조건에 맞춰 갖가지 서술을 하였다. 그러므로 우리들이 스승을 가까이 하고 불법을 연구할 때는 '네 가지 의지(四依止)'를 불법을 배우는 방침으로 하여야 한다.

첫째, 법에 의지하지 사람에 의지하지 않는다. 진리를 따라 배우지 사람을 귀의처로 삼지 않는다. 사람은 생로병사가 있고 각기 나름대로의 사상과 견해가 있지만 진리는 만겁을 거쳐도 변함이 없고 항상 새롭다. 그러므로 불도를 배우는 데는 법에 의지해야지 사람에 의지해서는 안된다.

둘째, 지혜에 의지해야지 앎이라 하는 식(識)에 의지해서는 안 된다. 이성적인 지혜로써 판단해야지 개인의 일시적인 좋고 나쁨으로 결정해서는 안 된다.

셋째, 뜻에 의지해야지 문자에 의지해서는 안 된다. 불법의 근본의미를 따라야지 문자언어에 집착하지 않는다.

넷째, 궁극적인 진리를 따라야지 방편을 따르지 않는다. 절대 구경의 진리를 따르며 각종 방편적인 교화에 의지하지 않는다.

④ 이치를 따라 생각하고 법에 따라 행동한다.

"배움에 생각이 없으면 속임수이고 생각에 배움이 없으면 위험하다" 하였듯 지혜의 특성은 생각한다는 데 있다. 경전에 쓰여 있는 말들을 있는 그대로 달달 외웠다면 머리가 좋다고는 할 수 있어도 그 자신의 지혜가 되지는 않는다. 그것은 남의 돈을 대신 세준다고 자기 돈이 되지 않는 것과도 같다. 단지 깊은 사고력과 직접 체험한 지식을 통해서만 자신의 재산이 될 수 있는 것이다.

《대비바사론(大毘婆沙論)》에 "지혜가 있으나 믿음이 없으면 삿된 견해만 키우게 되고 믿음은 있으나 지혜가 부족하면 어리석음만 자라게 된다"고 하였다. 이 말은 믿음과 이해는 서로 상부상조하는 관계가 있으며 두 가지 다 중요하지만 어느 한쪽으로 치우쳐서도 안 된다는 것을 설명하는 것이다. 특히 믿음과 이해 외에도 더욱 중요한 것은 실천이다. 먹는 얘기를 한다고 배불러지지 않는 것처럼 불법을 배우는 데 있어서는 수행을 하여야만 한다.

3. 수행(行)

1) 행의 의의

행(行)이란 곧 수행을 말한다. 불교는 일반 철학과 다르다. 부처님이 법을 설하신 것은 중생들이 어리석음을 깨닫고 괴로움에서 벗어나서 즐거움을 얻을 수 있도록 하기 위해서이다. 불교는 지식을 중요하게 여기지만 이론 역시 중요시한다. 그중에서도 생활 속의 실천과 수행을 가장 중요시한다.

2) 수행의 태도

수행자들은 각자의 근기에 따라 각기 다른 수행방법을 갖고 있다. 예를 들면 성문승(聲聞乘)은 사제법(四諦法)을 수행하고, 연각승(緣覺乘)은 십이인연관을 수행하며, 보살승(菩薩乘)은 육도만행(六度萬行)을 수행하고, 각 종파간에도 각기 다른 수행법문을 갖고 있다. 정토종은 염불을 중요시하고 선종은 선을 중시하며 화엄종은 경전의 가르침을 중심으로 하고 있다. 하지만 수행의 굳은 의지와 태도는 일치된다. 《구사론》 27권에 나오는 불도를 성취하는 네 가지 수행 태도는 우리들이 배워 본받아야 할 본보기이다.

① 남김없이 수행한다.

복덕과 지혜 두 가지 재량을 갖추어 수행하여 남김이 없도록 한다.

② 오랜 기간 수행한다.

삼대승지겁을 거쳐 수행해도 지칠 줄 모른다.

③ 항상 수행한다.

용맹정진하여 찰나간의 틈도 끊어짐이 없도록 한다.

④ 존중하는 수행을 한다.

배운 모든 것을 공경하고 모든 중생을 존중하며 교만한 마음을 내지 않는다.

4. 깨달음(證)

1) 깨달음의 의의

깨달음이란 진리와 통하게 되면서 깨달음을 증득한다는 뜻이다. 아는 것(解)과 깨달음은 갈라놓을 수 없는 것으로 직접 깨닫지 못한 진리는 진짜로 이해하는 것이라고 할 수 없고 단지 안다고만 할 수 있는 것이다. 이해로 통달하지 않았다면 깨달았다고 말할 수 없는 것이다.

2) 깨달음의 생활

범부에서 성현에 이르는 경계는 결코 한걸음에 도달할 수 있는 것이 아니고 갖가지 단계를 거쳐야만 한다. 근기가 다른 수행자들은 지향하는 방향, 목표가 다르기 때문에 각기 다른 깨달음의 단계가 형성되었다.

깨달음의 빠르고 늦음으로 말한다면 돈오(頓悟)와 점오(漸悟)로 나눌 수 있다. 빠르게 곧바로 깨달음의 경계로 직접 들어가는 것을 돈오라 하고, 순서를 따라서 점진적으로 깨닫는 것을 점오라 한다. 그러나 이는 한 생을 두고서 하는 말로서 중생의 전체적인 생명의 흐름으로 볼 때 한 생의 돈오란 여러 생, 여러 겁을 걸쳐서 쌓아온 지혜복덕에서 오는 것이다. 그러므로 우리는 미래에서 깨달음을 기탁할 일이 아니라 평상시 조금이나마 깨달음의 하루하루를 보내는 것이 중요한 것이다. 어떻게 자신을 비추어 보아야 하는가? 깨달음이란 어떠한 상황인가를 살펴보면 다음과 같다.

① 깨달음의 경계는 걱정근심이 없다.

만약 우리가 근심스러운 일에 대해서 담담하게 대할 수 있다면 그 상태가 곧 깨달음을 증득한 해탈의 경계이다.

② 깨달음의 경계는 득과 실, 성패를 염두에 두지 않는다.

만약 우리가 얻지 못할까 걱정하거나 잃게 될까 두려워하지 않고 인연 따라 자유자재로울 수 있으면 그때가 바로 깨달음을 증득한 경계이다.

③ 깨달음의 경계는 어떠한 구속이나 장애도 없다.

만약 우리가 어려움에 처해서도 어렵다고 느끼지 않으며 괴로움 속에서도 괴롭다고 여기지 않는다면 그것이 바로 깨달음의 경계이다.

④ 깨달음의 경계는 생로병사의 느낌이 없다.

만약 우리가 생사를 뚫어 볼 수 있어서 가고 오는 것을 하나로 본다면 바로 그 순간이 깨달음의 경계이다.

믿음, 이해, 수행, 깨달음은 한 줄 위에 나란히 서 있는 순서가 아니라 순환적인 반응이라 하겠다. 우리들은 바른 믿음에서부터 청정한 마음이 생겨나서 지혜로운 이해를 구하게 되고 실천을 거쳐서 증명을 얻게 되어 진리의 미묘한 쓰임을 인가하게 되는 것이다. 그러면 신심을 북돋게 되어 더욱 깊이 알려고 하고 실질적인 반성을 통하여 진리의 인가를 획득하게 되니 더욱 맑은 믿음을 키우게 된다. 그러면 우리는 현실 세계 속에서 몸과 마음을 안정하게 되고 또한 우리의 지혜영역을 넓혀 갈 수 있어 우리들 생명의 품질을 높이고 우리의 몸과 마음을 정화할 수 있다.

부처님이 다섯비구에게 설하신 사성제가 바로 불교이다. 사성제 대략의 윤곽을 그려보면 다음과 같다.

사성제	미망의 세계	과果	고제(苦諦)	태어나는 괴로움, 늙어가는 괴로움 병드는 괴로움, 죽음의 괴로움 이별하는 괴로움, 만나는 괴로움 갖고싶은 괴로움, 오음이 타오르는 괴로움
		인因	집제(無明-集諦)	탐 – 명예 이익 재물 욕심 진 – 성내고 미워하고 질투하는 마음 치 – 사리에 밝지 못하고 어리석은 것
	깨달음의 세계	과果	멸제(滅諦)	무명번뇌, 생사해탈
		인因	도제(道諦)	정견(正見) – 올바른 견해 정사(正思) – 올바른 사상 정어(正語) – 올바른 언어 정업(正業) – 올바른 행위 정명(正命) – 올바른 생활 정근(正勤) – 올바른 노력 정념(正念) – 올바른 생각 정정(正定) – 올바른 선정

12인연	무명	미혹	과거 2因
	행(업의 움직임)	업	
	식(의식) 명색(정신, 움직임) 육입(육근, 괴로움) 촉(접촉작용) 수(정서작용)	괴로움	현재 5果
	애(애착) 취(갖는 것)	미혹	현재 3因
	유(존재)	업	
	생(탄생) 노사(늙고, 죽는 것)	괴로움	미래 2果

Ⅱ. 삼학(三學)

삼학은 계(戒)·정(定)·혜(慧)를 가리킨다. 불교의 실천 강령이자 불법을 배우는 사람들이 필히 닦아야 할 과목이다. 《번역명의집(飜譯名義集)》에 "그릇됨을 방지하고 악을 멈추는 것이 계(戒)이고, 괴로움과 반연을 멈추는 것이 정(定)이며, 악을 깨고 진리를 증득하는 것이 혜(慧)이다" 하였다. 이 삼학을 삼무루학(三無漏學)이라고도 한다. 계·정·혜 삼학이 모든 번뇌를 끊게 하고 궁극적인 지혜를 깨우치게 하므로 삼무루학이라 하는 것이다.

1. 계학(戒學)

《대지도론》 13권에 "계라 함은 선한 성질로 좋게 행동하고 선한 길을 걸으며 함부로 행동하지 않고 나태하지 않는 것이다. 계를 받고 선을 행하든, 계를 받지 않고 선을 행하든 모두 계라 이름한다" 하였다.

계는 모든 선법의 근본 의지처이고 불도를 실천하는 기초이기도 하다. 악을 멈추고 선을 행하는 것은 계의 총체적인 모습으로 계를 지키는 것은 수행을 실천하는 표현인 것이다.

경전에서는 각종 비유로써 '계'의 중요성을 설명하고 있다.

① 계는 훌륭한 스승과 같다.

학교의 선생님들은 학생들에게 세간의 지식을 가르치며, 계율의 스승은 우리들이 삼업을 어떻게 청정히 하여 법신혜명을 이어나갈 것인가를 이끄신다. 그래서 부처님은 "내가 입멸 후 계를 스승으로 하라" 하셨다.

② 계는 차선과 같다.

계율은 잘못을 예방하고 악을 멈추게 하는 효능이 있어서 계율을 준수해 나가면 미혹을 일으키지 않으니 업을 짓거나 괴로움을 받지 않는다.

③ 계는 성벽과도 같다.

계는 보호벽 같기도 하고 국방건설 같기도 하여 우리들을 오욕육진 도적떼의 침범으로부터 막아 준다. 단지 청정계행을 수지하여야만 혜명(慧命)을 오랫동안 굳건히 할 수 있다.

④ 계는 물주머니와도 같다.

멀리 여행을 떠난 사람은 물주머니를 준비하여야만 기갈(飢渴)을 해결할 수 있다. 인생여정은 많은 번뇌와 근심, 걱정에 시달리게 되는데 계율의 청량한 감로수에 의지해야 번뇌를 없애고 더러움을 씻어 버릴 수 있다.

⑤ 계는 밝은 등불과도 같다.

컴컴한 밤에 바다를 항해하는 배는 등대불에 의지해야 안전하게 운항할 수 있는 것과 같이 불법을 배우고 수행하고 계율을 지켜 무명번뇌를 벗어나야 청정한 자성을 찾아 열반에 도달할 수 있다.

⑥ 계는 영락과도 같다.

세속 사람들이 목걸이, 장신구 등으로 자신을 치장하듯이 불법을 배우는 사람들은 청정계행으로 자기의 덕행을 장엄한다. 계행이 청정한 사람은 마치 도덕의 장엄한 왕관을 쓴 것과도 같으니 자연히 장엄해진다.

계율을 지킨다함은 남의 입장에서 생각하고 내 마음처럼 남을 생각하며 스스로 원해서 받아 지니는 가르침으로 사회를 다스리고 안정시키는 근본 이치이다.

2. 정학(定學)

정(定)이란 산란하고 차분하지 못한 마음을 집중하여 평등하고 편안한 정신 상태가 되는 것으로 선정(禪定)이라고도 한다.

선정은 에너지를 생산해 내기 때문에 우리들이 쉽게 환경의 영향을 받지 않게 하고 진여자성(眞如自性)을 나타나게 하며 법신혜명을 길러 준다. 그래서 정근(定根)·정력(定力)이라 하기도 한다.

선정에는 이렇듯 큰 효력이 있기 때문에 모든 종파의 수행하는 방법이 되었다. 부처님 재세 시, 참선은 이미 당시 종교계에 보편화되어 있었다. 불교가 중국으로 전래된 후 조사스님들은 인도의 명상을 중시하는 분위기를 생활 속에 융합하여 정동일여(靜動一如)한 선의 경계를 이루고 대승불교의 독특한 실질을 중시하는 선풍을 펼치었다. 요즘은 서양에서도 동양의 참선을 중시하고 정신세계의 즐거움을 찾고자 하고 있다. 참선은 언제 어느 곳을 막론하고 없어서는 안 될 정신양식이라 하겠다.

당(唐) 규봉 종밀선사는 선(禪)을 다섯 가지로 분류하였다.

① 범부선(凡夫禪)

철학이나 종교적인 내용이 없이 단순히 병을 치료하기 위해서나 개인의 심신건강을 증진시키기 위하여 혹은 집중력을 연마하기 위한 것이다. 한 단계 더 깊은 수행을 닦지 않아 생사의 이치를 모르기 때문에 삼계육도의 윤회를 벗어나지 못한다.

② 외도선(外道禪)

부처님의 가르침이 아닌 법문은 외도에 속한다. 마음 밖에서 이치를 추구한다는 뜻으로 이러한 선은 철학이나 종교의 내용을 갖추고 있지만 그 수행하는 목적이 천상에 나기 위하여 혹은 신통력을 얻고자 함이고 심지어는 특수한 기능을 추구하는 데 있다. 이런 선을 닦으면 설사 천상에 태어난다고 하더라도 삼계육도의 윤회 속에 있는 것이기 때문에 외도선이라 한다.

③ 소승선(小乘禪)

소승(小乘)은 작은 차(車)로 자기만 탈 수 있고 남은 태울 수 없다. 혼자만 윤회를 벗어나고 다른 사람을 제도하려는 마음은 내지 않기에 소승선이라 이름한다.

④ 대승선(大乘禪)

불법의 내포하고 있는 모든 것을 깊이 갖추어 견성오도하니 세간의 헛된 것을 알고 분별이 없는 실상을 증득한 불성의 내면이 나타나는 것이다. 몸과 마음을 다 바쳐 중생을 제도할 원력을 갖고 있다.

⑤ 최상승선(最上乘禪)

선정의 극치로 시방삼세제불이 증득하신 절대적인 생명의 표현이고 가장 순수하게 생활방식 가운데 스며있다.

선정을 닦는다는 것은 좌선하는 것부터 시작할 수 있다. 오랫동안 좌선한 경험이 있게 되면 물가나 나무 아래, 동굴, 무덤 옆, 심지어는 도심지 길가에서도 편안하게 입정에 들 수 있다. 그러나 처음 배우는 사람은 실내나 시끄럽지 않은 곳을 선택해야 비교적 효과를 볼 수 있다. 실내에서는 불빛이 너무 밝지 않는 것이 좋고 너무 어둡지도 않아야 잠이 오는 것을 예방할 수 있다. 가능한 불상을 모시고 향을 피워 마음을 가다듬고 생각을 모은다. 참선하는 위치는 바람이 직접 불어오거나 햇빛이 비치고 눈에 띄는 높은 곳을 피하여 감기나 기타 병증을 미연에 피하도록 한다.

환경 이외에도 음식이나 의복 등의 문제도 주의하여야 한다. 식사 후 한 시간 이내는 몸의 혈액이 위와 장에 집중되기 때문에 생리적으로 적당하지 않고 또한 쉽게 졸려 좌선에 적당치 않다. 배가 고플 때도 좌선이 적당하지 않으며 식사량은 약 7~8분 정도로 먹는 것이 좋다. 의복은 넓고 편하며 부드러운 것으로 하여 혈액순환이 잘되도록 한다. 수면은 충분히 하여야 소중한 시간을 졸면서 낭비하지 않게 된다.

좌선의 방법은 몸을 가다듬고, 호흡을 가다듬고, 마음을 가다듬는 세 가지이다.

1) 몸을 가다듬는다.(調身)

① 다리를 가부좌한다.

가부좌에는 결과부좌와 단가부좌 두 가지가 있다. 단가부좌는 왼쪽 다리를 오른쪽 다리 위에 올려놓거나 혹은 오른쪽 다리를 왼쪽 다리 위에 올려놓는다. 결가부좌는 왼쪽 다리를 오른쪽 다리 위에 울려놓고 다시 오른쪽 다리를 왼쪽 다리 위에 올려놓는 것으로 길상좌(吉祥坐)라 이름하고, 혹은 먼저 오른쪽 다리를 왼쪽 다리 위에 놓고 다시 왼쪽 다리를 오른쪽 다리 위에 올려놓는 것으로 항마좌(降魔坐)·금강좌(金剛坐)라 이름하기도 한다. 만약 단가부좌나 결가부좌를 할 수 없을 때는 책상다리를 하여도 된다.

② 수인을 맺는다.(結印)

가부좌하고 앉은 후 두 손은 수인을 맺어야 한다. 먼저 오른손 손바닥을 위로하여 배꼽 밑에 놓고 왼손은 오른손 위에 놓고(혹은 반대로) 두 엄지손가락은 가볍게 마주 대고 두 팔은 자연스럽게 몸에 붙인다. 이런 결인 방식을 '법계정인(法界定印)'이라 하는데 혈맥을 잘 통하게 해준다.

③ 허리를 편다.

좌선할 때 척추를 곧게 해야 한다. 허리를 지나치게 굽거나 펴는 것도 안 되고 자연스럽게 곧은 것이 좋다.

④ 가슴을 편다.

양쪽 어깨를 펴서 평형을 이루도록 한다.

⑤ 목을 가듬는다.

머리를 곧게 하고 목을 옷깃에 가까이 하며 앞 이마를 약간 아래로 한다. 귀와 어깨가 일직선이 되고 콧날과 배꼽도 일직선상이 되도록 자세를 한다.

⑥ 턱을 내린다.

턱은 거두어들이고 입을 가볍게 다물며 혀끝을 앞 이빨 뿌리의 침샘에 가볍게 받치면 소화를 촉진시킨다.

⑦ 눈길을 거둔다.

눈길을 거두어들이는 것으로 눈을 약간 떠서 두세 자 앞을 보아 졸리는 것을 예방하는 것이 좋다.

이 외에도 다음의 사항은 주의를 하여야 한다.

• 자리에 앉기 전에 앉을 자리를 편안하게 조절하여 오래 앉아도 불편함이 없도록 한다.

• 손목시계, 안경, 허리띠 등 몸을 구속하는 모든 물건들은 모두 풀어서 몸의 혈액순환에 방해되지 않도록 한다.

• 부드러운 방석으로 엉덩이를 받쳐 혈액순환에 장애가 되지 않도록 한다. 결가부좌할 때 방석이 너무 두꺼우면 윗몸이 안정되지

못하고, 단가부좌할 때 방석이 너무 얇으면 다리가 쉽게 저린다.

•날씨가 추울 때는 무릎을 따뜻하게 감싸주어 냉기가 침입하지 못하도록 한다. 냉기가 들면 신경통에 걸리게 된다. 날씨가 더울 때라도 마찬가지로 주의해야 한다.

•숨은 입으로 내 쉰다. 먼저 코로 숨을 깊게 들여 마시고 입을 벌려 내 쉰다. 거칠지 않게 천천히 조용하게 숨을 내쉬면서 몸속의 더럽혀진 공기가 바깥으로 나온다고 관한다. 이처럼 코로 들여 마시고 입으로 뱉는 것을 세 번 반복한다. 만약 몸과 호흡이 잘 조화되면 한 번만 해도 된다.

•몸을 좌우로 몇 번 움직인 후 바로 하면 삐뚫어질 염려가 없다. 혹은 몸을 앞으로 향하여 둔부가 나오도록 한 후에 다시 천천히 윗몸을 바로 세운다.

•얼굴 근육을 부드럽게 하여 미소를 띠게 되면 기분 또한 자연히 가벼워진다. 만약 얼굴 표정이 굳고 딱딱하면 냉정해져서 속마음 또한 굳어져 버린다.

•윗몸 혹은 등을 기대서는 안 된다. 만약 등을 기대게 되면 기운이 위로 올라올 수 없어 심장으로 가게 되는데 심각한 경우는 각혈을 하기도 한다.

2) 호흡을 가다듬는다.(調息)

호흡을 조절하는 것은 거칠게 몰아쉬는 숨을 가늘고 고르게 하여 생각을 집중토록 하는 것이다. 호흡에는 네 가지 모습이 있다.

① 코로 호흡하는데 소리가 있다.

② 호흡에 소리는 없지만 들고 나는 것이 순조롭지 못하다.

③ 호흡하는데 소리도 없고 걸림도 없지만 들고 나는 것이 가늘지 않다.

④ 소리도 없고 걸림도 없으며 거칠지도 않은, 있는듯 없는듯 가는 호흡으로 정신적으로 편안하고 기분이 유쾌하다.

앞의 세 가지 모습은 숨을 몰아쉬는 것으로 의식적으로 조절하려고 하면 도리어 해가 되어 참선의 효과를 볼 수 없다. 호흡은 자연스레 진행되는 것이지 조절한다고 되는 것이 아니다. 조용하고 차분한 마음으로 적정의 경계에 머무르는 것이 오래다 보면 기(氣)가 저절로 단전으로 가라앉고 마음이 터지고 맥이 열린다.

3) 마음을 가다듬는다.(調心)

우리들의 마음은 마치 날뛰는 야생마와도 같아 잡아 두기 어렵다. 마음을 잘 가다듬지 못하면 아무리 오래 앉아 있어도 아무런 의의가 없다.

호흡을 세고 부처님의 장엄함이나 법계의 광명함, 정근, 주력, 화두를 관하는 등 모든 것이 마음을 한 곳으로 모으는 방법이다.

참선하고자 앉을 때는 거친 것에서부터 섬세한 것으로 동적에서 정적으로의 움직임이며, 참선에서 일어설 때도 섬세함에서 굵은 곳으로 정적에서 동적으로 옮겨가야지 거칠게 급히 행동해서는 안 된다. 특히 참선에서 일어설 때는 가볍게 몸을 움직여 조용히 일어서고 천천히 걷는다. 만약 이렇게 하지 않으면 좌선할 때 고요히 머물러 있던 호흡과 마음과 몸의 기가 가늘게 흐르고 있다가 갑작스러운 움직임에 흩어지지 못하고 몸속에 모여 있게 되어 머리가 아프고 사지가 뻣뻣해져서 다음에 앉게 되더라도 짜증스럽고 불안해진다. 참선에서 일어설 때는 다음 사항에 주의하여야 한다.

•좌선을 끝내고 일어설 때는 먼저 마음을 내려놓는다. 즉 일심으로 일어서는 행동에 집중한다.

•입을 열고 더럽혀진 숨을 내쉬면서 기(氣)가 온몸에서 흩어져 나가는 것을 관한다.

•가볍게 몸을 움직이고 다시 어깨와 팔, 손, 머리, 목을 움직여 준다.

•몸을 움직인 후 다리를 움직여서 부드럽게 한다.

•두 손을 비벼서 덥게 한 후 온몸 각 부분의 땀구멍을 쓸어 준다.

•손을 비벼 덥게 한 후 눈을 가볍게 쓸어 주어 편안함을 느낀 후 손을 내리고 눈을 뜬다.

•참선을 할 때는 혈액순환이 잘되어 온몸이 따뜻하고 체온이 올라가 땀이 나기도 한다. 몸이 약간 식고 땀이 거두어진 후 마음대로 움직인다.

참선하는 것은 신통력이나 영험을 얻고자 하는 것이 아니고 단지 수행의 한 방법으로 공부를 생활 속에 자리하도록 하는 것이 가장 중요하다. 육조 혜능스님은 "좌선(坐禪)이란 무엇인가? 바깥으로는 모든 경계에 부딪쳐 생각이 일어나지 않는 것을 좌(坐)라 이름하고, 안으로는 자성의 움직임이 없음을 보는 것으로 선(禪)이라 이름한다"고 하였고, 또 "바깥으로 모습을 떠난 것이 선(禪)이고 안으로는 흐트러짐이 없는 것이 정(定)이다"고 하였다. 그래서 선종에서는 장작 패고 물긷고 울력하는 것을 선정의 한 수행으로 삼아 일을 계기로 마음을 닦고 자기 본래의 모습을 찾고자 한 것이다. 그것은 '명심견성(明心見性)'하는 것만이 선정의 마지막 목표이기 때문이다.

3. 혜학(慧學)

혜(慧)란 진리를 꿰뚫어 보는 지혜로 그 경계는 바다처럼 깊어서 세속의 반딧불 같은 작은 지혜와 비교될 수 없으므로 대개 직역하여 반야라 한다. 일반 종교는 대개가 신앙 혹은 자애로운 면을 중시하는데 오직 불교만이 이성을 중시하고 지혜를 추구한다. 불교에서는 반야지혜를 갖추어야 삿되고 바른 것과, 진실된 것과 거짓된 것을 분별하여 번뇌를 끊을 수 있고, 반야지혜를 갖추어야 자신도 제도하고 남도 제도할 수 있으며 구경해탈할 수 있다고 여긴다. 대승보살은 반야지혜를 육바라밀의 우선으로 하므로 자비와 지혜를 함께 운용하여 세간을 구하고 사람을 복되게 할 수 있다. 삼세제불은 무루지혜(無漏知慧)를 증득하고 위없는 정등정각을 성취하였기에 경전에 "반야는 모든 부처님의 어머니다" 하였다.

불교에서는 지혜를 닦는 것을 세 가지 단계로 나누었다.

① 듣고 이루는 지혜

선지식을 가까이 하여 법문경전을 배우고 들으며 혹은 경전을 읽고 글 속에서 알아 얻어지는 지혜이다.

② 생각하여 이루는 지혜

듣고 이루는 지혜를 기초로 하여 불법의 교의에 대해 깊게 관찰하고 사유(思惟)하여 깊고 확실하게 불법의 오묘한 진리를 직접 느끼는 것이다.

③ 수행하여 이루는 지혜

듣고 생각하는 지혜로 불법의 이치를 알고 그 뜻에 따라 정진수행하여 선정의 마음과 상응되는 지혜를 말한다. 듣고 생각하여 수행한 지혜에서 다시없는 반야실상지혜를 이끌어 내어야 번뇌를 벗어나 해탈할 수 있다.

삼학은 서로 연결되는 것으로 계행에서 선정의 경계가 나오고 선정에서 지혜가 피어나며 지혜에서 해탈로 들어서게 되는 것으로 불법을 배우는 사람들에게 없어서는 안 될 자원이다.

『대방등대집경(大方等大集經)』에 "계·정·혜는 무상다라니로 삼업을 청정하게 할 수 있으니 모든 사람들이 원하는 것이다" 하였고, 『잡아함경』에 "삼학이 구족된 자는 비구의 바른 행이다. 계정혜를 키우고 삼법(三法)을 부지런히 정진 용맹하여 제근(諸根)을 항상 지킨다"고 하였다.

삼학의 중요성은 다음과 같다.

① 인류의 특성에 적합하다.

경전에 사람에게는 수행을 추구하고 용맹 인내하며 지혜를 쌓는 등 세 가지 특성이 있다고 하였다. 계·정·혜 삼학은 이 세 가지 특성과 서로 통하는 것으로 우리들이 불도에 들어서는 가장 좋은 지름길이다.

② 탐·진·치를 끊게 한다.

탐·진·치는 중생의 세 가지 근본 번뇌로 중생은 그것들이 존재하므로 헛된 생각을 하며 업을 짓고 윤회하게 되기 때문에 삼독(三毒)이라고도 한다. 삼학을 부지런히 닦으며 계율을 수지하면 근검하고 즐겨 베풀며, 자비로운 습관을 기르게 되어 인색하고 탐욕하는 버릇을 고칠 수 있다. 화나는 마음이 일어날 때는 선정으로 치료할 수 있는데 선정을 닦으면 우리들의 마음을 깨끗하게 가라앉히고 역경에 부딪칠 때 화나는 마음을 일으키지 않게 되어, 반야지혜를 잘 이용하여 비추어 보면 번뇌를 보리로 전환시킬 수 있다. 그래서 계·정·혜를 부지런히 닦는 것은 탐·진·치를 꺼버릴 수 있는 좋은 처방제이다.

③ 경·율·론이 다 나타나 있다.

삼장(三藏)을 간략히 말한다면 경전은 정학(定學)을 해석하고 있으며, 율전은 계학(戒學)을 설명하고 있고, 논전은 혜학(慧學)을 해석하고 있다. 그래서 계·정·혜 삼학을 닦고 배우면 사상적으로나 생활상으로 부처님의 가르침을 실천할 수 있다.

④ 팔정도를 내포하고 있다.

팔정도는 사성제의 주요한 내용으로 그 중의 정어(올바른 언어), 정업(올바른 행위), 정명(올바른 생활)은 계학에 포함되고, 정견(올바른 견해), 정사(올바른 사상)는 혜학에 속하며 정념(올바른 생각), 정정(올바른 선정)은 정학에 속하고 정정진(올 바른 노력)은 계정혜 삼학을 다 통하여 해당된다. 그러므로 삼학에 의한 행동은 해탈로 향하는 바른 길이다.

⑤ 육바라밀행에 부합된다.

대승보살도는 육바라밀을 바른 행으로 하는데 그 중에 보시, 지계, 인욕, 정진은 계학에, 선정은 정학에 속하며, 반야는 혜학에 속한다. 그러므로 삼학은 자신과 남이 같이 이익되고 함께 피안에 올라설 수 있게 건네주는 연락선이라 하겠다.

사성제(四聖諦)

석가모니 부처님은 괴로움에서 완전히 벗어나기 위해 수행하여 괴로움의 원인을 알고, 괴로움의 원인을 제거함으로써 마침내 괴로움으로부터 해탈할 수 있었다. 부처님께서 깨달음을 이루신 후 녹야원에서 첫 법문을 하신 것이 네 가지 성스러운 진리, 즉 사성제(四聖諦)이다. 우리들이 현실에서 겪고 있는 괴로움을 철저히 알아야 하고, 괴로움이 일어나는 원인을 알아야 하고, 괴로움이 사라짐을 얻어야 하고, 괴로움이 사라지는 방법을 닦아야 한다는 것을 체계적이고 논리적으로 밝히고 있다.

고성제(苦聖諦)

괴로움이 무엇인지 아는 것이다. 감옥이 괴롭다는 것을 알아야 감옥에서 벗어나려는 마음이 생긴다. 감옥생활을 괴로움이라 생각하지 않는다면 감옥을 벗어나고자 하는 마음이 생기지 않기 때문이다. 인생이 전부 다 괴로움은 아니다. 사랑을 하고 재물을 늘리고 명예를 얻는 등 살아가는 동안에 행복하고 즐거운 일도 많다. 그러나 이러한 행복과 즐거움은 어떠한 인연에 의해 생겼으므로 인연이 변하면 행복과 즐거움 또한 변하므로 영원한 것은 아니라는 것이다.

집성제(集聖諦)

괴로움이 일어나는 원인을 아는 것이다. 집(集)은 '함께 위로 올라온다'는 뜻으로 '집기(集起)'라 하기도 한다. 과거 원인인 업과 번뇌가 결합하여 함께 위로 올라온다는 의미다. 과거 원인이 있더라도 그것이 일어나도록 하는 번뇌가 없다면 물기가 없는 씨앗처럼 싹을 틔우지 못하기 때문이다. 우리 마음속에는 번뇌의 씨앗이 있는데 그것이 좋아하고 싫어하는 대상을 만나면 싹이 트게 된다. 삿된 것과 어울리고, 그릇된 가르침을 따르고, 잘못된 습관이나, 탐욕과 화냄의 대상을 자주 생각하여 번뇌를 계속 만든다. 번뇌가 바로 괴로움이다.

멸성제(滅聖諦)

괴로움이 완전히 사라지고 더 이상 태어나지 않는 것으로 이를 열반(涅槃)이라고 한다. 열반을 산스크리트어로 '니르바나'라고 하는데 '직물을 짜지 않는다'는 뜻이다. 인간은 날실과 씨실로 직물을 짜듯 갈애와 무명으로 업을 지어 윤회한다. 직물을 짜지 않는다는 것은 윤회로부터 벗어남을 의미한다.

다른 종교에서는 인간이 신에게 구속되기를 원하나 불교는 모든 속박으로부터 벗어나기를 가르친다. 해탈에는 두 가지가 있다. 먼저 모든 것은 인연에 의해 생겨나므로 본래 실체가 없다는 것을 깨달아 해탈하게 된다. 이를 혜해탈(慧解脫)이라고 한다. 그러나 바른 견해만으로는 번뇌가 완전히 사라지지 않으므로 바른 정신집중을 통해 마음의 번뇌를 완전히 없애야만 한다. 이를 심해탈(心解脫)이라고 한다.

중생들은 괴로움을 당하면 술에 빠지거나 '세월이 약이겠지'하며 포기하거나 스스로 목숨을 끊기도 한다. 이러한 행동은 괴로움을 해결하는 것이 아니라 괴로움으로부터 도피하는 것이다. 괴로움으로부터 헤쳐 나오려는 강한 의지 없이 그저 잊고자만 한다면 끝내 그 괴로움에서 벗어나지 못한다. 괴로움은 괴로움을 해결했을 때 비로소 사라진다.

도성제(道聖諦)

괴로움을 없애는 올바른 길이다. 올바른 길(정도正道)은 곧 적당한 길(중도中道)를 말한다. 중도란 지나치게 쾌락적인 생활도, 반대로 극단적인 고행도 아닌, 몸과 마음의 조화를 유지할 수 있는 '올바르고 적당한 길'을 말한다. 올바르고 적당한 길로 나아가야 함은 초자연적인 힘이 두려워서라거나 도덕적 행위이기 때문도 아니다. 그것이 본질적으로 타당하기 때문이고 자기정화를 위한 행위이기 때문이다. 괴로움이 사라지고 열반에 이르는 정견(正見), 정사유(正思惟), 정어(正語), 정업(正業), 정명(正命), 정정진(正精進), 정념(正念), 정정(正定) 이 여덟 가지의 길을 팔정도(八正道)라 한다.

고성제	괴로운 현실	결과	철저하게 알아야 한다.
집성제	괴로움의 원인	원인	끊어버려야 한다.
멸성제	행복한 열반	결과	실현해야 한다.
도성제	열반에 이르는 길	원인	열심히 닦아야 한다.

깨달음의 실천

Ⅰ. 팔정도(八正道)

부처님은 성도하신 초기에 중생들이 번뇌고에서 벗어나도록 하기 위하여 성현의 경지를 들어가는 여덟 가지 수행법을 특별히 설하셨는데 이를 팔정도(八正道)라 이름한다.

'정(正)'은 그릇되고 사한 것을 멀리하는 것이니 '바르다' 이름하고, '도(道)'는 통한다는 뜻으로 열반의 경지에 다다를 수 있기 때문에 '길'이라 이름한다. 이 여덟 가지 바른 길(八正道)을 따르면 중생번뇌를 영원히 끊어 버리고 열반의 경계를 증득할 수 있게 되니 팔성도(八

聖道)라 이름하기도 한다. 팔정도는 배와 같아서 어지러운 세상을 살아가는 중생이 깨달음의 세계인 피안으로 건너갈 수 있게 하여 주기 때문에 팔도선(八道船)이라 하기도 한다.

간단히 말한다면 팔정도는 성불의 길로 통하는 여덟 가지 실천법문이고 번뇌와 고통으로부터 벗어나는 방법이며, 불자의 올바른 수행의 길이어서 팔정도를 받들어 행하면 불법을 배우는 목적을 완성할 수 있다.

1. 팔정도의 내용

팔정도는 부처님이 성도하신 후 초전법륜하실 때 설하셨고, 그 후로 열반하시기 전에 사념처(四念處), 사정근(四正勤), 사여의족(四如意足), 오근오력(五根五力), 칠보리분(七菩提分) 등을 더 설하여서 모두 삼십칠도품(三十七道品)이 이루어졌는데, 이는 사성제(四聖諦) 가운데서 '도제(道諦)'의 내용에 해당된다. 팔정도와 37도품은 단지 상세하고 간략한 구분이 있을 뿐으로 그 의의에는 별 차이가 없다. 37도품 가운데 팔정도가 불교의 실천 법문을 가장 대표할 수 있기 때문에 일반적으로 팔정도로 도제(道諦)의 내용, 의의로 삼는다.

팔정도(八正道)	삼학(三學)
바른 견해[정견正見]	지혜[혜학慧學]
바른 생각[정사유正思惟]	
바른 말[정어正語]	계율[계학戒學]
바른 행동[정업正業]	
바른 생계[정명正命]	
바른 정진[정정진正精進]	선정[정학定學]
바른 마음챙김[정념正念]	
바른 정신집중[정정正定]	

1) 정견(正見)

'정견(正見)'은 올바른 견해, 올바른 관념을 말한다. 하나의 관념이 한 사람의 일생을 바꿔 놓기도 하는데, 불법을 배우고 수행하는 것은 곧 과거의 좋지 않았던 습성을 올바르게 하는 것으로 지난 것을 고치고 앞으로는 갈고 닦는 것이기 때문에 올바른 관념과 견해가 더욱 중요한 것이 된다.

정견은 모든 거꾸로 되고 삐뚤어진 견해를 떠난 올바른 관념으로, 세간과 출세간, 인과의 지혜를 완전히 알고 삼법인, 사성제, 십이인연 등 불교의 교리를 통하여 우주만상을 관찰하여 얻은 정확한 견해이다. 넓은 의미로 본다면 불교에서 인가해 주는 이치는 모두 정견에 속한다.

① 인과응보의 올바른 견해

세간의 모든 법이 다 인연으로 해서 생겨나는 것으로 인연이 모여져야만 모든 현상이 생겨나는 것이고, 현상이 바로 '과(果)'라는 결과다. 과보를 받는다는 것은 인과 연의 결합으로 당연히 결과가 있는 것이다. 이것은 마치 씨앗(因)을 뿌린 후 조건(緣)만 갖추어지면 필연적으로 꽃이 피고 열매(果)가 맺는 것과도 같다. 모든 사람들의 일생은 갖가지 인연의 화합에 의해서 이루어지는 것이어서 좋은 씨앗과 인연이 어우러지면 자연적으로 좋은 결과가 있게 되는 것이다. 반대로 나쁜 씨앗을 심고 나쁜 인연을 만나면 필연적으로 나쁜 과보가 생기게 된다. 인과응보의 올바른 견해가 있어야 원인과 과보를 알게 되고 미혹함에서 벗어나 깨달음의 세계로 들어 설 수 있다.

② 선악업력(善惡業力)의 올바른 견해

업(業)은 짓는다는 뜻이다. 또한 행위 한 것·행동·작용·의지 등 몸과 마음의 활동을 나타낸다. 우리가 날마다 하는 행위가 하나의 거대한 힘으로 뭉쳐져서 일생의 행복과 불행을 결정한다. 업은 몸으로 행동하고, 입으로 말하고, 마음속으로 생각하는 것으로부터 오는 것으로 선악의 업력은 틀림이 없다. "설사 천만 겁이 지나도 자신이 지은 업은 없어지지 않고 인연이 맞는 때가 되면 과보를 그대로 받게 된다" 하는 말씀과 "선에는 선한 과보가, 악에는 나쁜 과보가 있다. 과보를 받지 않는 것이 아니라 시간이 아직 안 된 것이다" 하는 말씀이 있다.

③ 무상고공(無常苦空)의 올바른 견해

모든 법은 인연이 화합되어서 생겨난다. 자주적이거나 홀로 존재할 수 없으며 인연이 모이고 흩어지는 것을 따라서 생겨나고 없어지고 변하는 것이기에 모든 법이 다 '무상하다' 하였다. 무상하기 때문에 좋은 것이 나쁘게 변할 수도 있고 나쁜 것이 좋게 변해질 수 있는 것이다. 끊임없이 나고 죽고 변화되는 속에서 우리들은 인생이 각종 괴로움으로 가득하다고 느끼기 때문에 '고공무상(苦空無常)'이라고 한다. 고공무상을 바르게 파악하고 있다면 일이 잘 풀릴 때 안하무인이 되지 않고, 어려움에 처해서도 비관적이고 소극적이지 않을 것이다. 모든 것은 다 변하기 마련이므로 무상함은 우리들에게 희망을 가져다주고 정진토록 격려하여 평범한 인간을 넘어 성현의 길로 이끌어 줄 것이다.

④ 불도영원(佛道永遠)의 올바른 견해

부처님이 보리수 아래서 도를 깨닫고 정등정각(正等正覺)을 성취하셨는데, 이 정등정각이 바로 열반이다. 남과 나와의 대립관계를 없애 주고 시간과 공간적 장애를 초월하여 생명의 영원한 경계를 깨닫게 하니 그것이 바로 우리들 누구나 구족하고 있는 진여불성(眞如佛性)이고 참된 자아이다. 우리들이 불법을 배우고 수행하는 것은 이런 아름답고 원만한 열반의 경계에 들고자 함이다. 열반을 깨달아 증득할 수 있다면 곧 시간·공간의 울타리를 뛰어 넘어 생명이 가득하게 되니 죽음과 무상의 두려움을 초월할 수 있고 무한히 넓은 시공에 끊임없이 사는 것이다. 그러므로 불도는 영원하다(佛道永遠) 하는 올바른 견해로 해서 더욱 선을 닦고 악을 막아서 결국에는 열반의 경지에 다다르게 된다.

2) 정사(正思)

'정사(正思)'는 올바른 의지, 올바른 사상, 올바른 분별, 올바른 자각으로 정확한 의지·결심·분별을 말한다. 올바른 생각은 탐욕하지 않고, 화내지 않고, 어리석지 않고 잘못된 망념과 탐욕을 멀리하는 진리와 지혜의 분별력인 것이다.

탐·진·치 삼독이 청정한 본성을 오염시키고 있다. 삼독을 멀리하려면 필히 굳건한 힘으로써 오랜 시간 정법을 기억하고 생각하며 부드럽고, 자비하고, 청정하고, 화냄이 없는 마음을 갖추어야 한다.

3) 정어(正語)

'정어(正語)'는 곧 선량한 구업(口業)으로 10가지 선업 중에서 거짓말하지 않기, 이간질하지 않기, 욕하지 않기, 간사한 말하지 않기, 모든 조심성 없는 말, 비방하는 말, 오만한 말, 각박한 말, 허튼 말 등을 멀리하는 것이다. 그래서 올바른 말을 '정언(正言)'이라 하기도 한다. 정어(正語)는 필히 도리에 맞는 말이기 때문에 이치에 맞는 말이라 하기도 한다. 부처님이 설하신 것이 진실된 말씀이고, 사실의 말씀이고 거짓이 아닌 정어이다.

정어에는 네 가지가 있다.

① 진실된 말 – 진실로 헛되지 않고 거짓이 아닌 말

② 자비한 말 – 자비롭고 부드러워 사람에게 신심 나게 하는 말

③ 칭찬하는 말 – 남을 찬탄하고 즐겁게 하는 말

④ 도움되는 말 – 남을 돕고 도움이 되는 말

4) 정업(正業)

'정업(正業)'은 올바른 행동, 올바른 행위를 말한다. 즉 행동거지가 올바르고 몸·입·뜻 삼업이 청정하여 살생, 투도, 사음 등 모든 잘못된 짓을 멀리하는 것이다. 이것이 바로 10가지 선업 중에서 살생하지 않고, 투도하지 않고, 사음하지 않는 것이다. 단지 나쁜 짓을 하지 않는 소극적인 것 외에 '생명보호', '자비', '보시' 등이 적극적인 정업이다.

또한 평상시의 규율적인 생활 습관도 바른 행위라 한다. 예를 들면 적당한 수면, 음식, 운동, 휴식, 작업은 개인 건강을 증진시킬 뿐만이 아니라 일의 능률도 올려 주어 행복한 가정을 이루고 사회안정의 주요한 요소가 되므로 정업이라 한다.

5) 정명(正命)

'정명(正命)'은 올바른 경제생활과 생활수단을 말한다. 《유가사지론(瑜伽師地論)》 29권에 의하면 "의복과 음식 및 모든 물건을 여법하게 추구하며 일체의 잘못된 삶을 살아가게 할 가능성을 멀리하는 것을 정명이라 한다" 하였다. 정당한 경제생활은 아주 중요한 것이다. 그것은 대부분의 죄악이 다 경제생활이 정상적이지 못한 것에서 비롯되기 때문이다. 도박장, 술집, 도살장을 경영하고, 살생에 쓰이는 낚시도구, 총포류 등의 상점을 경영하는 것은 다 올바른 생활이 아니다.

올바른 생활이란 아래와 같아야 한다.

① 합리적인 경제생활

② 고상한 도덕생활

③ 화합하는 사회생활

④ 정화된 감정생활

6) 정근(正勤)

'정근(正勤)'이란 바른 정진, 바른 방편, 바른 다스림이다. 즉 진리라는 목적을 향하여 용맹하게 돌진하는 것이다. 경에 이르길 "재가자가 게으르면 세속의 이득을 잃게 되고 출가자가 게으르면 법보를 손상케 된다" 하였다.

정(正)이란 잡되지 않고 진(進)은 뒤로 물러나지 않는 것이며, 선하려고 노력하고 악을 끊으려 노력하는 것이다. 《대지도론》에서는 사정근(四正勤)을 정진의 목표로 하였다. 사정근이란 아직 생겨나지 않은 선은 생겨나게 하고, 이미 생긴 선을 자라나게 하며, 아직 생겨나지 않은 악은 생겨나지 못하게 하고, 이미 생긴 악은 없애 버리는 것을 말한다.

7) 정념(正念)

'정념(正念)'은 청렴한 마음을 말한다. 즉 사념(邪念)이 없이 생각과 뜻이 올바른 것이다. 『유교경(遺敎經)』에 "가령 생각이 굳고 강하다면 설사 오욕(五欲)의 도적굴에 들어섰다 하더라도 해침을 당하지 않기가 마치 철갑을 두르고 적진에 들어선 듯 두려움이 없다" 하였다. 그러므로 불법을 배우는 사람은 사람 간의 시시비비, 성패득실, 감정과 욕망에 마음을 두어서는 안 되고 항상 바른 생각을 갖고 있어야 한다.

올바른 마음의 내용이 바로 사념처(四念處)이다.

① 몸이 청정하지 못함을 관함(觀身不淨)

신념처(身念處)라고도 한다. 일반인들은 흔히 자신의 건강·미모에 탐착해서 엉뚱한 생각과 집착이 생겨난다. 그러나 사실상 우리들의 몸속은 침, 콧물, 똥오줌 등 모든 더러운 것은 다 들어 있다고 할 수 있는데 어디에 그렇게 귀엽다 할 곳이 있는가? 부처님이 "몸이 청정하지 못한 것을 관하라"고 우리들에게 가르치신 것은 우리들이 몸에 대한 집착을 깨버리도록 하고, 더 나아가서는 거짓된 몸을 빌어 참된 자아를 수행하여 영원으로 죽지 않는 법신을 증득하는 것에 있다.

② 받는 것이 괴로움인 것을 관함(觀受是苦)

수념처(受念處)라고도 한다. 세간에서 받는 갖가지 괴로움과 즐거움의 느낌은 다 괴로움이다. 인생은 생로병사의 각종 괴로움으로 가득하기 때문에 설사 간혹 즐거움이 있다지만 세상만사가 변화무쌍하기 이루 말할 수 없으니 즐거움 또한 시간, 공간적인 변화로 사라지기 때문에 받는 것이 괴로움이라는 것을 관하라고 하셨다.

③ 마음이 무상함을 관함(觀心無常)

사념처(四念處)의 심념처(心念處)를 말한다. 우리들의 마음은 시도 때도 없이 순간 천당에 오른 듯 하다가 순간으로 지옥에 떨어진 듯 좋았다가 나빴다가 하고, 선하다가 나쁘다가 하기도 하며, 생겼다가 없어졌다 하며 마음이 정해진 것이 없으니 마음이 무상한 것을 관하라고 하는 것이다.

④ 무아법을 관함(觀法無我)

법념처(法念處)라고도 한다. 『금강경』에 "모든 유위법(有爲法)은 마치 꿈 속 같기도 하고 그림자 같기도 하며 이슬과도 같고 번갯불 같기도 하여서 이렇게 관하여야 한다" 하였다. 세간 만물은 언젠가 결국 흩어지고 상해서 없어지기 마련으로 자성이 있고 자주적인 것은 하나도 없다. 관법무아 할 줄 알아야만 오욕(五欲)의 구덩이 속에서 자기의 참된 법성을 찾아올 수 있다.

우리들이 마음을 항상 무상, 괴로움, 무아법 위에 두고 세간의 사사로운 이득에 사로잡히지 않으면 도를 향해서 용맹하게 나아갈 수 있다.

8) 정정(正定)

'정정(正定)'은 올바른 선정으로 의지와 정신을 집중하여 산란한 몸과 마음을 가다듬어 원만한 인격을 키우는 것이다. 참된 선정은 형식상의 가부좌하고 앉아있는 데 있는 것이 아니라 마음속 에너지를 끌어내는 데 있다.

올바른 선정은 아래와 같다.

① 건강한 선정 – 신체를 건강하게 한다.

② 안심하는 선정 – 마음과 뜻을 한 곳에 모으니 가볍고 편안해진다.

③ 깨달음의 선정 – 생각을 꿰뚫어 주어 깨달음의 세계로 들게 한다.

④ 견성의 선정 – 불성을 드러나 보이게 하여 참된 자아를 찾게 한다.

2. 팔정도의 중요성

《대비바사론(大毘婆娑論)》에 "정견에서 정사유가 생기고 정사유로 말미암아 정어할 수 있다. 정어하여 다시 정업을 득하게 되었고 정업함으로 해서 정명을 새로이 얻게 되었다. 정명함으로 하여 정근하게 되었고 정근으로 해서 정념이 생겨났다. 또한 정념함으로 해서 정정할 수 있는 것이다" 하였다. 한 사람이 올바른 앎과 견해를 가지고 있음으로 해서 옳고 그른 것, 선악, 진위에 대해서 올바른 판단을 할 수 있는 것이고, 그것이 입·몸·뜻으로 전해져야만 올바른 행위가 있을 수 있고, 올바른 목표를 향하여 노력하고 정진하여 선한 생각과 지혜로운 삶을 지닐 수 있으니 청정여법한 선정 속에 안주할 수 있는 것이다. 그래서 팔정도는 한 몸체인 것으로 그 가운데의 어느 하나의 실천일지라도 나머지 일곱 가지가 동시에 더불어 원만하게 성취되게 된다.

팔정도 가운데 정견이 가장 으뜸으로 수행의 인솔자와도 같아서 마치 길을 갈 때 눈이 있어야 하고 항해를 할 때 나침반이 필요한 것과도 같다. 불법을 배우는 사람은 바른 앎과 바른 견해를 갖추어야 인생의 참된 모습을 볼 수 있어서 잘못되거나 삐뚤어진 생각과 행위가 생기지 않게 되는 것이다. 『아함경』 28권에 "올바른 견해가 뛰어난 사람은 설사 백천 겁에 걸쳐 태어난다 해도 결코 악도에 떨어지지 않는다"며 정견의 중요성을 강조했다.

3. 팔정도의 실천

불법은 학설이 아니기 때문에 단지 이론상으로만 이해해서는 안 된다. 특히 팔정도는 일상생활의 가르침이다. 그래서 일상생활 속에서 실제로 수련하고 체험해야 한다. 예를 들면, 불교신앙을 위하여 어떤 서러움, 어려움, 핍박, 불공평을 당하더라도 불교에 대한 신앙은 절대 바뀌지 않는 것이 바로 바른 견해이다, 평상시 생각하는 것 모두 불법의 진리와 투합되는 것이 바로 바른 생각이다. 사람들과의 대화에서 자애로운 얼굴로 사랑의 말을 해주어 사람으로 하여금 자신감, 기쁨, 희망이 생기게 하는 것이 바로 바른 말이다. 평소 행하는 것 모두가 도덕과 예의에 부합되어 자신의 개인적인 욕심을 위해서 남을 해치거나 피해를 주지 않으며, 약자를 돕고 보살피고 선을 행하고 보시를 베풀면서 악이 없기를 노력한다. 어떤 상황이 닥쳐도 항상 침착하고 냉정하여 지혜로써 일을 판단하고 해결하는 이 모든 것이 일상생활에서 팔정도를 실천하는 방법이다. 팔정도는 신앙과 도덕적 요소를 포함하고 있는 성불의 길로 통하는 진리의 큰 문이고, 인류 생활 속에서 지켜야 할 준칙이다. 누구라도 팔정도를 받들어 지켜 나갈 수만 있다면 무명번뇌를 벗어버리고 청정하고 즐거운 삶을 보낼 수 있으니 이것이 바로 불교의 참된 도덕생활이다.

Ⅱ. 참회(懺悔)

사람이 잘못을 했을 때 용감하게 고치려 하는 것은 더욱 귀한 것이다. 실수하지 않는 것이 아름다운 것이 아니라 실수한 후에 고칠 줄 아는 것이 아름답다는 뜻이다. 예를 들면 계를 지키지 못하는 것을 용서하지 않는 것이 아니라 마음속에 부끄러운 마음을 갖고 지성으로 참회하면 새로 태어날 희망이 있다. 계를 범하는 것은 어디까지나 과실이므로 과실을 바로잡으면 된다. 다만 계를 범하고서도 잘못했다고 생각하지 않는 그릇된 견해는 마치 병이 이미 골수에 박혀 치료할 약이 없는 것과도 같다. 그릇된 견해는 근본사상이 흔들리는 것으로 근본사상에 일단 문제가 생기면 다시는 진리(불법)가 마음속으로 들어갈 수 없는 것이다. 그렇게 되면 불도와는 영원히 인연이 없게 된다. 그래서 경전에 "생각이 일어나는 것을 두려워 말고 단지 깨달음이 늦는 것을 두려워하라" 하였다. 불교는 사람이 잘못하는 것을 탓하지 않고 단지 잘못을 하고서도 고치지 않는 것을 걱정한다. 설령 잘못을 하더라도 부끄러워 참회하는 마음으로 다시 부처님의 가르침을 받아 지닌다면 구제 받을 힘이 있는 것이다. 참회하는 것은 불법을 실천하는 중요한 한 과목이다.

1. 부끄러움과 참회

부끄러워할 줄 아는 것은 모든 선행공덕을 기르게 하므로 불교의 일곱 가지 보물 가운데 하나로 들어간다.

부끄러워할 줄 모르는 사람은 설사 과실이 있다고 하더라도 고치려 하지 않을 뿐 아니라 온갖 나쁜 짓을 계속하니 결국에는 도덕이 타락하고 인격을 잃게 된다. 인격이 없는 사람은 마치 껍질이 벗겨진 나무와도 같아서 나무에 껍질이 없으면 뿌리와 줄기, 잎사귀와 열매 등이 잘 자라나지 못하는 것처럼 부끄러움이란 사람에게 있어 아주 중요한 것이다.

참회는 잘못을 뉘우치고 용서를 구한다는 뜻이다. 참(懺)은 용서를 비는 것이고, 회(悔)는 스스로 죄를 고하는 것이다. 『육조단경』 참회계 6편에 "참(懺)이라 함은 지난날 지은 죄업, 어리석음, 거만함, 질투 등 죄업의 용서를 빌고 다시는 그러하지 않겠다는 것이고, 회(悔)는 모든 악업, 어리석음, 거만함, 질투 등 앞으로의 잘못을 절대 짓지 않을 것을 각오하는 것이다" 하였다. 참회는 남한테 저지른 잘못을 시인한다는 뜻으로 지난 잘못을 고치고 앞으로는 잘 행하겠다는 뜻을 포함하고 있다.

우리 범부들이 하루를 보내는 데는 공로보다는 과실이 많기 마련이고 심지어는 행동하고 생각하는 데 있어서 죄업이나 업이 아닌 것이 없다. 이러한 죄업은 마치 검은 구름이 태양을 가리듯 불성을 가로막아 우리들로 하여금 생사의 바다에서 떠돌며 윤회를 멈추지 않게 한다.

그러나 경전에서는 죄 짓는 것을 두려워할 것이 아니라 참회하지 않는 것을 두려워하라고 말하고 있는데 참회는 죄업을 소멸시켜 주기 때문이다. 이는 마치 옷이 더러워졌을 때 빨면 새 옷같이 깨끗해지고, 논의 벼가 튼튼하게 자라면 설사 잡초가 다소 있더라도 별로 상관이 없는 것과 같다. 참회는 깨끗한 물과도 같아서 우리들의 죄업을 씻어 주며, 나룻배와도 같아 우리들을 해탈의 열반으로 실어다 준다. 잘못을 했더라도 진실로 참회할 줄 알면 무거운 죄업도 소멸할 수 있다. 그래서 백정이 칼을 놓으면 그 자리에서 성불한다는 말이 있는 것이다.

불교의 많은 법문 가운데서 참회는 필수적인 수행이다. 원시불교의 교단 가운데 부처님은 잘못을 저지른 제자들의 죄업을 참회토록 하기 위하여 매 15일마다 정기적으로 포살을 거행했다.

2. 참회 방법

부끄러워하는 것은 내적인 반성에 편중되는 행동이고, 참회는 외형적인 행위에 속하는 것이다. 그러므로 참회에는 우선적인 선결 요건이 있어야 하는데 바로 '드러내서 나타내어' 참회하여야 한다. 드러낸다 함은 자신이 범한 잘못을 하나하나 드러내는 것으로 만약 조금이라도 숨기는 것이 있다면 완전히 깨끗해질 수 없다.

허물을 드러내야 한다면 필히 그 대상이 있어야 한다. 《사분율갈마소(四分律羯磨疏)》 22권에 의하면 참회하는 데 갖추어야 할 인연이 다섯 가지라고 하였다.

① 시방 제불보살님을 모신다.

② 독경하고 주력한다.

③ 죄업을 스스로 털어 놓는다.

④ 절대 다시는 범하지 않겠다고 서원을 세운다.

⑤ 교리로 증명한다.

대승불교에서는 참회함에 다음 다섯 가지를 해야 한다고 한다.

① 도량을 깨끗이 한다.

② 아름다운 꽃으로 장엄한다.

③ 단을 설치하고 오색번을 내걸고 향을 사르고 등을 밝히며 높은 자리를 만들어 24존의 불보살상을 모신다.

④ 7일간 목욕재계한다.

⑤ 스님들께 대중공양을 올린다.

그밖에 율전의 규정이 아니라 자율적으로 절을 하거나 독경하기도 한다. 또한 일상생활 속에서 다음 여섯 가지 참회로 수행할 수 있다.

① 좋은 말을 하여 참회한다.

② 공덕을 많이 지어 참회한다.

③ 열심히 봉사하여 참회한다.

④ 다른 사람의 참회를 성취시켜 준다.

⑤ 감사하고 보답하는 마음으로 참회한다.

⑥ 용서를 구하는 마음으로 예불하며 참회한다.

참회는 죄업을 없앨 수 있을 뿐 아니라 복덕 또한 늘릴 수 있다. 경전에 의하면 참회하면 다섯 가지 복덕을 얻을 수 있다고 한다.

① 모든 성현을 가까이 하게 된다.

② 모든 중생들이 즐겨 보고 기꺼이 듣는다.

③ 대중과 함께 할 때 두려움이 생기지 않는다.

④ 좋은 명성을 얻는다.

⑤ 보리지혜로 장엄할 수 있다.

일반 사람들이 불법을 배우고 수행을 하게 되면 대개가 감응이 있기를 바라지만 누구에게는 감응이 있고 누구에게는 감응이 없다. 감응의 원리는 달이 강물 속에 비추어지는 것과도 같다. 보살은 교교한 달처럼 땅위의 모든 중생들을 고루 비추고 있다. 중생에 대한 분별심이 없는 것이다. 단지 중생 마음속이 청정하고 더러움이 없다면 감응될 수 있다는 것은 마치 강물이 깨끗하고 물결이 없으면 달이 강바닥에 저절로 그림자를 나타낼 수 있는 것과도 같다. 그러므로 감응이 없는 사람은 달을 탓할 것이 아니라 자신의 마음속이 청정하지 못함을 탓해야 할 일이다. 지성이면 감천이라는 말이 있듯이 우리가 수시로 참회의 청정수로 마음의 때를 씻어내면 자연히 제불보살님들과 서로 감응 왕래할 수 있는 것이다.

부끄러워하고 참회하는 것은 몸과 마음을 깨끗이 하는 힘이 된다. 부끄러운 줄 알고 참회하는 마음은 원래 결함이 있는 우리들의 생활을 빛나고 자유자재롭고 풍부하며 걱정이 없게 바꿀 수 있다.

참회하는 것은 악을 쫓고 선을 지향하는 방법이다. 만약 사람들이 부끄러운 줄 알고 참회하는 마음을 갖고 있다면 사회 대중과 부모·형제 및 스승·친구들에게 미안하지 않도록 하려 할 것이다.

부끄러워하고 참회함은 불법을 배우는 필수적인 법문이자 평온하고 안정된 사회를 건립하는 가장 중요한 보물이다.

Ⅲ. 발원(發願)

무슨 일을 하든 간에 먼저 목표를 정해야 한다. 목표가 정해지면 노력해야 할 방향이 보인다. 방향을 정해 놓고 일을 하면 일을 함에 있어 더욱 힘이 생긴다. 목표를 설정하는 것이 곧 '뜻을 세우는' 것인데 불교에서는 '발심하여 원을 세운다(發願)' 라고 한다.

발심하여 원을 세우는 것은 불법을 배우는 근본이다.

불법을 배우는 것은 수행으로 심성을 닦아 나가는 공부이다. 마음 공부를 하려면 먼저 '발심'해야 한다. 경에 우리들의 마음은 논밭 같고, 땅과 같다고 비유하였는데, 마음의 밭을 개간하여야 씨앗을 심을 수 있고 개발된 마음 밭에서만이 만물이 자라날 수 있는 것이다.

그러므로 불법을 배우는 첫 걸음은 우선 발심해야 하는 것이다. 발심하고 잠을 자야 잘 잘 수 있고, 발심하고 먹어야 배부르게 먹을 수 있으며, 발심하여 일을 하여야 못하는 일이 없는 것이니 마음을 수행하는 첫 번째가 바로 발심하는 것이다.

'원을 세운다' 함은 자기가 기원하는 목표를 성취하고자 하는 결심의 하나로 흔히 말하는 '뜻을 세웠다(立志)' 하는 것이다.

원을 세우는 것은 마치 시계에 태엽을 감고, 자동차에 기름을 가득 채우는 것과 같이 앞으로 나아가는 힘을 생기게 한다. 또한 배에 나침반을 달고, 학생이 공부 시간표를 세우는 것과도 같으니, 전진하는 동력이 되는 것이다. 발심함은 마음의 밭을 개간하는 것이고, 원을 세움은 목표를 분명히 정하는 것이다.

1. 발원의 중요성

불법을 배우는 데 있어서 발심하여 원을 세우는 것은 미래에 대한 자기의 기대를 나타내는 것이다.

《관발보리심문(觀發菩提心文)》에 "도에 들어서는 요점은 발심을 으뜸으로 하고 수행에서의 급무는 원을 세우는 것을 우선으로 한다. 원이 세워지면 중생을 제도할 수 있고 마음을 크게 내면 불도를 이룰 수 있다" 하였다.

《대지도론(大智度論)》 7권에 "복을 짓되 서원이 없으면 표방해 세울 바가 없나니 서원이 인도자가 되어야 이루어질 바가 있다. 불국토를 장엄하는 일은 큰데 공덕을 행한 것만으로는 이룰 수 없고 반드시 서원의 힘에 의하여야 된다. 이는 마치 소의 힘이 수레를 끌기에 족하더라도 마부가 있어야 목적지에 도달할 수 있는 것과도 같다" 하였다.

도에 들어서는 시작은 원이 행하여지지 않고는 이루어질 수 없음을 알 수 있다. 왜냐하면 '과(果)'는 비록 '행(行)'으로부터 빚어진 것이지만, 만약 '원(願)'력이 없었다면 소기하는 목적에 도달할 수 없기 때문에 발심하여 원을 세우는 것은 모든 일을 이루게 하는 중요한 도움이 되고 원동력이 된다.

발심하여 원을 세우는 것은 마치 모내기를 하는 것과도 같아서 씨앗의 좋고 나쁨에 따라서 미래의 수확량이 결정되고 발심 서원하는 동기와 크고 작음은 한 사람의 미래의 성취에 각기 영향을 주게 된다.

2. 발원하는 마음

『능엄경(楞嚴經)』에 "발심하여 원을 세우려면, 크고 바르게, 원만하고 참되게 해야 한다. 발원이 세간의 물욕·명예·권세 등의 유혹을 받지 않고 심지어는 어떠한 어려움과 곤란에 부딪치고 설사 생사가 달린 것이라도 자기의 서원을 절대 잊지 않고 일심으로 무상보리(無上菩提)를 증득하려 할 뿐이고 중생이 생사의 괴로움에서 벗어나도록 구도하려 할 뿐이다. 이렇게 발원하여야 정도(正道)에서부터 빗나가지 않을 수 있다"고 하였고 《번역명의집(飜譯名義集)》 12권에 의하면 불법을 배우는 데는 아래의 세 가지 마음을 내야 한다고 하였다.

① 큰 지혜의 마음을 낸다.

지혜로써 모든 불법을 널리 구하여 모든 중생들이 법열을 누릴 수 있도록 한다.

② 연민의 마음을 낸다.

모든 중생이 생사를 윤회하며 온갖 괴로움을 받는 것을 가엽게 여겨서 구해 주고자 서원한다.

③ 큰 서원의 마음을 낸다.

사홍서원에 의거하여 무상보리의 마음을 내어 위로는 불도를 구하고 아래로는 중생을 교화한다.

불교는 지혜를 중시하지만 자비를 더욱 중하게 여기고, 자비를 중시하지만 원을 행하는 것을 더욱 소중히 한다. 이는 제불보살님 모두가 다 자비·지혜·행·원력을 의지해서 불도를 성취한 이치이기도 하다. 불법을 널리 흥하게 하는 것은 불자가 자비·지혜·행원을 얼마만큼 갖추었느냐에 달렸다.

자신의 자비·지혜·행원을 알려면, 자신이 매년 몇 사람을 불법의 길로 인도하고 있는지, 일 년에 몇 가지 경전을 읽는지, 남을 위해 얼마나 봉사하는지, 나는 무슨 원을 세웠는지, 어떤 마음을 내었는지, 어떤 법문을 실천하고 있는지, 어떤 수행을 완성했는지로 알아볼 수 있다.

우리들의 모든 발심은 세간에 도움을 줄 수 있는 것이어야 하고, 모든 서원은 인간세에 장엄될 수 있어야 한다. 신심으로 발심하여 스스로를 원만케 하고, 자비로 발심하여 모든 중생을 널리 복되게 하고, 보리심으로 발원하여 불도를 이루는 것이다.

1) 자비심을 베푸니 남과 나의 사이에 간격이 없다.

불법을 배운다는 것은 부처님을 따라서 배우는 것이다. 부처님은 자비를 몸으로 나타내 보이신 분이다. 불법을 배우는 사람이 자비심이 없다면 불법과 서로 상응할 수 없다. 불법의 근본 목적은 괴로움을 뽑아 버리고 즐거움을 주는 것이다. '자(慈)'는 '즐거움을 주는 것이고', '비(悲)'는 '괴로움을 뽑아 버리는 것'이다. 그러므로 불법을 배우면서 자비하지 못하면, 불법을 배운다는 것은 허구이다. 불교에서는 '아는 사람이든 모르는 사람이든 간에 큰 자비로 함께 하는 것'을 소중히 한다. 자비심이 있는 사람은 남과 나 사이의 대립을 없앨 수 있어서 가깝고 소원함을 구분하지 않고 모든 이를 돌보아 줄 수 있으니 자연히 남과의 사이에 틈이 없고 간격이 생기지 않는다.

2) 믿음의 원력을 세워서 불법을 항상 따라 배운다.

불법을 항상 따라 배운다는 것은 보현보살의 열 가지 큰 서원 가운데 하나이다. 우리가 불법을 배우고자 한다면 불보살님의 발심과 서원을 배우는 것이다. 우리는 선지식 스승을 따라 항상 배워야 하며 발심하는 만큼 성취를 이룰 수 있다.

3) 보리심을 내어 위로는 불법을 널리 펼치고 아래로는 중생을 교화한다.

"보리심을 씨앗으로 하고, 대자대비한 마음을 근본으로 삼고, 방편의 마음을 구경(究竟)으로 한다" 하였듯 보리심은 위로 불도를 추구하는 것이고, 대비심은 아래로 중생을 교화하고, 방편의 마음은 방편으로 사섭법(四攝法)을 행하는 것이다. 한 보살이 발심을 한다면 보리심이 있어야 하는 것으로 보리심의 씨앗에 다시 연민하는 마음과 방편을 주는 마음을 보조인연으로 해서 세 가지 마음이 융합되어야만 대승의 마음이라 할 수 있는 것이다. 이는 불법을 배우는 사람이 마땅히 내어야 할 큰 마음으로 보리심을 낼 수 있다면 필히 보살도에 들 수 있을 것이다.

4) 무아의 마음을 내어서 크게 완성한다.

무아란 우리들의 마음이 모든 것을 포용한다는 것을 말하는 것으로 남들을 자신처럼 여기고 심지어는 큰 우리를 완성하기 위하여 작은 나를 희생할 수 있다. 무아의 마음을 낼 수 있다면 자기를 대중 속에 융합되게 하고 단체에 융합되게 하는 것이니 대중이 바로 나 자신이고 단체가 또한 나 자신으로 더 크고 높은 모든 것을 성취할 수 있고 완성할 수 있는 것이다.

〈사홍서원〉

중생을 다 건지오리다.

불법을 배우는 우리들은 자신만 수행하면 그만이라는 소승적인 생각을 버리고 불법을 드높여 포교하는 것이 우리들이 자진하여 짊어져야 할 사명이다.

번뇌를 다 끊으오리다.

불법을 배우는 것은 사실 자기의 번뇌와 전쟁을 벌이는 것으로 번뇌와 싸워 이길 수 있다면 자연히 자기의 참된 불성을 나타내게 되니 자연적으로 불도에 들 수 있게 된다. 반대로 만약 자신의 번뇌조차 끊어 버릴 수 없으면 생사의 고해에서 윤회를 벗어나지 못한다. 그러므로 이웃에게 불법을 전해 사람을 제도한다는 것은 언급할 수조차 없다. 가장 먼저 자기를 갖추어야 하고 모든 번뇌를 끊을 것을 맹세해야 한다.

법문을 다 배우오리다.

불법을 배우려면 그 진리의 말씀을 전하려는 마음을 내어야 하며 우선 스스로 각종 지식과 능력을 갖추도록 한다. 이는 보살이 모든 중생과 함께 하기 위해서는 모든 법문을 배워야 하는 것을 말하는 것이다.

불도를 다 이루오리다.

불법을 배우는 최종의 목적은 불도를 이루기 위해서이다. 성불이 비록 쉽지는 않지만 힘들어도 인내로 수행해 나가야 한다. 특히 자신이 불도를 이룰 것을 서원하는 것 외에도 홍법 포교하여 불국토를 이루고 다함께 수행하도록 하는 것이 불도를 이루는 참된 길이라 하겠다.

3. 제불보살님의 서원

경전에 의하면 과거 제불보살님은 발원하는 것으로부터 불도를 이루셨다.

『무량수경』 상권에는 아미타 부처님의 사십팔대원(四十八大願)이 실려 있고, 『비화경』 7권에는 석가모니 부처님의 오백대원(五百大願)을 말하고 있다. 『미륵보살소문본원경』에는 미륵십선원(彌勒十善願)을, 『약사여래본원공덕경』 속에는 약사여래 부처님이 중생의 병고를 없애 주시려 세우신 십이대원(十二大願)이 있다. 이외에 문수보살 십팔대원(十八大願), 보현보살 십대원(十大願), 관음보살 십대원(十大願), 지장보살이 발원하신 '지옥이 비지 않으면 성불하지 않겠다' 는 크나큰 서원 등이 모두가 다 제불보살님의 위대한 행원이다.

Ⅳ. 육바라밀·사섭법(四攝法)

불법이 광대무변하지만 귀납해 보면 인승, 천승, 성문승, 연각승, 보살승 등 오승불법(五乘佛法)을 벗어나지 않는다. 이 오승불법은 발심과 목적, 방법의 다름에 따라 구별되는 것이다. 인천승(人天乘)은 부처님이 펼쳐 보이신 방편법문인 세간법으로 생사를 벗어날 수 없다. 성문·연각승도 비록 생사해탈할 수 있고 삼계를 벗어날 수 있지만 단지 스스로만을 제도하는 것으로 대중을 제도하고 복되게 하지 못하므로 궁극적인 길이라고 할 수 없다. 보살승만이 자신도 복되고 남도 복되고, 자신도 제도되고 남도 제도할 수 있으며, 사홍서원으로 육바라밀 사섭법문을 닦아 불과를 원만히 이룰 수 있다.

발심하여 대승의 보살도를 닦는 데에는 육바라밀을 주요 수행방법으로 한다.

보살이 육바라밀을 수행하면 복과 지혜를 충분히 갖추게 되고 수행을 원만히 닦게 되니 무상정등보리를 깨닫게 된다.

《발보리심경론(發菩提心經論)》 상권에 "보시는 모든 중생이 섭취하기 때문에 보리인(菩提因)이라 하고 지계는 모든 선행을 갖추어 원력을 이루게 하므로 보리인이라 한다. 인욕은 32상 80호의 모습을 성취시키니 보리인이라 하고, 정진은 선행을 길러 모든 중생을 열심히 교화하므로 보리인이라 한다. 선정은 보살이 중생의 모든 행을 알아 조복할 수 있으므로 보리인이라 하고, 지혜는 모든 법성의 모습을 알아 갖추게 하므로 보리인이라 한다. 요약하면 육바라밀은 보리를 이루게 하는 올바른 요인으로 사무량심과 37조도품 등 모든 행이 함께 어우러져 이루어지는 것이다. 만약 보살이 육바라밀을 닦아 갖추면 그 행을 따라서 점차 아누다라삼먁삼보리를 증득하게 된다" 하였다.

1. 육바라밀

'육바라밀'은 '육바라밀다'이며 육도(大度)·육도무극(六度無極)·육도피안(六度彼岸)이라 번역된다.

바라밀을 도(度)라 번역함은 피안으로 간다는 뜻이자 이상을 달성하고 이룬다는 뜻으로 대승불교 가운데 보살이 불도를 이루고자 실천하는 여섯 가지 수행방법이다.

육바라밀은 보시·지계·인욕·정진·선정·지혜를 말한다.

1) 보시(布施)바라밀

보시는 자기한테 있는 것을 중생에게 나누어주는 행위로 중생을 이끄는 첫걸음이다. 중생의 생활상을 먼저 만족시켜 주어야 중생을 수행하도록 이끌기가 쉽다. 보시에는 재물보시, 법보시, 무외시의 세 가지가 있다.

① 재물보시(財施)

내적인 재물보시와 외적인 재물보시가 있다. 눈, 신장, 골수 등을 보시하는 것을 내재시(內財施)라 하고 돈, 의복, 집 등 재물을 보시하는 것을 외재시(外財施)라 한다.

② 법보시(法施)

불법으로 중생을 교화하여 제도 받도록 하는 것을 법보시라 한다. 모든 공양 중에 법공양이 으뜸이라 하였고, 『금강경』에 삼천대천세계에 가득한 일곱 가지 보물로 보시를 하여 받은 복덕도 사구게를 받아 지니거나 남을 위해 설한 것보다 못하다고 하였듯 법보시의 수승함은 아주 뛰어나다.

③ 무외시(無畏施)

정신적인 힘의 보시다. 고난을 당한 사람에게 정신적인 위로를 주어 그 사람이 두려움에서부터 벗어날 수 있도록 하거나 자신이 계를 지키고 인욕하여 남을 침범하지 않으니 상대방을 두려움에 빠지지 않게 하는 것이다. 예를 들면, 관세음보살님이 중생의 괴로워 부르는 소리를 듣고 중생을 두려움에서부터 벗어나게 하는 것이 바로 무외시를 행하는 것이다.

탐욕하고 인색한 번뇌장애를 없애는 것 이외에 원망과 피해를 없애고 널리 인연을 맺어 부귀와 안온함을 얻는 것이 보시의 공덕이다.

2) 지계(持戒)바라밀

지계는 계율을 받아 지킨다는 것이다. 계는 수행의 기초이고 해탈의 근본이다. 《대지도론》에 "큰 병에는 지계가 가장 좋은 약이고 큰 두려움은 지계가 지켜 주며 컴컴한 속에서는 지계가 밝은 등불이 되고, 험한 길에는 지계를 난간으로 하고, 깊은 바다에서는 지계가 큰 배가 된다" 하였다.

① 섭율의계(攝律儀戒)

자성계(自性戒), 일체보살계(一切菩薩戒)라 하기도 한다. 일체 악을 끊어 버리고 율의의 모든 악을 멈추는 행을 포함한다. 출가, 재가 등 칠중제자 모두가 지켜야 할 계이다. 출가, 재가의 다름에 따라 오계, 팔계, 십계, 구족계 등의 계율조목이 있다.

② 섭선법계(攝善法戒)

수선법계(受善法戒), 섭지일체보살도계(攝持一切菩薩道戒)라 하기도 한다. 모든 선법을 갈고 닦는 것을 말한다. 선행을 닦는 계로서 보살이 닦고 지녀야 할 율의계이다.

③ 섭중생계(攝衆生戒)

요익유정계(饒益有情戒), 중생익계(衆生益戒)라 하기도 한다. 자비심으로 모든 중생을 이익되게 이끄는 것으로 복을 짓는 방법이다.

보살계가 많기는 하지만 이 세 가지 계목을 벗어나지 않는다. 섭율의계를 수지하면 나쁜 것을 방지할 수 있으니 몸과 입과 뜻 삼업을 깨끗하고 바르게 행할 수 있고, 섭선법계를 수지하면 모든 선행을 널리 모을 수 있으며, 섭중생계를 수지하면 모든 중생을 복되게 구제할 수 있다. 이 세 가지 계행을 갖추어 구족하면 자신과 남들 모두 복되고 원만한 공덕을 이룰 수 있다.

3) 인욕(忍辱) 바라밀

인욕은 몸과 마음에 가해진 고민, 모욕, 압박 등을 잘 참아 내는 것을 말한다. 인욕하면 우리들의 몸과 마음을 편안하게 해 주는데 세 가지로 나눌 수 있다.

① 억울함과 피해를 인내한다.

남들이 주는 미움과 억울함을 참을 수 있다.

② 고통을 인내한다.

질병이나 재해의 시달림에 참고 안주할 수 있고 수행하는 마음을 잃지 않는다.

③ 관찰하며 인내한다.

모든 법이 본래 나지도 멸하지도 않는 진리를 관찰하여 마음이 안주하고 흔들림이 없다.

보살은 인욕을 닦는 데 있어 남들의 모욕을 참을 수 있으며 남들의 혹한 매질이나 미워함을 참아 내며 보복하려 하지 않는다. 세간의 흥망성쇠, 희노애락 등 여덟 가지 현상에도 마음이 흔들림이 없고 모든 번뇌에 물들지 않는다. 인욕할 수 있기에 수계 청정할 수 있으며 수행하는 모든 선법을 성취할 수 있는 것이다. 예전에 부처님이 인욕 선인으로 나셨을 때 몸을 가르는 고통에도 전혀 화내거나 흔들림이 없어 큰 도를 성취하였다. 인욕의 힘은 아주 큰 것이다.

4) 정진(精進)바라밀

정진은 부지런히 노력하고 모든 선법을 열심히 닦는 것을 말한다. 불교 교의를 따라서 선을 행하고 악을 끊는 수행이 게으르지 않고 노력하여 나아가는 것이다.

① 보살의 수행정진은 괴로움을 두려워하지 않고 용감하게 나아가는 것이 마치 용사가 갑옷을 입은 것처럼 두려움이 없다.(披甲精進)

② 크고 작은 모든 선행을 부지런히 행함에 나태함이 없다.

③ 보살은 중생을 복되게 권하는 것에 피곤해 하지도 싫증내지도 않는다.

정진하면 선행이 늘어나 하루빨리 불도를 성취하게 된다. 이는 바로 부처님이 정진하심으로 해서 미륵보살보다 아홉 겁이나 더 빨리 불도를 이루신 이치이다.

5) 선정(禪定)바라밀

선정이란 마음을 모아 한 대상 위에 집중시켜 산란하지 않은 상태에 도달하는 것을 말한다.

일반 사람들은 마음에 걸리는 일이 많고 마음이 한순간도 가만히 있지 못하고 이곳 저곳을 쏘다니니 수행을 하기가 쉽지 않다. 선정은 내심의 허튼 생각을 멈추게 할 수 있을 뿐 아니라 지혜를 일깨울 수도 있다.

선정의 불가사의함은 신통력을 끌어낼 수도 있고 자유자재하여 열 가지 이익을 얻을 수 있다.

① 선정을 익히면 몸의 뿌리가 고요하게 가라앉아 자연히 안주하게 되고 억지가 없다.

② 자애로운 마음씨로 항상하니 중생을 다치거나 해하는 나쁜 마음이 없어 모든 중생을 편하게 한다.

③ 제근(諸根)이 고요하니 탐·진·치 등 모든 번뇌가 자연히 생기지 않는다.

④ 눈 등 몸의 뿌리를 지키고 보호하니 현상 등 모든 장애에 흔들림이 없다.

⑤ 선정에 들어 느끼는 기쁨인 선열(禪悅)을 도업(道業)의 양식으로 하니 설사 음식이 없더라도 저절로 즐겁다.

⑥ 마음이 산란하지 않으니 모든 애욕에 탐착하지 않는다.

⑦ 선의 공덕으로 진공(眞空)의 이치를 증득하니 끊어지고 텅 비어 버린 공(空)에 빠지지 않는다.

⑧ 생사를 멀리 할 수 있으니 모든 삿된 것에 묶이지 않는다.

⑨ 무량지혜를 계발하고 깊은 이치에 통달하여 부처님의 견해에 자연히 밝아지므로 마음속이 적정적멸에 머무르고 흔들림이 없다.

⑩ 혹업이 어지럽히지 못하니 무애해탈이 자연히 무르익는다.

6) 반야(般若)바라밀

팔정도와 모든 바라밀을 닦아 익혀서 나타나는 진실된 지혜이다. 이 지혜는 모든 사물과 이치를 분명히 보게 하는 가장 깊은 지혜이기 때문에 반야라 한다.

반야는 육바라밀의 근본이고 모든 선법의 근원으로 생사의 바다를 뛰어 넘어 보리의 피안에 도달할 수 있기 때문에 모든 부처님의 어머니라 한다.

① 실상반야(實相般若)

중생이 본래 갖고 있는 반야의 모습으로 일체 허망한 모습을 떠난 반야의 실상이다.

② 관조반야(觀照般若)

실상을 비추어 본 후의 실제 지혜이다. 모든 이치는 스스로의 성질이 없음을 알므로 비추어 본다고 하는 것이다.

③ 방편반야(方便般若)

모든 이치를 적절하게 분별하는 것을 방편이라 한다.

보살이 육바리밀을 수행하는 것은 자기 마음 속의 인색함, 악업, 성내는 마음, 게으름, 산란한 마음, 어리석음 등 여섯 가지 번뇌를 처치하여 중생을 복되게 하려는 것이다. 이 외에도 보시를 하는 것(布施), 좋은 말을 해 주는 것(愛語), 중생을 이롭게 하는 것(利行), 일심동체로 협력하는 것(同事) 등 사섭법(四攝法)을 행하고 대중 속에 깊게 들어가 호흡하며 널리 중생을 제도하는 것이다. 사섭법은 보살이 중생을 이끌어 중생으로 하여금 따르고 사랑하는 마음이 생기게 하여 불도로 입문하도록 이끄는 네 가지 방편법문이다.

2. 사섭법(四攝法)

사섭법은 중생을 제도하는 방편법문으로 재치있는 지혜를 근본으로 한다. 그러나 중생의 근기와 필요가 다르기 때문에 각각 나름대로의 차별이 있다.

1) 보시섭(布施攝)

보시섭이란 베푼다는 마음이 없이 진리와 재물을 나누어주는 것이다. 만약 중생이 재물을 좋아하면 재물을 보시하고 진리를 좋아하면 진리를 보시하여 중생에게 좋아서 따르는 마음이 생기게 하여 불법을 배우게 한다. 보시에는 세 가지가 있다.

① 재물보시 – 재물을 나누어주어 부족함을 채워 준다.

② 법보시 – 이치를 펼쳐 보여 진리를 분명히 알도록 해 준다.

③ 무외시 – 재난을 없애 주어 두려움으로부터 벗어나게 한다.

2) 애어섭(愛語攝)

애어섭은 중생의 근기에 따라 좋은 말로 달래는 것으로 좋아하는 마음이 생겨서 보살에 의지하고 불도를 가까이 하게 한다. 애어섭에는 세 가지가 있다.

① 병이 나거나 재난, 두려움을 당하게 된 사람에게 자애로운 말로써 위로하고 격려하여 정신적으로 위안을 받게 한다.

② 사람의 장점이나 잘한 일을 칭찬하고 긍정해 줌으로써. 그로 하여금 더욱 신심을 돈독히 하여 좋은 방향으로 노력하게 하는 것이다.

③ 들으면 도움이 되는 말들이다. 예를 들어 소승수행자들에게 대승불법을 설하여 대승불도에 입문토록 하는 것이다.

3) 이행섭(利行攝)

이행섭은 몸과 입, 생각 삼업을 선하게 행하고 중생을 이롭게 하여 중생들이 좋아하는 마음이 생겨서 가르침을 받아들이게 하는 것을 말한다. 이행섭은 세 가지로 나눌 수 있다.

① 중생이 정진수행토록 권하여 현세의 큰 재물과 세간의 모든 복덕을 얻도록 한다.

② 중생이 현세에 큰 이익과 즐거움을 이미 누리고 있다면 크게 보시하게 하거나 출세간의 마음을 내어 출가토록 하여 후세에 더 큰 즐거움과 복덕을 누리도록 한다.

③ 재가, 출가자들이 수행하도록 권한다.

4) 동사섭(同事攝)

동사섭은 중생의 입장에 서서 중생과 고락을 함께 하며 지혜의 눈으로 중생을 관찰하여 중생에게 가장 적합한 가르침으로 불도에 입문토록 이끄는 방편이다. 동사섭은 네 가지로 나눌 수 있다.

① 나와 중생의 공덕과 위신력이 다 평등한 것을 알지만 자기의 장점을 감추고 자신의 위신력을 드러내지 않는다.

② 자기보다 능력이 떨어지거나 신심이 부족한 사람을 교화하기 위하여 자신에게 그와 같은 면이 있음을 보여준다.

③ 교화하고 있는 중생의 선근이 흔들림이 있는 것 같으면 그의 선근을 키워주기 위하여 함께 하고 점차적으로 굳게 키워주도록 한다.

④ 스스로 방종 나태하며 남의 일을 돌보지 않는 사람처럼 태만하고 타락하지 않는다.

3. 육바라밀과 사섭법의 관계

육바라밀은 대승보살이 불도를 성취하고자 실천하는 여섯 가지 덕목이고 보살행을 하는 자기와 남을 복되게 하며, 사섭법은 보살이 중생을 교화하고자 행하는 방편법문으로 오로지 남을 이롭게 하기 위함이다.

사섭법을 실행하는 순서는 교화하고자 하는 대상이 빈궁한지 악한지, 혹은 현명한지 어리석은지 등의 차이에 따라 다르다. 가난한 사람에게는 우선 보시를 행하여 궁하거나 괴로운 점을 도와주고 그 다음으로 사랑의 말을 행하고 가르침을 받도록 하여 이로운 것이 어떤 것인지를 알게 하여 수행할 수 있도록 권한다. 악한 사람에게는 우선 사랑의 말을 전하여 악한 성질을 버리도록 한 후 보시행을 하여 그에 맞도록 돌보아 주며 다시 이행섭을 하여 수행토록 이끈다.

사섭법의 실천은 중생의 필요에 따라 알맞고 재치있게 가르침을 주는 것을 중점으로 한다.

4. 육바라밀과 사섭법의 실천

보살도를 배우는 수행자는 육바라밀과 사섭법을 어떻게 실천하여야 하나? 재가보살은 무상함을 직접 깨달아야 고난 중생에게 널리 재물을 보시할 수 있다. 출가보살은 불법으로 중생을 교화하여 불법에 입문토록 하고 고난 중생에게는 무외시를 전하여 몸과 마음을 편안하고 즐겁게 해준다.

보살이 성불하려면 필히 삼대아승지겁의 수행을 거쳐야만 하는 것을 볼 때 보살도의 수행이 쉽지 않음을 알 수 있다. 불법을 배우는 것은 마치 배를 타고 물을 거슬러 올라가는 것처럼 수행 정진하지 않으면 뒤로 떠내려가 버리는 것과 같다. 끊임없이 정진해 나가지 않는다면 불도는 이루기 어렵기 때문에 자신을 격려하여 용맹정진해야 한다.

1) 보시

보시란 재산을 남에게 주어서 없어지게 되는 것인가? 아니면 자신에게 주는 것인가?

겉으로 보기에는 남한테 주는 것처럼 보이지만 실은 자신에게 주는 것으로 자신을 부자되게 하는 길이다.

2) 지계

지계란 속박인가? 아니면 자유인가?

겉으로 보기에는 속박처럼 보이지만 실은 자유롭게 해주는 것이다. 자기를 안전하고 편안하게 해준다.

3) 인욕

인욕하면 손해 보는 것일까? 아니면 이득이 될까?

겉으로 보기에는 손해보는 것 같지만 실은 자신에게 이익 되는 것이다. 자신으로 하여금 더욱 원숙한 사람이 되게 한다.

4) 정진

정진함은 힘든 일인가? 아니면 즐거운 일인가?

겉으로 보기에는 힘들지만 실은 즐겁다. 자기를 성공시키는 길이다.

5) 선정

선정이란 따분한 일인가? 아니면 활달한가?

겉으로 보기에는 따분해 보이지만 실은 아주 활달한 것으로 자기를 번뇌 망상으로부터 편안하게 하는 길이다.

6) 반야

반야란 바깥에서 구해지는 것인가? 아니면 내적으로 구하는 것인가?

겉으로 보기에는 외적인 추구처럼 보이지만 실은 내적인 추구로 자기를 이치에 밝게 하는 길이다.

이처럼 육바라밀을 실천하는 것은 자신을 행복하고 즐겁게 하는 길이고 구경해탈하는 득도의 길이다.

Ⅴ. 사무량심(四無量心)

사무량심이란 보살이 중생을 널리 제도하는 데 있어서 갖추어야 할 네 가지 정신인 자(慈)무량심, 비(悲)무량심, 희(喜)무량심, 사(捨)무량심이다. 중생에게 즐거움을 주고, 괴로움을 덜어 주고, 기뻐하고 베푸는 한없는 마음으로 모든 유정중생을 널리 제도하는 것이다.

'무량(無量)'은 원인, 인연, 결과, 덕목 등이 모두 복덕무량하다는 말로 다음과 같은 수승한 의의를 갖고 있다.

1) 원인무량(因無量)

무량한 발심이다. 우리들의 사상이 모든 행동을 지배하고 있다. 그래서 오로지 발심하여야만 힘이 생겨날 수 있는 것이다. 특히 중생제도라는 사명에 무한한 발심이 없다면 설사 행동이 있다하더라도 큰 효과를 이룰 수 없다. 그러므로 우리들이 보살도의 머나먼 길을 떠나려면 필히 무한한 보살심을 내어야만 한다.

2) 인연무량(緣無量)

보살도를 닦는데 도움되는 무한한 인연을 말한다.

① 중생무량

불법은 중생 가운데서 추구하여야 하는 것으로 중생이 곧 보리의 뿌리이다. 제도할 중생이 없다면 닦아야 할 보리가 없는 것으로 보살도를 이룰 수 없고 불도 또한 성취할 수 없다. 우리들이 위없는 정등정각을 이루려면 무량한 중생을 도움 인연으로 하여야 하고 어느 한 중생도 버려서는 안 된다.

② 시간무량

세간에서 어느 큰 일을 하려 한다면 오랜 시간의 노력이 필요하다. 하물며 위없는 보리를 이루려면 더욱 자신을 무한한 시간 속으로 몰입하여 부지런히 불도를 닦아야 한다. 시방삼세제불 역시 몇 겁을 걸쳐서 정진한 결과로 복덕인연을 쌓아 정각을 이룬 것이다. 그러므로 복덕인연이 부족한 우리 범부들은 더욱 무량하고 꾸준한 마음으로 불법을 추구하는 것이 필요하다.

③ 공간무량

『본생경(本生經)』에는 "부처님은 전생에 여러 번 윤회하며 갖가지 신분으로 태어나서 육도중생을 제도하셨다"고 되어 있다. 이것뿐만 아니라 관세음보살은 무량겁 이전에 이미 정각을 이루었지만 중생을 제도하기 위해 다시 이 세상에 와서 불도를 펼치고, 보현보살은 중생이 필요로 하는 곳이라면 어디든지 십대원을 실천하며 조금의 후회도 없고, 지장보살은 지옥중생을 모두 제도하여야 보리를 이루겠다는 서원을 하였다. 이러한 모든 것들은 자비의 원력으로 법계를 뒤덮어 차별하거나 미워하는 마음이 없기 때문에 제불보살들이 불보살을 이룰 수 있었던 것이다.

3) 과보무량

무량한 인과 무량한 연이 더해져서 우리들이 한없는 사람과 지역, 시간과 공간적으로 좋은 인연을 맺게 되니 자연적으로 무한히 불가사의한 과보를 받게 된다.

4) 복덕무량

사무량심의 복덕은 끝이 없이 무량하다고 많은 경론에 쓰여 있다.

① 편안하게 잠이 들고 악몽을 꾸지 않는다.

낮에 생각이 많으면 밤에 꿈을 꾼다고 한다. 낮에 기꺼이 나누는 자비심을 행하니 밤에 편안하게 잠을 잘 수 있을 뿐 아니라 좋은 꿈을 꾸게 된다.

② 모든 중생의 사랑과 존경을 받는다.

항상 사무량심으로 행하는 사람은 마치 머리에 도덕이란 왕관을 쓴 것과도 같아서 항상 모든 중생의 사랑과 존경을 받는다.

③ 모든 제석천과 신장님들이 보호하고 지켜 주신다.

항상 사무량심으로 행하며 대중을 제도하고 남을 이롭게 하는 수행자는 제석천과 호법신장이 돌보시고 지켜 주신다.

④ 흉조가 길조로 바뀌고 업장소멸 되어 재난을 면한다.

항상 사무량심을 행하면 무량한 복덕이 모여서 좋은 인연이 되니 자연히 업장이 가벼워져서 재난을 면하게 되고 좋은 일이 생긴다.

⑤ 얼굴이 밝아지고 당당해진다.

항상 사무량심으로 행하는 사람은 언제나 바른 생각으로 행동하니 모습 또한 절로 밝아지고 빛나며 당당하다.

⑥ 임종 시에 흐트러짐이 없어 좋은 곳으로 왕생한다.

사무량심으로 행동하는 사람은 임종에 도달해서도 바른 생각을 갖게 되므로 좋은 곳으로 왕생할 수 있다. 설사 살아생전에 깨닫지 못했다 하더라도 사후에는 필히 범천으로 상승하여 온갖 즐거움을 누릴 수 있게 된다.

1. 사무량심 내용

보살은 무한한 자애로움으로 중생을 돌보고 편안하고 즐거운 일로써 중생을 이롭게 하고자 몸과 마음으로 갖은 괴로움을 겪으면서도 육도를 윤회하고 있는 중생이 가엽기 그지없어 구해 주고자 발심한다. 한없이 기쁜 마음으로 중생이 큰 즐거움을 얻도록 다음의 세 가지 마음을 베푼다.

1) 자무량심(慈無量心)

자무량심이란 중생이 즐겁게 되기를 바라는 마음이다. 자애로움(慈)과 가엽게(悲) 여기는 마음을 합하여 자비(慈悲)라고 하고 불교의 근본이 된다. 무슨 불법이든지 자비를 떠나면 불법이 아니라고 할 수 있다.

① 생연자비(生緣慈悲)

모든 중생이 미혹으로 인해 업을 짓고 생사윤회에서 괴로움을 겪는 것을 보고 괴로움을 덜어 주고자 하는 자비심이 생기는 것을 말한다. 이는 일반 범부의 자애로움으로 궁극적이지 못하므로 생사를 벗어날 수 없다.

② 법연자비(法緣慈悲)

무아를 증득하고 생겨난 자비는 아라한과의 2승을 증득한 보살의 경계다.

③ 인연자비(因緣慈悲)

부처님 반야지혜로 생겨난 무한한 자비이다. 마음속에 차별이 없으니 중생과 자신을 평등한 하나로 보기 때문에 인연이 있고 없고에 관계없이 중생의 필요에 따라 행하는 자비이다.

2) 비무량심(悲無量心)

비무량심은 중생의 고통을 덜어 주는 것이다. 보살은 몇 겁을 지나며 수행을 하여 모든 번뇌를 끊어 없애고 수행을 성취하였기 때문에 본래는 청정열반을 증득할 수 있지만 중생을 가엽게 여겨 생사가 끊어진 열반에 머물지 않고 육도의 몸을 받아 널리 감로법문을 펼치는 것이다. 부처님은 전생에 살을 베어 독수리를 먹이고 관세음보살님은 중생을 제도하기 위해 성불의 길을 마다하였고, 지옥이 비지 않으면 성불하지 않겠다는 지장보살 등 제불보살이 중생을 제도할 수 있는 것은 바로 연민의 마음과 큰 원력으로 생겨난 위대한 힘이다. 그래서 경전에 "보살은 중생을 위해서 큰 자비심을 나타내고 자비심으로 보리지혜를 키우고 보리로 불도를 성취시킨다" 하였다. 보살이 중생의 괴로움을 보고서도 자기 일처럼 느끼지 않거나 연민의 마음으로 상구보리 하화중생하여 괴로움을 덜고 기쁨을 주지 못한다면 불도를 성취할 수 없다. 그러므로 비무량심은 보살이 성불하는 필수요건이다.

3) 희무량심(喜無量心)

자애로운 마음은 중생을 즐겁게 하고 기뻐하는 마음은 중생을 기쁘게 한다. 즐거워하고(樂) 기뻐하는 것(喜)에는 무슨 차이가 있는가? 《대지도론》 20권에 "즐거움은 오진(五塵)가운데서 생겨나는 쾌락이고, 기뻐하는 것은 법진(法塵)속에서 생겨나는 희열이다"고 하였다. 즐거움이란 겉으로 나타나는 느낌이고 기쁨이란 심층적인 느낌이다. 《대지도론》에 "처음 즐거운 첫 순간을 락(樂)이라 하고, 즐거운 마음이 마음속으로부터 퍼져 나와 모습으로 드러나서 기뻐 춤추는 것을 희(喜)라 한다. 예를 들면 처음 약을 먹을 때는 즐겁다하고 약기운이 온몸에 퍼진 것은 기쁘다고 한다" 하였다. 우리는 왜 중생에게 기쁨을 주어야 하는가? 기쁨은 세상에서 가장 귀한 재산이기 때문이다. 사람에게 기쁨이 없다면 설사 금은보화를 가지고 있어도 아무런 의미가 없는 것이다. 단지 우리 마음속이 즐겁다면 비록 보리밥에 김치만의 식사라도 자신있고 든든한 것이다.

그러므로 우리가 불법을 따르는 것은 자신의 청정안락을 추구하는 것 이외에 참선의 기쁨과 불법의 희열을 널리 펼쳐 대중이 함께 느끼도록 하여야 하고 대중이 부처님의 가피 아래서 근심걱정으로부터 빨리 벗어나도록 도와주는 것이다.

4) 사무량심(捨無量心)

베푼다(捨)함은 한없는 지혜이다. 우리들이 자애롭고, 가엽게 여기고 기뻐하는 마음에서 홍법하며 중생을 제도하려 한다면 이 세 마음에 대한 집착을 버릴 때 더욱 큰 성취를 이룰 수 있다. 마음, 부처, 중생 이 세 가지는 차별이 없다 하였듯이 모든 것이 인연 화합되어 이루어지면 구제할 중생도 없고 깨달아야 할 마음도 없다. 얻는 사람이 있다면 달라는 사람도 있는 것으로 무량한 공덕을 성취할 수 없는 것이다. 만약 모든 분별망상을 버릴 수 있으면 가까운 사람이나 인연이 부족한 사람을 막론하고 다 평등할 수 있어 일체 중생을 자기 자식처럼 보살피게 된다. 이는 마치 허공이 만물을 포용할 수 있기 때문에 모든 만물을 성취할 수 있는 것과도 같다.

베푸는 것은 가장 높은 경계로 오직 베풀 때 자기와 다른 것을 용납할 수 있고 오직 베풀 때 크게 포용하는 것이다. 우리들 모두가 아집을 버리고 남을 존중하고 포용하며 희생봉헌하면 자연히 원만하고 화합된 세계를 이룰 수 있다.

자비희사의 내용으로 볼 때 사무량심은 비록 네 개로 나뉘었지만 실은 모두가 자애로운 마음 연민이란 원력의 연장이다. 먼저 중생을 즐겁게 해주고 싶어서 자애로운 마음을 베풀고, 즐겁지 않은 사람을 보면 연민이 생긴다. 또한 중생 모두가 괴로움을 벗어나서 무상법열을 누리도록 하니 기쁜 마음이 절로 나온다. 이러한 자애로운 마음, 연민하는 마음, 기뻐하는 마음으로 중생을 제도하며 집착하지 않으니 이것이 바로 베푸는 마음이 드러나는 경계이다.

2. 사무량심을 기르는 방법

『화엄경』에 "부드럽고 인욕함을 항상 행하면 자비희사 가운데 안주할 수 있다" 하였다. 자비희사는 우리가 의지하고 안주해야 할 곳이다. 우리들이 사무량심을 기르려면 다음 두 가지 방법으로 시작한다.

① 입장을 바꾸어서 남을 위해 생각한다. 남의 입장에서 생각하면 사무량심을 기를 수 있다.

② 업력의 윤회로 살펴보면 중생이 생사의 바다를 떠돈 지는 몇천만 겁을 지났는지 모른다. 그래서 육도중생은 우리들 과거세 속에서의 부모이고 형제, 친구가 아닌 사람이 없다. 만약 우리가 누구나 다 평등하다는 관념을 가질 수 있다면 따지고 분별하는 마음을 없앨 수 있고 자비희사하는 마음을 기를 수 있다.

이 외에도 우리들이 사무량심을 실천하려 할 때에는 지혜로써 행하여야 한다. 그렇지 않고 남용하거나 오용하게 되면 사회문제만을

야기하게 된다. 예를 들어 보시를 남용하면 일은 안하고 공짜만 바라는 안일한 생각들을 낳게 된다. 사회정의를 파괴하는 사람을 보더라도 앞서서 저지하거나 옳은 말을 하는 사람은 없고 도리어 피하거나 남도 가로막는다. 부모는 자녀들이 무슨 짓을 하는지는 관심을 두지 않고 돈만 주면 사회문제가 생겨나는 등등은 우리들이 깊게 생각해 보아야 할 문제이다.

3. 회향의 의의와 종류

회향은 불교의 아주 특수하고 독특한 수행법이다. 회향의 원리는 손에 촛불을 들고서 다른 촛불에 불을 붙이는 것처럼 원래 촛불의 불빛이 줄어들지 않을 뿐 아니라 다른 초에 불이 붙여졌기 때문에 실내가 더욱 밝아지게 된다. 회향이란 한 알의 씨앗이 땅속에 심어져서 싹이 나고 꽃이 피어 열매가 알알이 열리는 것과 같은 원리다. 보석이 이곳저곳에 흩어져 있다면 잃어버리기 쉽지만 보석함에 모아 놓는다면 잃어버릴 염려가 없는 것이다. 회향의 공덕이란 바로 그 보석함과도 같아서 우리들의 공덕이 흩어지지 않게 해 줄 뿐 아니라 원금에다 이자까지 보태 주니 공덕이 더 커진다.

그러므로 회향을 수행하면 자신의 공덕이 감소하지 않을 뿐 아니라 더 많은 사람들, 법계 일체 중생 또한 이익되게 할 수 있는 것으로 나와 남이 같이 복되고 평등한 대승보살도를 수행하는 가장 좋은 법문이다. 견해가 다름에 따라 회향은 여러 종류가 있다.

형체가 있는 재물을 상대에게 보시하면 물건은 갈수록 적어지지만 형태가 없는 법보시는 감소하지 않을 뿐 아니라 이로 인해서 공덕이 더 많아지기도 한다. 예를 들면 자기한테 있는 약간의 귤을 다른 사람에게 나누어 주게 되면 자기에게는 몇 개 남지 않는다. 그러나 자비의 한마디를 다른 사람에게 들려주어 상대가 실제 생활에서 운용하게 되면 나와 그 사람 모두가 다 이롭게 되는 것이다. 특히 회향은 법보시 가운데서 가장 뛰어난 법문으로 한 그릇의 밥을 혼자 먹는 것도 맛있지만 다른 사람과 나누어 먹을 때 더욱 맛있을 수 있고, 꽃밭을 혼자 거니는 것도 즐겁지만 남들과 같이 둘러보는 것도 나름대로의 재미가 있다. 회향이란 "영예는 부처님께 돌리고 모든 성취는 대중에게 돌리며, 이로움은 사중으로 돌리고 공덕은 보시한 이에게 돌린다"고 하는 이기심이나 사심이 없는 넓은 마음이다. 우리들은 일상생활 속에서 항상 회향을 실천하는 수행을 하여야 한다.

우리들이 일상생활에서 언제 어디서를 막론하고 일거수일투족, 한생각 한마음 언제나 모든 공덕을 일체 유정 혹은 무정중생에게 회향한다면 바로 그 순간이 부처의 경계이고 극락정토이다.

부처님법은 틀림이 없다

불교라고 하는 것은 '신·해·행·증'이 계속 맞물려가면서 올라가게 되어 있다. 내가 믿고, 알고, 알게 된 것을 현실에서 실천해 보고, 실천하면서 깨달아 보면 다시 또 믿음으로 가고…, 계속 반복하면서 올라가서 '아! 이것이 심법이구나.' 하고 믿게 되는 것이다. 목표를 세우고 마음을 굳게 먹으면 현실에서 확연히 이루어진다.

모든 성취는 믿음에서 승부가 갈리는 것이다. 아는 것만으로는 절대로 승부가 나지 않는다. 믿음은 우리 손과 같고 지팡이와 같고 뿌리와 같은 것이다. 뿌리가 튼튼해야 풍성하게 열매를 맺는 것과 같은 이치다. 뿐만 아니라 믿음은 고통의 바다를 건너게 하는 배가 된다.

성공의 지름길은 실천에 있다. 우리가 불보살님들을 믿고 신앙심을 형성해 가다 보면 언젠가는 '아! 이 말씀이구나!' 하고 알게 된다. 이렇게 되면 재산 중에 최고 큰 재산이 신앙이고 부처님 믿는 것이 된다. 불교야말로 행복과 성공을 성취하는 가장 확실한 길이라는 것을 알게 된다.

행복과 성공을 성취하기 위해서는 제일 먼저 인생의 목표를 세워야 한다. 목표라고 하는 것은 전부 다 이익과 관련된 것이기 마련인데 목표를 정했으면 그것을 반드시 종이에 적어 보는 것이 아주 중요하다.

중생도 아라한도 마찬가지로 이익을 보려고 불교를 믿는 것이므로 목표도 자기에게 이익이 되는 것을 솔직하게 적어야 한다.

자기계발서와 성공학 책들의 핵심 내용은 거의 다 불교의 심법心法이다. 용심법用心法, 즉 마음을 어떻게 쓰느냐에 따라서 현실을 극락으로도 만들 수 있고 지옥으로도 만들 수 있다는 것이다. 우선 목표를 정하고 그것을 종이에 현실적으로 솔직하게 적으라는 것이 이 책들의 공통 내용이다. "금생에 아라한이 되겠다" 이런 목표는 현실적인 것이 아니다. 현실적인 목표를 정하는 것이 중요하다. 많이 적을수록 좋다.

1.갖고 싶은 것
2.하고 싶은 것
3.되고 싶은 것
4.가고 싶은 곳

이렇게 항목별로 목표를 정하게 되면 모든 생각이 그 목표를 달성하는 방법으로 이동하며 현실에서 이뤄지기 시작하는 것이다. 처음에는 목표를 세우면 생각에서 머무르지만, 생각에 머무르는 것을 계속 반복하게 되면 이게 '의지'가 되는 것이다. 의지는'심력'이 모아지는 것이고, 불교가 심법이니 심력이 모아지면 어느 순간부터 현실에서 드러나기 시작한다.

“

사람들 가운데 저 언덕으로 가는 이들은 드물고
다른 사람들은 그저 강가를 따라 달릴 뿐이다.

그러나 잘 설해진 진리 안에서 진리에 따라 행동하는 이들
그 사람들은 저 언덕으로 갈 것이다.
건너기 힘든 죽음의 세계를 건너서.

『담미빠다』 85, 86

인간불교의 건립

Ⅰ. 불자의 길

불교는 인간을 근본으로 하는 종교이다. 부처님은 여러 경전에서 “나는 중생 가운데 하나다”고 여러 번 강조하셨고 육조 혜능스님은 “불법은 세간에 있는 것으로 세간을 떠나서는 깨달을 수 없다. 세간을 떠나 보리를 구하는 것은 마치 토끼뿔을 찾는 것과도 같다” 하였다. 우리가 불도를 이루려면 사람 몸을 받아서 수행해야 하는 것으로 사람의 길을 걸어야만 성불할 수 있는 것이지 다른 어떤 방법으로는 성불할 수 없다. 불법을 배우는 최종목표는 성불하는 것이지만 부처가 되는 우선 단계는 사람이다. 완벽한 사람이 되었을 때 불도도 이루어지는 것으로 어떻게 인간이 되어야 하는가가 불법을 배우는 우리들의 첫 번째 숙제다.

1. 인간의 완성

인간이 되는 조건은 아주 많다. 부처님은 우리들이 보시하고, 계를 수지하며, 참선하여야 한다고 말씀하셨다. 이 세 가지는 우리들이 인간이 되게 해주는 길일 뿐만 아니라 우리들이 천상에 태어나게 할 수 있기 때문에 이 세 가지를 '사람이 천상에 나는 세 가지 복된 행동'이라 부른다. 그러나 불교를 배우는 데 있어 가장 중요한 것은 발심(發心)으로, 마음을 내면 불도를 이룰 수 있다. 그 다음은 굳건한 신앙으로 신앙이 있어야 힘이 있는 것이다. 발심하고, 신앙이 있고, 더 나아가 생활 속에서 보시, 지계, 선정 등 수행을 실천하면 복덕이 구족되어 점차 인간의 길에서 성인의 길로 들어서게 된다.

1) 발심

불교에서는 발심한다는 것은 다음 세 가지 마음을 낸 것을 말한다.

① 증상심을 낸다(發增上心) – 인간과 천상의 과보를 받을 수 있다.

② 출리심을 낸다(發出離心) – 성문, 연각의 과보를 받는다.

③ 보리심을 낸다(發菩提心) – 보살의 과보를 받는다.

발심한다함은 마음을 개발하는 것으로 우리들의 마음이 논밭 같다고 경전에서 자주 비유하였는데 마음밭을 개발하지 않으면 설사 바깥 인연이 구족되고 복덕이 갖추어졌다 하더라도 보리의 새싹을 자라나게 할 수 없다. 마치 한 알의 씨앗이 좋은 밭이 없다면 좋은 열매를 맺을 수 없는 것과도 같다. 그러므로 마음의 재물을 개발하고 마음의 에너지를 개발하려면 필히 마음을 내는 것에서부터 시작해야 한다. 발심이 얼마나 큰가에 따라 성취 또한 그만큼 큰 것으로 발심의 힘이란 불가사의한 것이다.

2) 신앙

『화엄경』에 "믿음은 불도의 공덕을 짓는 어머니로 모든 선근을 키운다" 하였듯 믿음은 곧 힘이다. 한 사람의 마음속에 신앙이 없다면 영혼에 의지할 곳이 없는 것으로 그 마음이 공허하기는 마치 배에 돛이 없어 파도에 밀려 표류하게 되는 것과도 같다. 신앙이 있어야 내심이 충실할 수 있고 생명이 원만해질 수 있다. 그러나 신앙은 탐욕 위에 심어질 수 없고 자비와 덕목을 기르고 인과를 바르게 믿는 위에서만 안주할 수 있는 것으로 이것이 바른 신앙이다.

불법을 배우는 첫 번째는 귀의삼보하는 것으로 자기의 신앙을 확실히 하는 것이다. 신앙은 우리들의 몸과 마음을 정화하고 도덕심을 증진시키며 인격을 승화하고 생활의 지표가 되기도 하며 특히 불성의 에너지를 발굴해 낸다. 부처님이 불도를 이루실 때 중생 모두에게 여래의 지혜덕상이 있다고 하셨는데 중생 누구에게나 불성이 있다는 말이다. 불성은 누구나 갖추고 있지만 무명번뇌에 가려있기 때문에 자기 스스로 발굴해 나아가야 한다. 불성을 발굴해 나아가는 방법이 신앙이다.

《대지도론》에 "불법은 큰 바다로 믿음을 가진 자만이 들어갈 수 있다" 하였고 "신앙의 이익은 손과 같다" 라고 비유하였는데 이는 마치 한 사람이 보물섬에 갔을 때 손이 없다면 섬안에 숨겨진 많은 보물을 가질 수 없는 것과도 같다. 마찬가지로 우리들이 불법을 배우는 데 있어서 불법이라는 무진장한 보물창고에 들어서서 신앙이 부족하다면 보물을 내 것으로 할 수 없다. 신앙에 의지해서만이 그 속의 효능을 획득할 수 있는 것이다. 그러므로 불법의 이익을 얻고자 한다면 필히 신앙을 구비하여야 한다.

3) 수행

불법 가운데 발심하여 신앙을 갖고 궁극적인 깨달음을 이루기까지는 이해하고 행동하는 공부 과정이 필요하다. 《대비바사론(大毘婆沙論)》에 "신심이 있으나 지혜가 없으면 어리석음만 키우고 지혜는 있으나 믿음이 없으면 삿된 견해만을 키운다" 하였으며, 『불유교경』에 "법을 듣고도 행하지 않으면 마치 남의 돈을 대신 세는 것처럼 자신은 한 푼도 없다" 하였고, 『능엄경』에 "비록 많이 들었더라도 수행하지 않으면 듣지 않은 것과 같아서 입으로 먹는 이야기를 한다 해도 배불러지지 않는 것과도 같다"고 했다. 이처럼 불교는 이해와 수행

모두를 중요시하고 있다. 지혜로써 아는 것도 필요하지만 행동에 옮겨서 실행하여야만 실질적인 이득을 얻을 수 있다. 그러므로 귀의삼보한 후에는 더 나아가서 오계·십선계를 수지하여야 한다.

오계를 청정하게 수지하는 사람에게는 모든 복이 모인다. 계를 받아 지니면 현세 국가법률의 보호를 받게 되고 사회의 존중을 받으며 사람들의 사랑과 천상 호법신장들의 옹호를 받는다.

십선업 또한 덕목의 근본인데 대승불법 가운데 보살계에 속한다. 사람·천인·성문·연각 등 모든 선행의 근본이다. 십선업을 항상 행하면 자신이 행복하고 즐거울 수 있을 뿐 아니라 사회에 평화로운 기운을 더하게 되는 것이다.

귀의삼보하고 더 나아가 오계·십선을 수지하게 되면 수행의 과정이 한 단계 더 올라선 것이다. 평소 생활 속에서 항상 보시를 행하고 널리 좋은 인연을 맺으며 선정을 수행하여 맑은 지혜를 얻는다면 이는 인간으로서의 완성일 뿐 아니라 불도를 향하여 크게 한걸음 내딛은 것이다.

2. 불도의 완성

불도는 해탈의 길, 보리의 길, 열반의 길이다. 경전에 성불하려면 삼대아승지겁을 거쳐야 한다고 하는데 보살이 처음 보리심을 내고 수행공덕을 쌓아서 성불에 이르기까지 필히 삼대아승지겁을 거쳐야 한다는 것이다. 그 기간 안에 필히 거쳐야 할 십신(十信), 십주(十住), 십행(十行), 십회향(十廻向), 십지(十地), 등각(等覺), 묘각(妙覺) 등 52단계를 보살52단계라 한다.

① 십신(十信)

십신은 신심, 정진하는 마음, 생각하는 마음, 지혜로운 마음, 선정의 마음, 나누어주는 마음, 수지하는 마음, 아끼는 마음, 원력의 마음, 회향하는 마음이다. 십신은 보살이 상구보리 하화중생하는 보리심을 낸 초기이기 때문에 신심을 수행의 중점으로 삼고 있으므로 십신이라 한다.

② 십주(十住)

초발심주(初發心住), 치지주(治地住), 수행주(修行住), 생귀주(生貴住), 방편구족주(方便具足住), 정심주(正心住), 불퇴주(不退住), 동진주(童眞住), 법왕자주(法王子住), 관정주(灌頂住)이다. 십주는 보살이 이러한 곳에 마음을 안주하는 것을 말한다.

③ 십행(十行)

기뻐하는 행동, 이익 되는 행동, 화 안내는 행동, 꾸준한 행동, 어리석음을 떠난 행동, 착한 행동, 집착 없는 행동, 존중하는 행동, 선한 가르침의 행동, 진실된 행동이다. 이 열 가지를 합해서 십행이라 하는데 그것은 육바라밀을 다 행할 수 있기 때문에 유정중생을 이롭게 한다.

④ 십회향(十廻向)

보살이 수행을 통해 얻은 즐거움과 지혜와 공덕을 중생들에게 돌리는데 열 가지가 있다.

구호일체중생리중생상회향(救護一切衆生離衆生相廻向), 불괴회향(不壞廻向), 등일체불회향(等一切佛廻向), 지일체처회향(至一切處廻向), 무진공덕장회향(無盡功德藏廻向), 수순평등선근회향(隨順平等善根廻向), 수순등관일체중생회향(隨順等觀一切衆生廻向), 여상회향(如相廻向), 무박무착해탈회향(無縛無著解脫廻向), 법계무량회향(法界無量廻向).

이 가운데 첫 번째 구호일체중생리중생상회향(救護一切衆生離衆生相廻向)은 『화엄경』의 「십회향품」을 관통하는 것으로 보살이 모든 중생의 죄를 씻게 하고 대신해서 무한한 괴로움을 받겠다고 염원하는 대수고(代受苦)의 사상이 명확하게 들어있다.

⑤ 십지(十地)

환희지(歡喜地), 이구지(離垢地), 발광지(發光地), 염혜지(焰慧地), 난승지(難勝地), 현전지(現前地), 원행지(遠行地), 부동지(不動地), 선혜지(善慧地), 법운지(法雲地)이다. 이 열 자리를 지(地)라 함은 보살이 증득한 지혜와 이치의 공덕을 자성으로 삼아 수행하고 이 자성이 자라나도록 하기 때문이다.

⑥ 등각(等覺)

보살이 제십지의 법운지를 수행하면 이미 불과(佛果)에 가까워졌으며 단지 약간의 차이가 있을 뿐으로 등각이라 한다. 또 일생보처(一生補處)라 이름 하기도 하는데 한 생만 거치면 성불하는 것을 표시한다.

⑦ 묘각(妙覺)

묘각이란 자신의 깨달음을 이루고 남도 깨닫도록 하는 깨달음이 원만한 궁극적인 부처의 경계다. 그 경계가 오묘하고 불가사의하므로 묘각이라 이름한다.

52단계 가운데 십신에서 십회향까지는 제1아승지겁에 속하고, 십지의 첫 번째 지부터 일곱 번째 지까지는 제2아승지겁에 속하며, 여덟 번째 지에서 열 번째 지까지는 제3아승지겁에 속한다. 삼대아승지겁을 거치면서 수행하여 불도를 이룬 것이 바로 정등정각을 성취한 것이다.

『법화경』에 "사람의 몸을 받기가 쉽지 않다"고 하였고, 『아함경』에서는 "사람 몸을 잃기는 대지에 널린 흙과 같고 사람 몸을 받기는 손가락에 묻은 흙과도 같다" 하였다. 이러한 말들은 사람 몸으로 태어나기 쉽지 않은 것이고 인간의 귀함을 말해 주는 것이다.

사람으로 태어나는 것은 도대체 어떤 소중함이 있는가? 경전에 의하면 사람이 제석천보다 뛰어난 세 가지는 기억하여 잊지 않음이고, 계행을 맑게 수지함이며, 열심히 수행하는 것이라고 하였다. 이 세 가지 조건에 사람 몸에 일어나는 갖가지 괴로움이 더해지는 것인데, 이 괴로움은 우리가 참을 수 있는 한도로 우리들이 불도를 배우는데 장애가 되지 않을 뿐 아니라 우리들이 더욱 용맹정진하여 불도를 이루는 도움 인연이 된다.

"받기 어려운 사람 몸을 이미 받았고 만나기 어려운 불법도 이미 만났는데 금생에서 이 몸을 제도하지 않으면 어느 생에 이 몸을 제도할 것인가?"

Ⅱ. 입세간에서 출세간으로

불법을 세간법(世間法)·출세간법(出世間法)으로 나누는데 세간법을 속제(俗諦)라 하고 출세간법은 진제(眞諦)라 한다. 불교가 세간법도 중시하지만 출세간법을 더욱 중시한다. 그러나 사람이 세상을 살아감에 있어서 세간법을 떠날 수는 없는 것이고, 불법 또한 세간법을 떠날 수는 없다. 불법은 세간에 있는 것으로 세간을 떠나서 깨달을 수 없다. 세간을 벗어나 보리를 구하는 것은 마치 토끼의 뿔을 찾는 것과도 같다고 한다. 그러므로 우리는 먼저 입세간을 알고 나서 출세간법을 따라야 한다. 세간의 문제가 해결되었을 때만이 세간을 뛰어넘을 수 있고 세간을 아는 사람만이 세간을 뛰어넘어 승화될 수 있다.

또 다른 면으로는 출세간의 사상으로써 입세간의 일을 해야 한다. 부처님은 성도하신 후 세간 중생을 떠나지 않고 곳곳을 다니면서 보리의 기쁨을 대중들에게 널리 펼치면서 같이 기뻐하고자 하셨지 혼자만의 기쁨을 추구하지 않으셨다. 이것이 바로 출세간의 사상으로써 입세간의 일을 하신 것이다. 불법을 배우는 것은 먼저 입세간하고 나서 출세간으로 나가고, 다시 출세간에서 입세간하여야 한다. 출세간의 반야지혜를 갖추어서 다시 적극적으로 입세간의 홍법포교의 사명을 다해야 하는 것이다.

1. 입세의 생활

사람은 세간을 떠나서는 생존할 수 없고 입세간의 생활이 없어서도 안 된다. 일반인들은 대개 다음과 같이 생활하고 있다.

① 물질 위주의 생활

물질이 우리들 생활의 대부분을 차지하였기 때문이다.

② 감정위주의 생활

사람은 감정의 동물로 부처님은 중생을 유정(有情)이라 하셨다.

③ 무리를 이루는 생활

사람은 무리를 떠나 혼자 살 수 없기 때문이다.

④ 몸의 느낌 위주의 생활

일반 사람들은 눈, 귀, 코, 혀, 몸, 생각(六根)으로 모습, 소리, 냄새, 맛, 감촉, 현상(六塵)의 즐거움을 추구하기 때문이다.

사람이 이렇듯 물질적이고 감정적인 생활을 보내고 있지만 물질은 한계가 있는 것으로 우리들의 무한한 욕망을 만족시켜 주지 못하기 때문에 우리들에게는 합리적인 경제생활이 필요하다. 사람의 감정이란 결함이 있는 것으로 우리들을 영원히 만족시켜 주지는 못하기 때문에 우리들에게는 정화된 감정생활이 있어야 한다. 사람 간에는 이익 충돌이 있기 마련으로 언제나 사이좋게 지낼 수만은 없기 때문에 다음과 같은 처세하는 생활이 있어야 한다. 사람의 몸이란 무상한 것으로 인연에 따라서 모여지고 흩어지는 것이기 때문에 우리들은 불법의 즐거움과 함께 하는 신앙생활이 있어야 한다.

1) 합리적인 경제생활

팔정도 가운데의 정명(正命)은 우리 불자들이 정당한 직업으로 정당한 생활을 하고 정당한 방법으로 돈을 벌어야 한다고 말해 주고 있다.

올바른 생활이란 합리적인 경제생활을 말하는 것이고 그 반대는 정당치 못한 사업을 경영하는 잘못된 생활이다. 예를 들면, 도박장을 개설하거나 마약, 총기류, 인신매매 혹은 점쟁이 등이다.

정당한 직업이 있고 정당한 생활을 누리게 된 후에 재산의 여유가 있을 정도가 되면 다음의 몇 가지 방법으로 수입을 사용하라고 불법에서는 가르치고 있다.

첫 번째, 부모와 스승을 봉양하라.(전체 수입의 약 20%를 차지)

두 번째, 처자의 의식주에 부족함이 없도록 하라.(약 40%를 차지)

세 번째, 사업을 늘리는 데 쓴다.(약 20%를 차지)

네 번째, 약간의 저축으로 유사시에 대비한다.(약 10%를 차지)

다섯 번째, 보시나 자선기금으로 널리 좋은 인연을 맺는다.(약 10% 차지)

이것이 바로 불교에서 재물을 합리적으로 사용하는 방법이다.

2) 정화된 감정생활

사람들 대개는 자기가 좋아하는 사람한테는 무엇이든 내주려고 하고 자기가 싫어하는 사람한테는 조금의 관심조차 보이려 하지 않을 뿐 아니라 심지어는 공격하거나 상처를 입히려고까지 한다. 불법을 배우는 사람은 인연이 없더라도 자비로써 감싸고 한몸처럼 돌보며 누구에게도 평등하게 대하는 정신으로 중생을 대하여야 한다. 심지어는 남이 나에게 잘하지 않더라도 가치 있는 일이라면 평등하게 관심과 기쁨을 베풀어야지 이해득실을 따질 필요가 없는 것이다. 누구든 원하는 곳은 다 응해 주고 괴로운 이의 호법신장이 되어 주는 관세음보살의 대자대비 정신을 배워서 감정을 승화하여 중생과 한몸이 되는 것이 바로 정화된 감정생활이다.

3) 육화(六和)의 처세방법

불교는 출가자를 '승가'라 부르는데 바로 승려단체란 뜻으로 '화합승(和合僧)'이라 하기도 한다. 승가는 여섯 가지 화합하는 정신에 입각하여 지혜를 추구하고 홍법하여 중생을 제도하는 면에서 화합하며 함께 하기 때문이다.

여섯 가지 화합하는 생활은 우리들의 대인관계나 세간을 살아가는 지침으로 할 수 있다.

① 견화동해(見和同解)

사상적인 통일을 말한다. 불교에서는 누구나 부처님의 가르침에 대한 공통적인 인식과 일을 함에 있어서 불법을 가장 높은 표준으로 삼는다. 그래서 누구나 자기 개인의 생각이나 집착을 버리고 공동의 인식을 세우게 되는 것이다. 이러한 생각을 사회 속에서도 적용하여 우리들 모두가 나라의 법률제도와 정책에 대해 공감대를 형성하고 사상이나 견해를 통일한다면 분쟁을 면할 수 있게 된다.

② 계화동수(戒和同修)

법제상의 평등을 말한다. 승가가 공통된 계율을 준수하듯 일상생활 속에서 우리들 모든 사람이 국가의 법률을 준수하며 특권을 누리려 하지 않고 법률 앞에서는 누구나 평등한 준법정신을 기르는 합리적인 생활을 말한다.

③ 신화동주(身和同住)

화목하고 즐겁게 지낸다. 인연이 있으니 같이 지내게 되는 것으로 서로 돕고 존중해야 할 것이고 평등하게 지내며 즐거운 생활을 보내야 할 것이다.

④ 구화무쟁(口和無諍)

언어의 친절을 말한다. 사람과 사람 간에 기분이 나쁘게 되거나 오해가 생기게 되는 것은 말 때문인 경우가 대부분이다. 그러므로 진지하고 부드러운 어투는 누구나 화목하게 지낼 수 있게 한다.

⑤ 의화동열(意和同悅)

의기투합되니 마음의 열림이 있다. 일상생활 속에서 우리들은 넓은 마음과 트인 속으로 화목하며 이해관계를 따지지 않는다. 마음이 즐거우면 바로 세간이 정토이다.

⑥ 이화동균(利和同均)

경제적 균형을 말한다. 승가에서는 재물보시가 들어오면 혼자 차지하면 안 되고 사중에서 모아서 처리하는 대중 공유가 원칙이다.

이러한 사상을 사회 속에서 응용한다면 넉넉한 사람은 곤란한 사람을, 힘있는 사람은 약한 자를 돕도록 하여 안정되고 빈부가 균형된 사회를 건립한다.

4) 불법의 즐거움과 신앙생활

경전에 세속 사람들이 오욕에 탐착하기란 마치 어린아이가 칼날에 묻어 있는 꿀을 핥는 것과도 같다고 비유하고 있다.

오욕은 사람에게 이렇듯 큰 우환이 되는데 어떻게 하여야만 오욕에 물들지 않을 수 있을까? 『유마경』에 "나에게는 법의 즐거움이 있으니 세속의 쾌락은 즐기지 않는다" 하였듯 참된 즐거움은 욕망의 즐거움에 있는 것이 아니고 진리의 즐거운에 있다. 신앙 속에서 즐거움을 찾아야 불법의 기쁨과 진리의 즐거움을 맛볼 수 있다.

불법의 즐거움은 감각기관으로 느끼는 세속적 쾌락이 아니라 보거나 듣지 않아도 자유자재로운 내심에시 우러나는 고요한 기쁨이다. 참선하는 사람에게는 선열(禪悅)이, 독경하는 이에게는 법열(法悅)이, 예불하는 이에게는 법희(法喜)의 즐거움이 있는 것과도 같다. 그들은 외적인 물질세계를 초월한 정신적으로 해탈하는 반야의 즐거움을 누리는 내적인 삶을 기리기 때문이다. 만약 우리가 이러한 진리의 즐거움을 맛볼 수 있다면 물질생활에 연연하지 않고 몸과 마음을 불법 속에 안주하여 자유자재로움을 얻게 될 것이다.

2. 출세간의 사상

출세간(出世間)이라 함은 일반세상보다 뛰어나게 초월한다는 뜻이다. 불교의 출세간적 생활이란 세상을 떠나 다른 세계에서 살며 세상은 몰라라 하는 것도 아니고, 죽은 후에야 출세간의 생활이 있게 되는 것도 아니다. 참된 출세간의 사상이란 다음과 같은 인식이 있을 때이다.

1) 인생무상의 경각심

사람은 누구나 오래 살려고 하고 죽음을 두려워한다. 그러나 사람의 목숨이란 몇십 년에 지나지 않고 찰나간에 지나가 버린다. 《보현경중게(普賢警衆偈)》에 "오늘을 지나면 목숨 또한 줄어드는 것이 마치 점점 줄어드는 물속에 사는 물고기처럼 무슨 즐거움이 있겠는가?"라고 하였다. 세간의 무상함을 느끼게 된다면 인생은 짧고 괴로운 것이라는 경각심이 생기니 더욱 정진하고 노력하게 되는 것이 바로 출세간의 사상이다.

2) 물질 위주 사상을 멀리하는 견해

세상사람 누구나 돈이나 물질을 좋아하고 심지어는 죽음을 눈앞에 두고서도 재산에 집착하는 사람도 있다. 돈에 매달려서 악착같이 모아 보아도 마지막에 관뚜껑을 덮게 되면 모든 한을 가슴에 품고 한줌의 흙으로 돌아가는 것이다.

재물이란 사람이 쓰라고 있는 것인데 어떤 사람은 쓸 줄 모를 뿐만 아니라 도리어 금전의 노예가 되어 버린다. 물건이란 한계가 있지만 욕심이란 끝이 없는 것으로 우리들이 물질에 대해서 약간의 거리를 두고 본다면 일생을 두고 물질의 노예가 되지는 않을 것이다. 출세간의 생각을 가진다면 물질에 대해 초연할 수 있으니 가장 유용하게 금전을 운용할 수 있다.

3) 세간의 참된 사랑

"사랑이 깊지 않으면 사바세계에 태어나지 않고, 서원이 절실하지 않으면 극락에 나지 않는다"고 경전에서 말하고 있다. 중생에게 사랑이 있기 때문에 생사가 있고 시시비비가 있는 것이고, 사랑이 있기 때문에 너와 내가 있고 번뇌가 있게 된다. 불교에서는 누구나 애정을 버려야 한다고 말하는 것이 아니라 지혜로써 정을 다스리라는 것이다. 사랑의 마음을 한 조각이라도 덜지 않으면 도를 닦는 마음이 한 조각이라도 자라날 수 없기 때문이다. 출세간의 사상을 가진 사람은 반야지혜로 애정을 이끌어 불법의 가르침을 받도록 하니 세간의 참된 사랑을 맛보게 될 것이다.

4) 적극적인 출세간의 사상

일반 사람들 대개가 남한테는 많은 불만을 갖고 있지만 자기 자신에게 불만을 가진 사람은 극히 적다. 그러나 자신이 탐욕과 성냄, 어리석음, 자기 연민, 아집, 이기심, 원망, 질투 등으로 가득 차있는

데 자기에게 만족할 수 있는 것이 무엇이 있는가?

자신에게 만족하는 것은 도업(道業)이 진보하는데 장애가 된다. 삶은 곳곳이 결함과 시험으로 가득한 것으로 자신에 만족하지 못하는 사람이 도덕인격에 발전이 있게 되는 것으로 이것이 바로 적극적인 출세간의 사상이다.

불교에 세간과 출세간의 나눔이 있지만 그 정신은 입세간에 초점을 맞추고 있다. 불교가 인간성, 생활성이라는 본질을 갖추고 있기 때문이다. '출세간'이라 함은 우리들이 세간에서 떠나야 한다는 것이 아니라 일반 사람들과 마찬가지로 옷입고, 밥먹고, 잠자고, 행동하는 생활을 하면서 단지 사상적, 경계상으로 더욱 뛰어 나는 것이다. 세간의 모든 것에 탐욕하지도 매달리지도 않고, 따지거나 집착하지도 않는 출세간의 사상은 한없이 넓고 깊은 자비지혜로써 중생제도하는 일에 쓰인다면 누구나 발심하고 생사를 초월하여 세상에 불법의 진리와 평화가 충만하게 될 것이다.

그러므로 진실로 속세를 벗어나는 보리심을 내는 사람에게는 입세간이나 출세간이란 단지 그때 한 생각일 뿐이다.

Ⅲ. 자리(自利)에서 이타(利他)로

불교는 대승과 소승으로 나누는데 대승은 '상구보리 하화중생' 하는 보리심을 낸 보살이고, 소승은 자기의 해탈을 주요 목표로 하는 성문과 연각을 말한다. '승(乘)'은 차량이란 뜻으로 중생을 번뇌의 사바세계에서 깨달음의 피안으로 실어다 주는 가르침에 비유한다. 보살은 발심하여 중생제도하므로 대승이라 부른다.

우리 사회에서 일반인들이 가장 쉽게 할 수 있는 일은 '자기한테 이익되지만 남한테는 이롭지 않은' 일이다. 이 말의 뜻은 우리들이 매사에 있어 '나'를 전제로 하고 자신의 이익만을 생각하기 때문에 자기만 이롭고 남한테는 불리하거나 심지어는 자신과 남이 다 이롭지 못한 경우를 말한다. 보살은 자신을 잊을 수(無我) 있기 때문에 보살의 발심은 중생이 먼저고 자기는 나중이다. 만약 우리가 범사에 있어서 조금 더 남들을 위해 생각하고 조금 더 자비심으로 사람을 대한다면 자신과 남이 함께 복될 수 있는 대승보살이 되는 것이다.

1. 불자의 인생태도

일체 중생의 고난을 널리 구제하여 괴로움을 벗어나도록 해주고자 보살이 발심함에는 두 가지 방법이 있다.

① 먼저 자신을 제도한 후에 남을 제도한다. 자신도 제도되지 않았는데 어찌 남을 제도하겠는가 하는 말이다. 사람이 물에 빠졌을 때 내 자신이 수영을 할 줄 모른다면 어찌 그를 구할 수 있겠는가? 그래서 중생을 널리 제도하기 전에 우선 자신의 생사를 해결하여 근심번뇌가 없어야 한다.

② 자신이 비록 제도되지 않았지만 먼저 남을 제도한다. 이것은 보살의 발심으로 보살은 중생에게서 모든 이치를 배우므로 보살은 중생을 떠나서는 보살이라 이름하지 않는다. 중생을 제도하는 일이 이루어질 때가 곧 자기의 보살도도 완성되는 순간이다.

어떤 방법이든 대승심을 내어 불도를 배우고 일체 중생을 제도하는 것이 우선이라 하겠다. "홍법포교하는 것은 불가의 가업이고 중생을 복되게 하는 것은 사업이다" 하는 것이 바로 대승보살의 삶의 태도이다.

2. 보살의 대승심

보살이 중생제도하려는 마음을 내는 것이 대승심이다. 대승적인 마음에는 보리심, 대비심, 방편심을 포함하고 있다. 발심하는 보살은 보리심, 대비심, 방편심이 있어야만 대승의 마음을 냈다고 할 수 있다.

1) 보리심을 낸다(發菩提心)

상구보리의 마음을 내는 것이다. 불도는 삼대아승지겁을 거쳐야만 이룰 수 있는 것으로 위없는 보리심을 내지 않는다면 어떻게 그렇게 오랜 과정을 거칠 수 있겠는가.

세간에 보리심을 낸 사람이 한 명 더 늘어난다면 성불의 씨앗이 한 알 더 많아진 것이라고 경전에서 말하였다. 불법을 배우는데 보리심을 내지 않는다면 밭을 갈았지만 씨앗은 심지 않는 것과도 같은 것으로 씨앗을 심지 않으면 무슨 수확이 있을 수 있는가. 보리심은 원력을 의미한다. 원력이 있어야 보리를 성취할 수 있다. 발보리심한다는 것은 바로 사홍서원의 마음을 내는 것이다.

『화엄경』에 "보리심을 잃으면 모든 선업을 닦는다 하더라도 마업(魔業)이라 이름한다" 하였다. 보살이 만약 보리심을 잃게 되면 중생을 이롭게 할 수 없다. 그러므로 보리심은 모든 보리종자의 근본이고 대자비를 행하는 의거가 된다.

2) 대비심을 낸다(發大悲心)

하화중생하는 마음이다. 보살은 하화중생함에 "중생과 인연이 있든 없든 간에 자비로 내 몸처럼 함께 한다" 하는 마음을 내야 한다. 중생의 어려움을 자신의 어려움으로 여기고, 중생의 기쁨을 자기의 기쁨으로 여긴다. 중생을 제도하면서 보답 받을 것을 바라지 않으며, 중생을 위해 일하는 것을 당연하게 생각한다. "중생의 소와 말이 되기를 원한다", "중생이 괴로움에서 벗어나기만을 원하지 자신의 즐거움을 추구하지 않는다" 하는 것이 대승의 대비심이다.

3) 방편심을 낸다(發方便心)

방편으로 사섭법을 행하는 마음이다. 중생의 근기가 다르므로 중생의 괴로움을 해결하려면 널리 방편을 행하여야 한다. 부처님은 중생의 근기에 맞게 가르침을 펼치셔서 팔만사천법문을 보이셨는데 어느 하나도 부처님이 중생을 제도하는 방편이 아닌 것이 없다. 보살이 보시섭, 애어섭, 이행섭, 동사섭 등 사법법을 행하여 모든 중생들이 큰 즐거움을 얻도록 하는 것이 방편의 마음이다.

이와 같은 보리심, 대비심, 방편심을 합하여 대승심(大乘心)이라 한다. 대승심을 내어 중생을 제도하려면 행하기 힘든 것도 행하고 참기 힘든 것도 참아야 하는 것으로 그렇지 않다면 대승심이란 쉽게 낼 수 있는 것이 아니다.

3. 보살의 성격

보살의 가장 큰 특징은 자비하고 자아가 없는 성격이다. 보살은 중생이 괴로움에 시달리는 것을 보게 되면 자비로운 마음이 저절로 피어나서 중생을 제도하여 삼도의 괴로움을 벗어나게 하고자 큰 서원을 세우게 된다. 자비는 보살이 자신과 남을 복되게 하는 대승불도를 실천하게 하는 원동력이 된다.

보살이 중생에게 자비함은 마치 자애로운 부모님과도 같아서 원하는 것은 꼭 들어주고 심지어는 자신을 희생하기도 한다. 보살의 대자대비는 마치 태양이 대지를 비추듯이 모든 중생에게 골고루 비추어지고 마르거나 써서 없어지는 것이 아니다. 보살은 자비를 근본으로 하면서 중생의 필요에 따라 반야지혜를 운용하여 중생을 제도하고 있다. 가장 전형적인 그 대표가 대자대비 관세음보살로 한없는 자비심으로써 오탁악세(五濁惡世)의 일체 중생을 제도하겠다는 열두 가지 서원을 세웠다. 언제 어디서나 신통방편으로 괴로움의 목소리를 찾아 달려가는 관세음보살은 중생이 도움을 원하는 소리를 보내기만 하면 그 순간으로 나타나서 감로법수를 뿌려 준다.

중생의 근기에 맞게 병에 따라 약을 주면서 여러 모습으로 나타나는데 어떤 때는 제석천으로, 어떤 때는 팔부신장 모습으로 혹은 부녀자 모습으로, 혹은 어린 남녀의 모습으로 나타난다. 어떤 때는 바구니를 들고 있고, 어떤 때는 용을 타고 있으며, 어떤 경우에는 대나무 근처에 혹은 버드나무를 들고 있는 등 서른두 가지 화현으로 나타나서 어려움을 구해 준다. 이렇듯 인연 따라서 교화하는 수행력이 바로 무아자비에서 나타나 보이는 보살의 원만한 성격이다.

4. 보살도의 실천

불교는 실천을 중시하는 종교이고 윤리적인 특성으로 충만된 철학이다. 불교의 3장 12부 경전이 우주와 인생의 현상에 대한 정교하고 확실하며 혁신적인 이론임은 재론의 여지가 없다. 불교는 믿음만을 강요하며 의문을 불허하는 다른 종교와 다르기 때문에 철학이라고도 하지만 불교는 도덕적 윤리의 실천을 더욱 중시하기 때문에 종교라고 말해야 더욱 정확하다. 부처님 자신이 곧 도덕적 실천을 중시하는 본보기로서 불도를 이루신 후 "모든 악을 짓지 말고 모든 선을 행하며 자신의 생각을 깨끗이 하면 바로 불교이다"라는 법요를 재삼 강조하시면서 중생이 도덕적 실천 속에서 자기를 정화하기를 희망하셨다.

보살도의 수행은 마치 학생이 학업을 추구하는 것처럼 차례를 따라 점차적으로 나아가는 것이다. 번뇌하는 범부에서 아라한이 되고, 번뇌를 끊어 버린 등각보살이 되고, 원만공덕의 부처님 경계에 이르기까지 일정한 차례가 있는 것이다. 보살의 경계 또한 그 실천력의 심도에 따라 다른 것으로 설사 십지(十地)에 오른 보살이라도 첫 번째 환희지보살이 되면 지상보살(地上菩薩)이라 하고, 그 이전을 지전보살(地前菩薩)이라 한다. 지전보살은 37조도품을 실천하여야만 범부의 경계를 떠나 성현의 경계에 들 수 있다.

37조도품을 37보리분법이라고도 하는데 사념처(四念處), 사정근(四正勤), 사신족(四神足), 오근(五根), 오력(五力), 칠각지(七覺支), 팔정도(八正道) 등으로 악행을 고치고 선법을 기르며 무명을 끊어 법신을 장엄하고 보리에 들게 하는 자본이 된다. 설사 십지를 수행한 보살이라도 이 37조도품은 쉬지 않고 부지런히 닦아야 한다.

이 외에도 보살은 보시, 사랑의 말, 이타행, 동참 등 사섭법을 수지해야만 한다.

또한, 보살도를 실천하는 데 있어서 가장 중요한 것은 육바라밀이다.

《발보리심경론(發普提心經論)》 상권에 육바라밀을 수행하면 자신과 남에게 복되는 의의에 대해서 다음과 같이 말하고 있다.

① 보시를 행하면 이름이 널리 전해져서 태어나는 곳마다 재물이 풍성하게 되니 마침내 자신에게 이로운 것이 된다. 중생을 만족하게 해 줄 수 있고 중생의 인색함을 고칠 수 있는 것이 남을 이롭게 하는 것이다.

② 계율을 수지하면 일체 악함이나 걱정으로부터 멀어질 수 있게 되어 마침내 좋은 곳에 태어나게 되는 것이 자신에게 이로운 것이 된다. 중생이 나쁜 업보를 짓지 않도록 교화하는 것이 남을 이롭게 하는 것이다.

③ 인욕을 행하면 모든 나쁜 것을 멀리하게 되어 몸과 마음이 편하고 즐거운 경계에 이르게 되어 마침내 자신을 이롭게 하는 것이고, 중생이 화목하고 부드럽도록 이끌 수 있는 것이 남을 이롭게 하는 것이다.

④ 정진하면 세간과 출세간의 진리법문을 증득할 수 있으니 자신

에게 이로운 것이고, 부지런히 불법을 닦도록 중생을 교화할 수 있으니 남에게 이로운 것이다.

⑤ 선정에 들면 나쁜 영향을 받지 않고 항상 즐거운 마음이 될 수 있으니 자신에게 이로운 것이고, 바른 생각을 닦도록 중생을 교화할 수 있으니 남을 이롭게 하는 것이다.

⑥ 지혜로 행하면 무명을 멀리하고 번뇌장애, 지혜장애를 끊게 되므로 자신에게 이롭고, 순조로이 중생을 교화할 수 있으니 남을 이롭게 하는 것이다.

보살의 육바라밀 정신은 적극적이고 깊이 있고 원대한 의의를 갖추고 있다. 이런 심오하고 미묘한 이치는 부처님이 과거 무량겁을 거쳐 몸소 닦아 인증하신 것으로 불법을 신앙하는 불자만이 이 큰 가르침을 듣게 되는 기회와 인연을 만날 수 있다. 그러므로 바른 신앙을 가진 불자는 필히 직접 실천하고 불법을 수지하여 불법이 사회 속에 깊이 심어지도록 하여야 하고, 간절하고 성실한 태도로 불사에 동참하여 사회와 민중들을 복되도록 하여야 한다. 만약 모든 사람들이 불법을 배우면서 부지런히 육바라밀을 닦는다면 자신과 남이 함께 이롭고 사회가 안정되며 나라가 부강해지니 평화의 인간정토가 저절로 펼쳐지게 될 것이다.

사람의 길

우리 불자들이 석가모니 부처님을 믿는 이유는 석가모니 부처님은 역사적으로 확실히 존재하시는 분으로 도덕이 높은 분이시고 능력이 강한 분이기 때문이다. 부처님이 계실 때 제석천帝釋天(불법을 지키는 신)과 많은 천상의 신들이 석가모니 부처님께 귀의하고 부처님은 그 신들을 통해서 범부중생들이 천상의 복을 누릴 수 있도록 하셨다. 일반적으로 석가모니 부처님을 한자로 佛(사람 인人 변에 아니 불弗)이라고 쓰는 것은, 부처님佛이 사람이면서 동시에 사람 아닌 존재, 즉 인간을 초월한 강한 능력을 가진 존재라는 뜻이다.

어떤 이들은 부처님도 인간의 몸으로 왔으니 인간하고 똑같지 않으냐고 하는데 그렇지 않다. 비유하자면 개를 교화할 때는 사람의 말을 못 알아들으니 개로 태어나야 되고, 인간세계에는 인간의 몸으로 와야지 돼지로 태어나서 아무리 꿀꿀거려 봐도 그 법문을 못 알아듣는다. '부처님 오신 날'은 원칙적으로 '싯다르타 태자가 오신 날'인데 부처님은 법신에서 오신 분(원래 부처님)이기 때문에, '부처님 오신 날'이라고 하는 것이다. 부처님은 진리의 몸에서 오신 분으로 음력 12월 8일은 성도절(부처님이 도를 이루신 날)인데, 도를 이루셨다는 것은 법신을 이루신 것이 아니라 화신이 되셨다는 뜻이다. 법신에서 화신이 되셨기에 중생들이 원하는 바를 다 들어줄 수 있는 능력을 갖추신 것이다. 능력을 갖추셨다. 관세음보살은 누구든지 내 이름을 부르면 그들이 원하는 모든 것을 다 이뤄주시겠다고 하는데 이 화신의 능력이 있기 때문에 가능한 것이다.

'성불'이라고 하는 것도 결국엔 원래 부처가 아니었는데 부처가 되었다는 뜻이 아니라 그 권능을 다 쓸 수 있게 됐다는 것이다. 우리도 틀림없이 권능과 불성을 갖고 있지만, 철저히 계발하지 않으면 쓸 수 없으니 우리가 계발하는 것이다.

부처님께서는 계행과 계율에 대해서 아주 철저하셨다. 우리 불자들은 불·법·승·계를 믿어야 하는데 부처님께서는 다른 어떤 분보다도 계율을 철저히 지키셨고, 또 제자들에게도 철저하게 계율을 지키도록 하셨다. 왜냐하면 계율을 지키면 편리하고 좋아지기 때문이다.

부처님이 우리에게 편하고 좋게 잘사는 방법은 계율을 철저하게 지키는 것이라고 하신 것은 우리가 알고도 짓고 모르고도 지었던 업들이 전부 다 선인선과善因善果·악인악과惡因惡果로 열매를 맺게 되기 때문이다. 처음부터 선인선과, 악인악과의 열매로 오는 게 아니다. 오늘 내가 좋은 일 하니까 생기는 것 없어도 기쁘지만, 내가 나쁜 일을 하면 금방 벌은 안 받지만 발을 뻗고 잘 수가 없어 괴로워하게 된다. 이 선인낙과(善因樂果), 악인고과(惡因苦果)가 세월이 흘러가면 선인선과(善因善果) 악인악과(惡因惡果)로 바뀌게 되는 것이다. 이 이치를 모르기 때문에 "야, 옆집 사람 나쁜 짓 해도 잘만 살더라" 하는 것이다. 아직 악의 열매가 익기 전이니까.

불자의 생활

04

Ⅰ. 감사하는 생활

"모든 이치는 인연따라 생겨나고 인연따라 없어진다"고 경전에 말하였다. 인연으로 화합된 세간의 어떤 일, 무슨 물건이든 각각 그 나름대로 존재하는 인연조건이 있다. 부모님은 우리를 낳아서 키워주시는 가족인연이고, 선생님은 우리를 가르치는 학문인연이다. 농업, 공업, 상업적으로 우리들의 일상용품을 제공하는 것은 사회인연이고, 생존환경에 오염이 없는 것은 환경보호 인연이다. 출퇴근하고, 등교하고, 마중을 가고 오고 하는 것은 통행인연이고, 집에서 TV나라디오를 통해서 아름다운 노래를 듣거나 춤을 볼 수 있는 것은 시청각 인연이다. 이상의 갖가지 기묘한 인연이 어우러졌을 때 생활에 즐거움과 행복이 있게 된다. 인류의 생존이 이러하고 모든 사물의 존재와 인연 또한 이러하다. 세간의 모든 일과 모든 것이 갖가지 인연조건에 의해서만이 자라날 수 있는 것으로 이런 종종의 인연조건이 바로 생존의 근원이 되고 고마워해야 할 일들이다. 사람은 태어나서 늙어 목숨을 다할 때까지 이러한 무수한 은덕을 받으면서 모든 것을 성취할 수 있다.

세간을 살아가고 있는 우리들이 받아온 은덕은 대체로 네 가지로 이야기 할 수 있다. 부모의 은덕, 중생의 은덕, 나라의 은덕, 삼보의 은덕이다. 이 네 가지는 응당 보답해야 할 은덕이다.

1. 부모의 은혜

세상에서 나를 낳아서 기르고 가르치는 분은 부모님이다. 부모님이 자녀를 양육하는 다섯 가지 은덕을 부처님은 다음과 같이 말씀하셨다.

① 나쁘게 되지 않도록 자녀를 교육한다.

② 고상한 품격을 갖추도록 이끈다.

③ 널리 듣고 배우도록 사랑으로 가르친다.

④ 만족하도록 갖추어 결혼을 시킨다.

⑤ 필요한 것을 대주어 하는 일이 이루어지도록 도와준다.

어머니 뱃속에서의 열 달과 삼 년간의 보육은 자녀들에게 더욱 큰 은혜이다. 『대승본생심지관경』 2권에 어머니의 열 가지 은덕에 대해 다음과 같이 쓰여 있다.

① 어머니는 자녀가 태반에 자리잡고 크고 있는 열 달간은 항상 걱정되고 설사 즐거운 일이 생겨도 마음이 편치 않다. 어머니가 이 기간에 겪게 되는 괴로움이란 말로 형용할 수 없는 것이다.

② 낳으실 때 온몸이 찢어지는 듯한 고통에 시달리고 심지어는 난산으로 사망하기도 한다.

③ 아이를 낳은 후 어머니는 얼굴과 손발 등을 항상 깨끗이 해주시며 아기를 돌본다.

④ 어머니는 계절의 기후변화에 항상 유의하며 자녀를 나날로 돌본다.

⑤ 갖가지 방편으로 자녀가 각종 지식과 기능을 익히도록 독려한다.

⑥ 자녀의 옷차림을 돌보아 자녀가 몸을 단정하게 한다.

⑦ 어머니는 곳곳에서 자녀를 돌보고 자녀에게 어려움이 있게 되면 뛰어들어 자신의 생명을 희생하게 되어도 아까워하지 않는다.

⑧ 뛰어난 재치와 인내로 자녀가 배우도록 가르친다.

⑨ 자녀에게 잘못이 있으면 잘 타이르고 가르쳐서 다시는 잘못하지 않도록 한다.

⑩ 자녀에게 일거리를 만들어 준다.

이렇듯 부모님의 은혜는 한없이 높고 깊어서 효도를 권하는 글들이 경전에 다음과 같이 많이 쓰여있다.

① 기꺼이 봉양하여 부모의 의식주를 해결하는 것은 작은 효도이다.

② 크게 출세하여 집안을 빛내고 부모님을 기쁘게 하는 것은 중급의 효도이다.

③ 부모가 바른 믿음을 갖도록 이끌어 번뇌악도에서 벗어나서 생사 해탈토록 하고 친척들도 제도받아 삼도의 괴로움을 영원히 끊도록 하는 것은 최상의 큰 효도이다.

앞의 두 가지 효도는 세간의 효도로써 금생에서의 이로움을 누리게 되는 것이지만 설사 행복하고 단란한 가정을 이루었다 하더라도 생사의 이별은 피할 수 없다. 사업을 크게 하면 부모님은 부귀영화를 누리게 되지만 어느 날 문득 무상이 닥치면 아무리 높은 지위라도 하루아침에 모두 내 것이 아니다. 부모님이 바른 믿음을 갖도록 하는 것만이 가장 큰 효도이다. 정신적인 의지처를 마련해 드리는 것 외에도 보리지혜가 자라나게 되어 부모님이 악도를 벗어나서 큰 복덕을 누리게 되는 출세간의 효도이다.

넓은 의미의 부모님 은혜는 스승의 은혜도 포함된다. 부모님은 우리들의 몸을 낳아주셨지만 스승이 이끌어 주지 않으면 인격이 완성될 수 없으므로 단 하루 스승이라도 일생동안 부모님처럼 모신다는 말이 이 뜻이다. 만약 출세간의 스승이 없다면 불법진리를 알지 못하게 되니 우리들은 출세간 스승을 '법신(法身)의 부모'라 말한다.

스승이 제자에게 존경을 받는 것은 스승은 다음 다섯 가지로 제자들을 교육하기 때문이다.

① 이치를 따라 사랑으로 가르친다.

② 모르는 것을 가르쳐서 지식이 늘도록 한다.

③ 묻는 것을 잘 알아 듣게 이해시킨다.

④ 좋은 친구들과 널리 사귀도록 한다.

⑤ 모든 아는 것을 아낌없이 가르친다.

스승은 우리들이 덕행을 갖추어서 큰 바다와도 같은 망망한 세간에서 나침판이 되어 길을 잃지 않게 하므로 항상 감사하고 보답할 줄 알아야 한다.

경전에 스승을 모시는 방법에 대해서 언급되어 있다.

① 스승은 일어서서 맞이하며 뜻을 받들어 모신다.

② 스승을 예의로써 찬탄하고 공양하며 공경하는 마음으로 가르침을 받는다.

③ 존중하여 모시며 뜻을 거역하지 않는다.

④ 가르침을 따르며 거역하지 않는다.

⑤ 바른 가르침을 잊지 않고 지닌다.

2. 중생의 은혜

무엇이 중생인가? 중생과 우리들의 관계를 일상생활에 필요한 일용품에서도 살필 수 있다. 우리가 먹는 밥 한끼도 농부들이 벼농사를 짓고, 상인들이 장사를 하고, 조리를 하여야 하는 것이다. 입는 옷도 실을 고르고, 천을 짜며, 재봉을 해서 옷을 만드는 등 많은 사람들의 수고를 거쳐야만 한다. 우리들이 사는 집도 사람들이 나무를 심어 키우고, 많은 노동력으로 벌목하여, 건축사의 설계를 거쳐서, 인부들이 집을 지어서 비바람을 피할 수 있는 집이 되는 것이다. 이 외에도 대자연 속의 새와 벌레의 지저귀는 소리, 물속에서 뛰어노는 물고기와 짐승 등은 우리들을 다양다변하는 세상에서 살도록 하고 있다. 일상생활 속의 의식주와 여가생활 등은 시방중생의 인연이 성취되어 이루어진 것이므로 우리는 항상 감사하게 생각해야 한다.

중생과 우리들의 관계에 대해 『심지관경(心地觀經)』에서는 "자고이래로 중생은 윤회에 돌고 돌며 몇천만 겁을 거쳤으니 서로 부모라고 부처님은 말씀하셨다"고 하였다.

《권발보리심문》에 "나와 중생은 세세생생 몇 겁을 거치면서 서로 부모였으니 피차간에 은혜가 있다. 지금 다시 태어나 서로 알아보지 못하지만 가늠해 볼 수 있는 일이다. 오늘 털을 뒤집어쓰고 뿔을 달고 태어난 것들이 예전의 자식인지 어찌 알 것이며, 꿈틀대며

기어가고 날아가는 것들은 내 부모가 아니었는지 어찌 알 것인가? 그러므로 보살은 개미를 보아도 다 과거 부모이고 미래의 제불보살이다. 항상 이롭게 되도록 생각하며 그 은혜 갚기를 염려하라"고 하였다.

중생은 언제부터인지도 모르게 서로 부모관계를 맺어오고 있으면서 피차간 은혜를 갖고 있다. 지금 비록 무명에 가려서 전생의 부모를 기억하지 못하지만 몇 겁을 두고 쌓아온 인연을 보면 우리들은 모든 중생들에게 감사하는 마음을 가져야 하는데 모든 남자는 자상하신 아버지로, 모든 여자들은 자애로운 어머니로 생각하여 살생을 끊고 방생하며, 기타 모든 유정중생을 이롭게 할 생각을 해야 한다. 여러 겁에 걸쳐 쌓인 중생의 은혜를 보답하기 위해서는 보살도를 행하는 것이 가장 중요하고 중생을 육도 윤회의 괴로움에서 영원히 벗어나게 하는 것이다.

3. 나라의 은혜

부모와 스승은 우리들의 몸뚱이를 낳고 법신혜명을 키워주며, 시방중생은 현생활 속에서 갖가지 편리함을 주고 있다. 그 외에도 우리에게는 생명과 재산의 안전을 보장해주는 국가정부가 필요하다.

좋은 정부란 국민을 바르게 이끌어야 한다. 정부의 나라살림하는 이치에 대한 경전 속의 견해를 모으면 다음과 같다.

① 법치를 존중한다.

정부는 입법정신에 의거하고, 법에 따른, 법에 의한, 법을 존중하는, 모든 것을 법을 우선으로 하여 정법이 오래 지켜지도록 지키고 보호하는 데 노력한다.

② 현명한 사람을 예우한다.

정부는 덕목과 지혜를 갖춘 학자, 전문가, 수행인 등을 존경하고 예우하며 수시로 국가대사의 자문을 구하여 행할 것은 행하고 버릴 것은 버린다.

③ 열악한 단체를 돌본다.

정부는 가난하고 외로워 의지할 데 없는 소수대중을 돌보아야 한다.

④ 민풍(民風)을 돈독히 한다.

정부는 불교의 십선법(十善法)으로 나라를 통치하여 건강하고 선량한 도덕사회로 이끌어 가야 한다.

⑤ 경제생산을 중시한다.

정부는 민생경제를 중시하여 각종 방법으로 생산을 증가하여 국민들의 의식주를 풍족하게 하며 걱정이 없도록 해야 한다.

⑥ 융화하는 교류를 주도한다.

정부는 지혜와 관심어린 넓은 마음으로 각계의 의견을 받아 들여야 한다,

⑦ 민주정치를 시행한다.

정부는 의회제도로써 민주법치를 펼치며 전 국민의 이익을 도모해야 한다.

우리는 국가와 더불어 생존하므로 국가와 화합하여 함께 하며, 힘이 있는 자는 생산에 참여하고, 기술이 있는 자는 기술건설의 발전에 힘써야 하며, 지혜가 있는 이는 좋은 의견으로 나라발전에 기여해야 하고, 재력이 있는 이는 납세의 의무를 다해야 한다. 모든 사람이 자기 자리에서 자신의 책임을 다하여 나라의 은혜에 보답하여야 한다.

4. 삼보의 은혜

삼보는 불보, 법보, 승보이다. 삼보는 세간에서 만나기 어려운 보물창고이고 괴로움에서 벗어나게 하는 나룻배이다. 세간의 재물은 단지 인류의 물질적인 생활문제 만을 해결해 주지만 불법승 삼보는 우리들 생명의 근본적인 문제를 해결해 주어 우리들이 생사의 바다를 벗어나게 하여 열반해탈케 한다.

우리들을 구경해탈하도록 이끌어주는 삼보의 은혜는 무궁무진한데 우리는 어떻게 보답하여야 하는가?

① 공양불(供養佛)

예불하고, 찬탄하고, 마음을 바르게 하고, 부처님 상호가 광명함과 공덕이 원만함을 염불하며, 꽃, 향, 장식품, 가루향, 향수, 화개, 번, 의복, 음악 등 장엄구로 불상을 공양한다.

② 공양법(供養法)

저술하여 홍법하고, 공경하며 공양하고, 경전과 불서를 보시하고, 경전과 법문을 듣고 배우며, 불교교의를 연구하고, 수지하며, 잊지 않고, 불법을 널리 설하고, 경전문구를 널리 알리며, 가르침을 생각하고, 가르침에 따라 봉행하는 것 모두가 불법에 대한 공양이다.

③ 공양승(供養僧)

승가에 음식, 의복, 침구, 의약, 일용품 등을 공양하여 스님들이 수행하고 홍법하는 데 전념할 수 있고 중생제도하는 일에 종사할 수 있도록 한다. 많은 공양 가운데 가장 으뜸인 공양은 부처님의 가르침대로 봉행하는 것과 삼보를 공경하는 것이다.

만약 이상의 네 가지 은혜가 없다면 우리는 이 세상에 존재할 수 없다. 그러므로 우리는 부모, 스승, 중생, 삼보에 대해서 언제나 감사하는 마음을 가져야 한다.

경전에 "은혜를 아는 자는 비록 목숨을 다하여도 선근을 상하지 않고, 은혜를 모르는 사람은 선근이 끊어져 없어진다. 그러므로 모든 부처님은 은혜를 알고 갚는 덕목을 지닌 자를 칭찬한다"고 하였다. 은혜를 알고 은혜에 보답하는 것은 인간의 근본인 것으로 만물의 영장인 우리들이 은혜에 감사할 줄 모른다면 짐승만도 못한 것인데 어찌 생사를 벗어날 수 있겠는가.

세상의 많은 사람들은 단지 자기만 알아 얻으려고만 하고 베풀 줄은 모르면서 이익만을 위해 왕래하니 많은 불필요한 고통이 뒤따르고 있다. 만약 우리가 항상 감사할 줄 아는 마음으로 이 세상을 보게 된다면 모든 것을 포용할 수 있으니 자기의 책임을 다하고 번뇌시비와 질투미움이 자연히 사라져 즐거운 인생이 펼쳐지게 될 것이다.

5. 음식에 대한 감사

조사스님들은 후하들이 불법이란 무엇이며, 수행은 어떻게 해야 하는지 질문을 받으면 배고플 때 밥먹고, 졸릴 때 자는 것이라고 답하곤 했다.

음식물은 우리들의 몸뚱이에 양분을 대주는 아주 중요한 것이지만 많은 사람들이 절제 없이 과식, 폭식을 하여 몸을 상하게 하고 있다. 어떻게 먹어야 건강하고 위생적이며 수행을 벗어나지 않을까. 식사할 때 마음속으로 '오관게'를 관하는 것이 바로 수행을 벗어나지 않는 건강음식법이다.

계공다소 양피래처(計功多小, 量彼來處) : 식사가 오기까지 모든 사람들의 노력과 공덕을 생각한다.

촌기덕행 전결응공(忖己德行, 全缺應供) : 자기의 덕행이 부족함을 부끄러워하며 음식을 받는다.

방심이과 탐등위종(放心離過, 貪等爲宗) : 조심하여 마음의 허물과 탐욕을 버리는 것을 우선으로 한다.

정사량약 위료형고(正事良藥, 爲療形枯) : 음식은 몸을 돌보는 좋은 약으로 생각한다.

위성도업 응수차식(爲成道業, 應受此食) : 도업을 이루기 위하여 이 음식을 먹는다.

1) 음식이 오기까지 모든 사람들의 노력과 공덕을 생각한다.

옛 어른들은 쌀 한 톨이라도 귀하게 여겨야 한다고 했다. 우리들이 평소 먹는 음식은 모두가 농부들이 심고, 물주고, 비료를 주고, 풀을 뽑고, 수확한 후 상인들을 거쳐서 판매되고, 다시 깨끗하게 씻어서 요리한 후에 우리들 밥상에 오른 것이다. 음식이 우리 앞에 오기까지 얼마나 많은 사람들이 땀을 흘리고 애를 썼는지 모른다. 그러므로 우리들은 식사할 때마다 고마운 마음과 소중히 아끼는 마음을 가져야 한다.

물건을 아끼고 복을 소중히 하는 그 자체가 생활의 미덕이지만, 현대사회의 경제발달과 물질의 풍족은 많은 사람들을 사치와 낭비, 무절제한 음식습관으로 음식을 아낄 줄 모르고 함부로 쓰고 있다.

불가에서의 음식은 모두가 신도들의 공양물이다. 《승기율(僧祇律)》에 "모두가 신심불자들이 복을 구하고자 먹고 쓸 것을 줄여서 우리들에게 보시한 것으로 신도의 피와 땀이라 할 수 있는데 만약 수행을 앉는다면 쌀알 한 톨이라도 소화시키기 어렵다" 하였고, "부처는 쌀 한 톨을 수미산처럼 크게 본다. 당신이 만약 도를 이루지 못한다면 털을 뒤집어쓰고 뿔을 달고 와서 갚아야 한다"고 하였다. 한 알의 쌀은 모든 인연이 모여져서 이루어진 것인데 어찌 함부로 낭비할 수 있는가. 그러므로 불제자는 음식을 아낄 줄 알아야 하고, 좋고 나쁜 것에 대해서 탐착하거나 탓하는 마음을 내지 않아야 한다.

2) 자기의 덕행이 부족함을 부끄러워하며 음식을 받는다.

불제자의 입장에서 음식공양을 받을 때는 자기의 행위가 도덕계행에 들어 맞는지를 반성해 보아야 한다. 공양을 받을 자격이 있는가. 만약 계·정·혜 삼학과 중생을 교화하는 덕행을 부시런히 닦으면 공양을 받을 수 있고, 그렇지 못하다면 그 부족함으로 하여 부끄럽게 느껴야 한다.

백장스님은 일생동안 "하루 일하지 않으면 하루 먹지 않는다" 하는 모범을 보였는데 80여 세가 되어도 매일 밭에 나가 일하는 것을 보다 못한 제자가 농기구를 감추자 식사를 안 했다는 일화는 지금도 널리 알려져 있다. 이것이 바로 하루도 게으름을 피우지 않고 한 끼도 헛되이 먹지 않는다는 말이다.

3) 조심하여 마음의 허물과 탐욕을 버리는 것을 우선으로 한다.

일반사람들은 식사를 대함에 있어서 다음과 같은 세 가지 과실을 자주 범하고는 한다.

① 맛있는 음식이나 몸에 좋다거나 피부미용에 좋다는 음식에 대해서 탐심을 일으킨다.

② 품질이 떨어지는 거친 음식에 대해서는 싫어하고 배척한다.

③ 좋지도 나쁘지도 않은 중간급의 음식에 대해서는 분별도 없이 음식이 내 앞에 오기까지 힘든 것을 생각지 않는 것은 무지함이다.

음식에 있어 위와 같은 탐·진·치 세 가지 마음을 낸다면 자신을 타락케 하니 경계하고 주의하여야 할 것이다.

이 외에도 절제할 줄 모르고 음식을 지나치게 먹어도 많은 질병을 일으키게 한다. 음식이 지나치면 잠이 많고, 병이 많으며, 음욕이 많고, 정진할 수 없고, 세간의 즐거움에 집착하는 등 다섯 가지 죄과가 있게 된다. 불자들은 주의하고 절제할 줄 알아야 한다.

4) 음식은 몸을 돌보는 좋은 약으로 생각한다.

우리들의 몸은 지·수·화·풍 네 가지 요소로 이루어진 것이다. 경전에 "한 가지 요소가 잘못되면 백한 가지 병이 생기고 사대요소가 조화를 못 이루면 사백네 가지 병이 동시에 생겨난다" 하였듯이 몸에서 가장 아픈 병은 배고프고 목마른 것이다. 그래서 경전에 "배고픈 것이 첫 번째 병이고, 그 고통은 고치기 어려운 것으로 태어나서 죽을 때까지 한시도 쉴 때가 없지만 다른 병은 그렇지 않다" 하였듯이 음식은 좋은 약처럼 신체의 배고픔과 목마름의 질병을 치료할 수 있다.

『유교경(遺敎經)』에 "모든 음식을 대할 때 약을 복용하듯 하고, 몸의 허기와 갈증을 없애기 위함이다. 마치 벌이 꽃에서 오직 그 맛만을 취하고 색이나 향기를 덜지 않는 것처럼 사람들의 공양을 받으면 자신의 번뇌를 없앨 것이지 다른 것을 더 바라고 좋은 마음을 다쳐서는 안된다"고 하였다.

기름이 있어야 자동차가 움직일 수 있는 것처럼 사람의 몸 또한 식물의 공급이 있어야만 생명이 이어지고 도업(道業)을 이룰 수 있는 것이다. 마치 차에 기름만 있으면 움직일 수 있는 것처럼 최고급 음식물만을 요구할 필요는 없다.

5) 도업(道業)을 이루기 위하여 이 음식을 먹는다.

불도를 닦는 사람에게 음식은 단지 사대요소가 일시 어우러진 몸뚱이를 기르는 것일 뿐이다. 음식은 몸뚱이를 길러서 사대요소로 어우러진 색신(色身)으로 진실된 법신혜명을 성취시키기 위한 것이므로 탐착을 가져서는 안 된다.

밥먹고 잠자는 것은 자고이래 불가에서 아주 중요한 수행으로서 많은 계율과 청규 또한 음식에 관한 문제를 두고서 세워졌다.

우리들의 신체는 매일 신진대사를 하고 있고 날마다 움직이는데 필요한 에너지를 필요로 하고 있으니 만약 충분한 음식영양이 없다면 생명은 고갈되어 죽게 될 것인데 무슨 수행을 말할 수 있겠는가. 음식을 먹을 때 청정하지 못한 탐욕, 화내는 마음, 차별하는 마음, 거만한 마음으로 대하지 말고 좋고 나쁜 것을 따지거나 고르지 말아야 한다. 오직 아끼고, 감사하고, 정진하고, 평등하고, 부끄러워 하며, 인내하는 마음으로 공양하여야 한다. 매번 식사하기 전에 오관게를 관하며 자기의 도업을 생각하면 세간의 모든 기쁨을 맛볼 수 있다.

Ⅱ. 평소의 생활

인생에서 가장 중요한 것은 자신이 행복한 생활, 즐거운 생활, 부유한 생활, 화목한 생활, 애정의 생활, 원만한 생활 등을 영위하는 것이다. 그러나 출세간의 사상이 짙은 불교는 인간이 풍부하게 즐기는 생활을 중시하지 않는다. 주로 청정한 수행, 단순한 생활, 고행, 욕심을 끊고, 정을 끊고, 죽음을 관하는 등의 교의를 강조하고 펼치고 있다. 이미 괴로움으로 가득 찼다고 할 수 있는 세간에서 이러한 생각들까지 더해지니 인간세가 더더욱 검은 구름이 낀 듯 되어 버렸다.

불교에서는 출세간 사상에 앞서 먼저 입세간 정신이 있어야 한다. 즉 입세긴의 징신이 있은 후 출세간의 사상으로 다시 승화되어야 하는 것이다. 출세간과 입세간은 둘이 하나이고 하나가 곧 둘인 것으로, 나누거나 한쪽으로 치우치기에는 적당하지 않다. 생활화된 불교는 뜨겁지도 차갑지도 않고, 탐욕하지도 거절만 하지도 않고, 또 고집하지만도 않고, 버리려고만도 않는 중도(中道)의 생활이어야 한다.

불교의 중도생활은 남과 나, 서로 간의 균등한 생활로 정신적인 면과 물질적인 부분이 겸비된 생활이고 불법의 기쁨과 세간의 즐거움이 함께하는 생활이다. 또한, 감정생활은 반야지혜로 정화된 감정이고, 재산은 합리적인 방법으로 얻은 재물이고, 사업은 도덕과 부지런함으로 창조한 사업이며, 신앙은 바른 지혜와 바른 견해로 체험한 신앙을 말한다.

불법이 없는 생활은 이기심, 탐욕, 질투, 원망, 삐뚤어진 견해, 모함 등 갖은 죄악과 업장이 자리하게 된다. 부처님을 의지하고 가르침을 따르는 생활만이 올바른 인간생활이라 하겠다.

1. 기도하는 생활

불자들은 날마다의 생활에 다소나마 불법이 있어야 하고 수행이 있어야 한다. 경전에 "자나깨나 불법을 잊지 않는다" 하였다.

출가한 스님들은 아침저녁 예불이 생활화되어 있지만 재가불자들은 수행 이야기가 나오면 거의가 시간이 없다고들 한다. 아무리 바쁜 불자라도 아침에 정근하고 저녁에 5분, 10분 기도하는 것은 아주 쉽게 실천할 수 있는 수행이다.

2. 보시하는 생활

사찰은 중생을 복되게 하고 포교하는 조직으로 불자들의 보시공양에 의지하기 마련이다. 불자들은 보시는 필히 억지가 아니고 힘들지 않은 상황에서 마음을 내야 한다. 힘들지 않다 함은 보시 후 괴로움을 받지 않는 것이고, 억지가 아니라 함은 보시한 후 후회하는 마음이 들지 않는 것을 말한다. 불자가 보시하는 것은 공덕을 쌓는 것만이 아니라 자아교육이기도 하다. 불자로서 정기적으로 보시하는 습관이 있게 되면 그 사람은 이기적이지도, 탐욕스럽지도 않다. 돈이 많다고 부유한 것이 아니고 즐겨 선행하고 기꺼이 보시할 줄 아는 사람이 진짜 부유한 사람이라는 것을 알게 되기 때문이다. 반면 보시를 받는 쪽에서도 보시하는 사람의 뜻에 따라 공덕금을 써야 할 곳에 써야 한다.

3. 선행하는 생활

좋은 일은 많이 할수록 좋은 것이다.

겸손한 것도 좋은 일이고, 존경하는 마음도 좋은 일이다. 사랑의 말을 해주는 것도 좋은 일이고, 미소를 보내는 것도, 고마워하는 것도, 보답하는 것도, 남을 돕는 것도 좋은 일이다. 봉사하는 것도 좋은 일이고, 나쁜 것을 싫어하는 것도, 선행을 널리 알리는 것도, 좋은 인연을 맺는 것, 절약하는 것, 기쁘게 나누어 주는 것, 축복해 주는 마음, 기뻐해 주는 마음 등등 사람에게 이익되고 해가 없는 모든 것은 다 좋은 일이니 많이 행하여야 하겠다.

생활 속에서 선행하는 것이 습관이 되면 자신이 날마다 하는 생각과 마음이 다 선한 것으로, 날마다의 말 한마디 행동 하나 모두 좋은 일이 되고 자연적으로 자신이 좋은 사람이 되는 것이다.

4. 봉사하는 생활

일반 사람들은 불교를 믿으면 돈 내서 공덕만 지으면 되는 줄 아는데, 실은 도량에서 봉사하고 일을 돕는 것은 더욱 큰 공덕이 된다.

도량에서 힘써 일할 때는 좋은 말을 해야 하고 좋은 마음을 내야 하므로 그 수고와 의의는 더욱 큰 것이다.

사찰의 법당을 깨끗하게 청소하고, 주위의 꽃·나무 등을 잘 손질하여 아름답게 꾸미고, 각종 자료 등을 잘 정리정돈하고, 후원의 음식을 맛있게 내놓을 수 있도록 돕고 따끈한 찻물을 준비해 놓는 등 모두가 사찰에서 봉사하는 것이다.

사찰은 불자들의 신앙의 보금자리로 우리들의 육체를 기탁하고 있는 가정과 별반 다를 것이 없다. 그러므로 도량에서 봉사하는 것은 불자가 마땅히 해야 할 일이다. 사찰을 사부대중이 함께 지켜나갈 때 도량은 더욱 큰 홍법포교와 중생을 복되게 하는 힘을 발휘할 수 있는 것이다. 사찰은 복의 씨앗을 뿌리는 복전이다.

5. 참회와 인내로 하는 생활

참회는 자신의 덕목을 향상하고 수행하는 데 필수적으로 갖추어야 할 조건이고, 몸과 마음을 정화하는 데 필요한 과정이다.

"지난 날 지은 모든 나쁜 업은 탐내고, 화내고, 어리석은 마음에서 비롯되어 몸과 말과 생각으로부터 만들어진 것으로, 이제 모두 다 참회합니다" 하는 참회문의 내용처럼 우리는 날마다 부처님께, 스승님께, 부모님께, 친구에게 '잘못했습니다' '정말 부끄럽습니다' '안 할 말을 했습니다' '안 할 짓을 했습니다' 하며 잘못을 뉘우치고 자기를 낮추는 하심(下心)하는 생활을 하여야 한다.

인내라 하는 것은 누구나 나 지녀야 할 덕목으로 부처님은 "보시, 지계도 인내의 공덕에는 못 미친다" 하셨다. 인내는 소극적으로 참는 것이 아니라 더욱 적극적인 책임감인 것이다.

그러므로 우리는 자신의 주관, 집착을 인내하고 자신을 숙여 많은 사람의 의견을 존중하고, 내 생각을 참고 많은 사람의 필요를 중시하고, 내 개인의 감정을 삭혀서 불교와 대중의 이익을 생각하여 다투지 않고 단결·협조해야 한다.

요범사훈(了凡四訓)

요범사훈은 중국 명나라 때 요범(了凡)이란 분이 아들을 위해 일생의 경험을 요약한 책이다. 우리나라에도 〈운명을 바꾸는 방법〉이라는 제목으로 여러 번 번역되어 나왔는데 자기 운명을 바꾸는 방법을 네 가지로 나눠서 자세하게 설명하고 있다. 요범(1533~1606)은 원황이란 이름의 중국 명나라 때 학자로 원래 호는 학해(學海)였는데 이번 생生에서 평범함[범凡]을 끝내겠다[료了]는 각오로 호를 요범(了凡)으로 바꿨다고 한다. 임진왜란 당시 조선에 군사고문으로 왔던 적이 있을 정도로 점성술과 역학에도 밝았다.

요범이 어린 시절 절에서 의술을 공부하다 한 도사를 만났는데 그 도사는 요범의 얼굴을 찬찬히 살피더니 자네는 공부해서 관료가 될 얼굴인데 왜 의술을 공부하고 있느냐고 물어왔다. 요범은 아버지를 일찍 여의고 먹고살기 어려워서 빨리 돈을 벌고자 의술을 배우고 있었다. 영특했던 요범은 도사님의 말씀을 듣고는 과거공부를 해야겠다고 결심하고 "도사님! 제 어머님한테 저는 과거공부를 하는 게 좋다는 그 말씀 해주세요"하고 부탁을 했다. 그렇게 해서 요범은 학당에서 과거 공부를 하게 되었다.

자신의 장래가 궁금한 요범은 그 도사에게 "이왕에 알려주시는 거 제 인생에 대해 전부 알려 주세요"하고 매달렸더니 그 도사는 어쩔 수 없이 요범의 장래를 자세하게 설명해 주었다. 모년 모월에 과거를 보게 되는데 몇 등으로 합격할 것이고, 모년에 공생이 되어 지내다 모년에는 사천성의 대윤이 될 것이다. 그리고 대윤이 되고 나서 3년 반이 지나면 관직을 사임하고 고향에 돌아가서 53세 8월 14일 축시에 거실에서 운명할 것이다. 그런데 안타깝게도 자식은 없을 것이라는 예언을 해주었다. 덧붙여 사람의 운명은 이처럼 다 정해져 있다는 말도 해주었다.

이 예언을 들은 요범은 '아 운명은 정해져 있구나!' 이것을 알고 난 다음부터는 아무런 걱정도 일어나지 않았다. 사주팔자에 타고 난 그대로 사는 거니까 내가 뭐 더 노력할 필요도 없고 그대로 따라가면 된다고 생각하며 살았다. 그러다가 시간이 지나자 그 도사의 예언대로 과거에 급제하고 벼슬길에 올라 임지로 가게 되었다. 그래도 무슨 인연이 있었는지 임지로 가는 길에 고승 운곡법회 선사의 절에 들리게 되었다.

"차나 한 잔 하고 가시게. 시주는 무슨 공부를 했는데 그렇게 마음에 번뇌가 없는가?"

"저는 운명이란 정해져 있는 것이라 해서 그 운명에 따라 살 뿐입니다"

"응, 그런 줄 알았어. 시주는 형편없는 범부 중생이로구먼"

"아니 스님. 지금까지 어느 도사님이 일러준 대로 한 치도 어긋남이 없이 살아 왔는데 운명이 정해진 게 아니란 말씀이에요?"

"운명이라는 것은 평범한 사람들에게만 작용하는 것이라네. 지극히 선한 사람이나 지극하게 악한 사람에게는 운명이 작용하지 않는 법이다. 그러니까 시주는 아주 평범한 범부중생이라고 볼 수 있다"

요범은 그 얘기를 듣고 충격을 받고 "그렇다면 더욱 열심히 해서 이번 생에 범부를 마치겠다"고 결심하고 호를 마칠 요了, 평범할 범凡 자를 써서 요범了凡이라고 바꿨다. 호를 바꿀 정도로 일반적인 삶인 범부를 마치겠다는 의지가 대단했다. 이렇게 생활을 하니 어릴 적에 만난 도사가 '너는 53살 팔월 열나흘 축시에 죽을 거야. 불행하게도 아들이 없어'했던 이런 예언들을 다 벗어나게 되었다. 〈요범사훈〉은 요범이 73세 때 아들 천개에게 남긴 글로 스스로 운명을 바꾼 것을 입증하고 있다.

운명이란 다른 게 아니라 번뇌장, 업장, 보장이다. 성격, 습관, 환경을 의미한다. 자기 자신은 어떤 성격적인 장애가 있고, 습관적인 장애가 있고, 환경적으로 문제가 있나, 철저하게 자기를 깨닫는 것이다. 우선 자기가 어떤 사람인지 알아서 어떻게 내가 개선해 나아갈 수 있는지 이것을 찾아내는 게 굉장히 중요하다.

"그 도사님이 왜 내겐 아들이 없다고 했을까?
내가 화를 잘 내고 교만하고 어리석으니 그럴 수 있겠다.
그러면 어떻게 하면 되지? 나를 바꾸어야지"

'나는 화를 잘 내' 그러면 화를 안 내는 방법은 어떤 게 있을까? 불교의 오정심관五停心觀 중에서 화를 그치게 하는 자비관(모든 사물을 자비로 보는 훈련)을 하는 것이 치료방법이다.

석법안 스님과 함께하는 불교교리

초판 불기 2560년 (서기2016년) 4월 12일
개정판 불기 2565년 (서기2021년) 2월 22일

펴낸이 안심법안
펴낸곳 도서출판 안심
주소 충남 논산시 연무읍 안심로 203번길 12 / 서울시 서초구 강남대로6길 18
대표전화 041-742-4557 / 02-577-4557
팩스 041-742-9624
이메일 ansim56@naver.com

편집 · 인쇄 아름원 02-2264-3334

ISBN 979-11-87741-30-5

이 도서의 국립중앙도서관 출판예정도서목록(CIP)은 서지정보유통지원시스템 홈페이지(http://seoji.nl.go.kr)와 국가자료종합목록 구축시스템(http://kolis-net.nl.go.kr)에서 이용하실 수 있습니다. (CIP제어번호 : CIP2019044944)